성공의 덫에서 벗어나기

2

공공상생연대 사회개혁총서 03

성공의 덫에서 벗어나기 2

: 상생과 연대로 나아가는 길을 찾아

1판 1쇄 | 2022년 11월 7일

엮은이 | 신광영, 윤홍식
지은이 | 김보영, 박명준, 백승호, 신진욱, 임준, 최태욱

펴낸이 | 정민용, 안중철
편   집 | 심정용, 윤상훈, 이진실, 최미정

펴낸 곳 | 후마니타스(주)
등록 | 2002년 2월 19일 제2002-000481호
주소 | 서울 마포구 신촌로14안길 17, 2층 (노고산동)
전화 | 편집_02.739.9929/9930 영업_02.722.9960 팩스_0505.333.9960

블로그 | blog.naver.com/humabook
트위터, 페이스북, 인스타그램 | humanitasbook
이메일 | humanitasbooks@gmail.com

인쇄 | 천일문화사_031.955.8083 제본 | 일진제책사_031.908.1407

값 20,000원

ISBN 978-89-6437-422-1 94300
    978-89-6437-404-7 (세트)

공공상생연대
사회개혁총서

03

성공의
덫에서
벗어나기 2

상생과 연대로 나아가는
길을 찾아

신광영·윤홍식 엮음

김보영·박명준·백승호
신진욱·임준·최태욱 지음

후마니타스

1장

상생과 연대를 위한
사회 개혁 비전 수립 정책 연구
: 소득 보장 제도 개혁 및 대안 연구

백승호

1. 서론

최근 서구 복지국가뿐만 아니라 한국 복지국가를 둘러싼 중요한 환경 변화가 가속화되고 있다. 자본축적 방식의 변화, 비표준적 형태 일들의 확산, 노동시장 불안정성의 일상화, 디지털 전환 등이 대표적인 사회 환경 변화들이다. 이런 사회 환경 변화는 기존의 소득 보장 제도가 작동하는 기반을 해체해 왔다.

이 글의 목적은 이런 사회 환경의 변화에 대응하기 위해 한국 소득 보장 시스템의 재구성 방향을 검토하는 것이다. 이 글에서는 개별 소득 보장 제도들의 미시적 개혁 방안을 논의하기보다, 소득 보장 제도의 패러다임 개혁을 위한 대안들을 검토한다. 전통적 산업사회의 시계에 맞춰 설계된 기존의 소득 보장 제도들은 미시적 개혁만으로는 현재의 문제를 해결하기 어려운 국면에 진입했다(노대명 외 2020).

한국 복지국가의 사회정책은 1990년대 김대중 정부 이전까지도 국가 주도 경제 발전의 종속물로 기능해 왔다고 평가된다(정무권 2007; Kwon 2005). 그리고 김대중 정부가 들어선 이후에야 실질적인 복지국가의 제도적 틀이 만들어지기 시작했다(김연명 2002; 정무권 2007; 최영준 2011)는 평가가 지배적이다. 소득 보장 제도와 관련해서는 1999년 4월부터 〈국민연금법〉 전면 개정으로 도시지역 주민에게까지 국민연금이 확대되면서 전 국민 연금 시대가 열렸고, 2000년 10월 시행된 국민기초생활보장제도를 통해 근로 능력자에게도 공공 부조 적용이 확대됨으로써 최저 생활 보장 패러다임의 획기적 전환이 이루어졌다(김연명 2002, 110).

그 이후 20여 년 동안 한국은 서구 복지국가의 제도적 틀을 형식적으로는 따라잡았다. 4대 사회보험은 1인 이상 전 사업장을 포괄하게 되었고, 2008년에는 근로 장려금 제도가 도입되어 근로 빈민층을 위한 소득 보장의 기능을 담당하고 있다. 2014년 기초연금, 2019년 아동 수당의 도입은 한국 복지국가에 보편주의적 소득 보장 제도를 한층 더 추가했다. 2021년 1월부터는 한국형 실업 부조라 할 수 있는 국민취업지원제도가 시행되었다. 이와 같이 기존 소득 보장 제도의 확대와 더불어, 2016년 성남시 청년 배당, 2017년 서울시 청년 수당, 2019년 경기도 청년 기본소득 등은 근로조건이나 소득 조건과 같은 엄격한 조건 부과 기준을 완화하거나 없애는 지방자치단체 차원의 의미 있는 정책 실험이었다.

이렇게 지방자치단체 차원에서 의미 있는 정책 실험도 있었지만, 중앙정부의 정책은 주로 서구 복지국가를 형식적으로 따라잡는 방식이었다. 그러나 서구의 복지국가가 산업사회의 노동시장을 전제로 설계되었다는 점을 고려한다면, 현재의 변화된 노동시장 문제를 서구 복지국가 따라잡기로 해결하기는 어려웠다. 그 결과 소득 보장 제도에서 사각지대 문제는 여전히 해결되고 있지 못하다.

물론 소득 보장 시스템에서의 사각지대 문제는 한국만의 문제는 아니다. 서구 복지국가 역시 기존 사회보장제도에서 배제되고 있는 누락된 중간 지대missing middle 문제가 주요한 쟁점으로 떠오르고 있다(ILO 2019). 전통적 산업사회에서 만들어진 사회보장제도들은 주로 두 개의 주요 집단을 사회적 위험으로부터 보호해 왔다. 하나는 표준적 고용 관계를 기반으로 사회보험에 안정적으로 기여하는 노동자 집단이며, 다른 하나는 아동·장애인·노인 등 경제활동에 참여하지 못하거나, 소득이 매우 낮은 집단이다. 그러나 최근 이들 두 집단에 속하지 못하면서도 소득 부족, 소득 감소, 소득 상실의 위험에 직면한 집단들이 증가하고 있다. ILO(2019)는 이들을 누락된 중간 지대로 명명하고, 이들을 포괄하기 위한 보편적 사회 보호 시스템의 구축을 진지하게 논의하고 있다.

그렇다면 누가, 왜 기존의 소득 보장 제도에서 배제되고 있는가? 이 질문에 대한 답은 전통적 소득 보장 제도들이 기반했던 자본주의에 대한 정확한 진단에서 찾을 수 있다. 현재 우리가 발 딛고 있는 자본주의와 노동시장의 모습은 기존의 소득 보장 제도가 기반 했던 전통적 산업사회와는 근본적으로 다르기 때문에 그 차이를 확인하는 것은 매우 중요하다.

서구의 소득 보장 제도는 공공 부조와 사회보험이 주축이었다. 공공 부조는 16세기 초반 중세에서 근대 산업사회로 넘어오던 시기 대량 빈곤의 발생에 대응하기 위해 만들어졌으며, 사회보험은 19세기 후반에서 20세기 초반 산업사회의 노동시장에서 발생하는 문제를 해결하기 위해 만들어졌다. 그러나 지금의 자본주의는 공공 부조와 사회보험이 만들어지던 시기의 자본주의와 판이하게 다르다.

산업구조는 제조업에서 서비스업으로 바뀌었고 더 나아가 디지털 혁명이 진행되고 있다. 노동의 모습도 산업자본주의에서 일반적이었던 표준적 고용 관계와는 전혀 다른 비표준적 형태의 일들이 확산되고 있다(백승호·이승윤·김태환 2021). 따라서 전통적 산업사회에 기반한 기존 소득 보장 제도가 가지고 있는 문제들을 근본적으로 해결하기 위해서는 현대자본주의의 모습에 대한 정확한 진단에 기초해 문제점들을 정확히 짚어 내는 것이 필수적이다.

서론에 이어 2절에서는 현대자본주의의 변화된 맥락을 진단하고, 3절에서는 변화된 환경과 상호 보완적인 소득 보장 패러다임 개혁을 위한 방향과 현재 논의되고 있는 구체적인 대안들을 살펴본다. 4절은 결론이다.

2. 자본주의의 질적인 변화[1]

1) 플랫폼 자본주의의 부상[2]

20세기 초반 산업자본주의에서는 제조업 기반의 대기업 중심 경제, 노동과 자본의 경계가 분명하고 견고한 표준적 고용 관계가 지배적이었다. 표준적 고용 관계는 전일제로 기간의 정함이 없는 무기 계약, 안정적이고 상당한 근로소득을 제공받는 종속적 임금 고용 관계로 정의된다(Eichhorst and Marx 2012, 77). 전통적 산업사회에서 노동자들의 주된 관심은 안정적 시장 임금의 확보 및 산재, 상병, 해고 등의 사회적 위험에 대비한 사회적 임금의 확보였다. 그

1_이 장은 백승호(2021b), 백승호·이승윤(2019)과 기본소득한국네트워크(2021, 6장)의 이론적 논의를 전면 재구성했다. 물론 자본주의의 발전은 보편성과 특수성이 동시에 관찰된다. 산업자본주의, 서비스 자본주의, 플랫폼 자본주의로의 보편적 변화 경향과 함께, 각 국가의 역사적 맥락에 따라 다양한 형태의 자본주의 모습이 관찰된다. 이 글에서는 개별 국가의 변화와 발전을 분석하는 데 목적이 있지 않기 때문에, 자본주의 발전의 보편성에 주목해 서술하고 있다.

2_물론 자본주의는 하나의 생산방식이 아니라 다양한 생산방식이 공존한다. 산업구조의 관점에서 볼 때 산업자본주의는 제조업 또는 서비스업 고용이 70% 이상인 경우를 각각 산업자본주의, 서비스 자본주의로 명명한다(Lee 2010). 이 글에서 강조하는 플랫폼 자본주의 개념은 현재 플랫폼을 활용한 생산방식이 지배적이라는 의미보다는 서비스 자본주의에서 플랫폼 자본주의로 이행해 가는 과도기적 경향이 관찰되고 있음을 강조하는 개념이다. 따라서 현재의 자본주의가 플랫폼 자본주의로 이행할 것인지에 대해서는 다른 의견이 있을 수 있다.

리고 자본의 주된 관심은 노동비용을 줄이고 노동생산성을 높임으로써 지속적인 자본축적을 보장받는 것이었다. 특히 산업 노동자들의 소득 상실 및 상병 등에 대한 자본주의국가의 개입은 유효수요를 창출함으로써 자본축적에 순기능을 하기 때문에 자본에도 중요했다(오코너 1990). 자본과 노동의 이런 이해관계는 제조업에 종사하는 정규직 남성 노동자들의 사회적 보호와 노동력 재생산을 원활하게 하는 사회보험 시스템에 대한 합의로 이어졌다(백승호 2005).

그러나 1970년대에 들어서면서 산업구조가 제조업에서 서비스업 중심으로 변화되었다. 제조업의 수익성이 악화되면서 복지국가 황금기를 가능하게 했던 산업자본주의는 위기에 직면했다. 미국 우위에 있었던 제조업 생태계에 일본과 독일의 등장으로 경쟁은 심화되었다. 일본과 독일의 제조업은 숙련된 노동력, 정부의 고도 지원 체계, 저임금을 기반으로 경쟁력을 확보해 가면서 미국 기업들의 시장점유율을 잠식했다. 그 결과는 제조업에서 과잉설비와 과잉생산으로 이어졌고, 결국 가격 하락 압력과 제조업 수익성 위기로 촉발된 1970년대의 지구적 위기로 이어졌다(Srnicek 2017, 23-25).

제조업에서 서비스업으로의 산업구조 변화에 이어 또 다른 주목할 만한 변화는 1990년대부터 진행되었다. 닷컴 붐과 인터넷에 대한 관심이 폭발적으로 증가한 것이 그 시작이었다. 1990년대 닷컴 붐은 한편으로 플랫폼 경제를 위한 인프라 구축에 기여했고, 다른 한편으로는 인터넷의 상업화에 기여했다. 인터넷의 상업화에는 제조업 수익률 하락으로 투자처를 물색하던 금융자본들의 투자가 중요하게 작용했다. 미국의 경우 벤처캐피털은 경기를 부양하는 데 긍정적으로 작용했다. 이 시기 미국의 기술 기업들은 국내총생산 GDP의 1% 정도를 벤처 캐피털에 투자했으며, 1996년에서 2000년 사이에 벤처 캐피털의 평균 거래 규모는 4배까지 성장했다. 기술혁명의 서막은 이렇게 1990년대 금융 투자가 인터넷 산업의 버블을 추동하면서 진행되었다(Srnicek 2017, 29-45). 이후 기술 기업들은 권력과 자본의 중심으로 진입했다.

한국도 이런 변화에서 예외는 아니었다. 1997년 경제 위기 이후 정보 기술IT 벤처 투자 열풍은 인터넷 인프라 확장에 큰 역할을 했고, 2008년 경제 위기 이후 기술의 부상은 경제 발전의 키워드였다. 4차 산업혁명, 정보화, 플랫폼 경제, 지식 기반 경제, 디지털 경제, 공유 경제, 긱 경제 등의 개념은 이제 학계뿐만 아니라 일상 속에서도 흔히 만날 수 있는 개념이다.

이렇게 부상하고 있는 기술 기업들의 공통적 특징은 빅데이터를 활용해 가치를 창출하고 있다는 점이다. 이런 빅데이터가 추출되는 핵심적 장치가 온라인 플랫폼이다. 플랫폼은 두 개 이상의 주체들이 상호작용하는 디지털 인프라로 정의된다. 플랫폼을 매개로 소비자, 광고주, 서비스 제공자, 생산자, 공급자, 심지어 물리적 물체 등 다양한 사용자들이 서로 연결된다. 빅데이터는 이렇게 플랫폼을 통해 연결된 주체들 간의 상호작용뿐만 아니라, 인간의 다양한 활동으로부터 추출된다.

2000년대로 접어들어서 데이터를 추출하고 기록하며 저장하는 기술이 빠르게 발전했고, 추출된 데이터의 양은 기하급수적으로 증가했다. 이렇게 축적된 빅데이터를 알고리즘 기술과 결합해 생산,

표 1. 기업 시가총액 순위 및 플랫폼 기업의 성장

1962년		1982년		2002년		2012년		2017년		2020년	
기업	피용인	기업	피용인	기업	피용인	기업	피용인	기업	피용인	기업	피용인
AT&T	564	AT&T	822	Exxon	93	Apple	76	Apple	123	Apple	154
DuPont	101	Exxon	173	GE	315	Exxon	77	Google	88	Microsoft	163
Exxon	150	GE	367	MS	51	Google	54	Microsoft	124	Amazon	1,298
GM	605	GM	657	Pfizer	98	Microsoft	94	Amazon	566	Google	135
IBM	81	IBM	365	Walmart	1,400	Walmart	2,200	Facebook	25	Facebook	58

자료: Davis(2016, 193). 2017년 자료는 Statista, https://www.statista.com/statistics/
2020년 자료는 https://www.macrotrends.net/

물류, 유통, 판매 등의 의사 결정에 활용하는 기업들은 기존의 기업
보다 생산성이 5~13% 정도 높을 뿐만 아니라, 생산 및 유통기간을
단축하고, 재투자 기간을 획기적으로 단축하는 것으로 보고되고 있
다(금민 2020, 130-131).

서르닉(Srnicek 2017)은 데이터라는 원재료를 추출하고 활용하는
플랫폼의 역할에 주목해 현 단계 자본주의를 플랫폼 자본주의라고 명
명한다. 이전의 산업자본주의에서 자본축적의 주요 수단이 상품화된
노동력이었다면, 플랫폼 자본주의에서 자본축적은 빅데이터에 더
의존하고 있음을 강조하는 개념이 플랫폼 자본주의다. 플랫폼 자본
주의에서 플랫폼 기업은 이미 새로운 비즈니스 모델[3]로 지배적인

3_서르닉(Srnicek 2017)은 플랫폼 비즈니스 모델을 광고 플랫폼, 상품 플랫폼, 산업 플랫폼,
린 플랫폼, 클라우드 플랫폼으로 구분하고 있다. 이들 플랫폼의 공통적인 특징은 데이터
추출을 통한 수익 창출에 있다. 플랫폼 비즈니스 모델은 플랫폼을 통해 더 많은 사용자
를 확보해 네트워크 효과의 극대화를 추구하며, 기록과 저장을 단순하게 만드는 디지털
기반 매개체로서, 플랫폼 자본주의는 플랫폼 비즈니스 모델을 통해 빅데이터를 수집하

위치를 점하고 있다. 〈표 1〉은 지난 50여 년간 플랫폼 기업의 성장을 보여 준다. 2000년대 이후 플랫폼 기업은 경제 생태계의 지배적인 위치를 점해 왔음을 알 수 있다.

플랫폼 자본주의 발전의 초기 단계인 현재는 구글이나 페이스북 등 광고 플랫폼이나 우버, 에어비앤비와 같은 중개 플랫폼이 지배적인 비즈니스 모델이지만, 플랫폼 자본주의가 발전하면서 플랫폼 비즈니스 모델은 스마트 공장과 사물 인터넷을 활용하는 산업 플랫폼이 지배적인 비즈니스 모델로 성장할 것으로 예상된다. 이는 광고와 같은 서비스업뿐만 아니라, 제조업 영역에서도 빅데이터를 통한 생산, 물류, 유통, 재고관리가 산업의 핵심적인 위치를 점하게 된다는 의미이다. 연구 결과에 따르면, 산업 플랫폼 방식으로의 제조업 비즈니스 모델 전환은 노동비용의 25%, 에너지 비용의 20%, 유지·보수 비용의 40%를 절감할 수 있고, 제품의 성능을 개선할 수 있을 것으로 보고되고 있다(Webb 2015).

이런 플랫폼 기업들의 성공은 빅데이터를 얼마나 독점할 수 있느냐에 달려 있다. 따라서 플랫폼 기업은 독점화 경향을 필수적으로 내재하고 있다. 플랫폼 기업의 독점화는 불평등의 심화로 이어진다.

고 이를 알고리즘과 결합해 가치를 창출하는 자본주의 모델이라 할 수 있다. 이런 플랫폼 비즈니스 모델은 지속적으로 성장해 왔으며, 이후 지배적인 경제 모델로 성장할 것으로 예상된다.

2) 플랫폼 자본주의와 불평등의 심화

플랫폼 기업의 주요 성공 요인은 빅데이터에 대한 독점이 핵심이다. 플랫폼 비즈니스 모델은 금융자본주의에서의 린 생산 모델과 근본적으로 다르다. 린 생산 모델에서는 기업이 핵심 역량에 집중하고 수익성 없는 사업은 털어 버리는 전략을 추구한다. 그러나 플랫폼 비즈니스 모델은 수익성이 없더라도 사용자들을 모이게 하고, 데이터를 추출하기 위해 교차 보조금cross-subsidization을 활용해 네트워크 효과를 극대화하는 전략을 선호한다(백승호·이승윤 2019). 플랫폼의 네트워크 효과는 빅데이터 생성의 핵심이기 때문에, 기업들은 초과이윤을 극대화하기 위해 자신들이 개발한 알고리즘을 공개하고, 많은 사람들이 그 알고리즘 속에서 활동하도록 유인한다(금민 2020).

상품과 서비스의 제공 및 기술을 플랫폼 위에 구현하고, 네크워크 효과를 극대화하기 위해 더 많은 사용자들을 끌어들이며, 기록과 저장을 단순하게 만드는 디지털 기반 매체로서 플랫폼에는 데이터 추출이라는 DNA가 내장되어 있다(Srnicek 2017, 107). 이런 플랫폼을 통해 수집된 빅데이터는 플랫폼 기업 수익 창출의 핵심이다. 하지만 플랫폼 기업들은 저숙련 노동자와 거의 모든 자산은 외주화하고, 창출된 수익을 고숙련 핵심 노동자들에게만 높은 임금을 보장하는 방식으로 나눌 뿐이다(Srnicek 2017, 109). 문제는 이들 기업들이 소수의 핵심 노동자들만 보유하고 있다는 점이다.

결과적으로 플랫폼 기업은 전통적 산업사회와 달리 그 수익의

그림 1. 지식재산 생산(IPP)자본과 노동 소득 분배율 하락

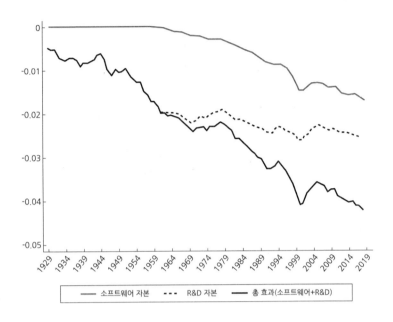

자료: Koh et al.(2020).

상당 부분을 노동 소득으로 분배하지 않아도 된다. 그리고 플랫폼 기업의 핵심적 자원인 빅데이터 형성에 참여한 사람들에게 이윤을 분배할 제도적 장치가 마련되어 있지 않기 때문에 부를 독점하게 된다. 이는 노동시장에서 1차적 분배의 불평등 심화로 이어진다. 〈그림 1〉은 지식재산 생산자본Intellectual Property Products(IPP) Capital[4]이

---

[4]_전통적 자본재는 건설 및 설비 등 고정 자본재와 원료, 재료 등 유형 자본재를 포함하며, 지식재산 자본은 연구 및 실험 개발(R&D) 지출, 소프트웨어 및 데이터베이스, 무형자산

노동 소득 분배율에 미치는 영향을 보여 준다. 코 외(Koh et al. 2020)는 미국에서 IPP 자본의 성장이 노동 소득 분배율의 하락에 영향을 미쳐 왔는데, 1980년대 이전에는 주로 연구 개발Research&Development 자본이, 1980년대 이후에는 소프트웨어 자본이 노동 소득 분배율에 더 크게 영향을 미치고 있음을 보여 주었다.

　이런 경향은 캐나다·덴마크·프랑스·일본·스웨덴에서도 나타나고 있었다. 이들 나라들에서도 GDP 대비 IPP 자본 투자 비율이 1950년대까지 1% 수준이었으나, 캐나다를 제외한 네 나라에서 2010년대 후반에는 약 5.5% 수준으로 증가한 것으로 나타났다. 반면에 이들 나라에서 노동 소득 분배율은 장기적으로 하락해 왔다(Koh et al. 2020, 17). 우리나라의 경우에도 예외는 아니다. 오지윤·엄상민(2019)은 외부감사 대상 이상 법인의 재무 자료 중에서 무형자산 하위 항목인 소프트웨어 관측치가 존재하는 기업을 대상으로 노동 소득 분배율의 변화를 분석한 연구에서 GDP 대비 기타 지식재의 비중이 증가할수록 노동 소득 분배율은 하락하고 있음을 실증적으로 보여 주고 있다.

(intangible assets) 등을 포함한다(Koh et al. 2016, 2-3).

3) 플랫폼 자본주의와 불안정 노동[5]

인간의 노동력이 상품화된 이래 노동은 언제나 불안정했다. 18
세기 외주 노동, 19세기 항만 노동이 대표적이다(Adams-Prassl 2020).
역사 속에서 노동이 상대적으로 안정되었던 것은 전후 30년 동안
산업사회에서의 표준적 고용 관계가 유지되던 시기가 유일하다. 당
시의 이런 예외적 상황은 노동법적 규제와 탈상품화를 가능하게 했
던 튼튼한 사회보장제도 때문이었다.

노동시장의 변화는 플랫폼 자본주의 이전 서비스 경제사회에서
부터 비롯되었다. 제조업의 위기와 서비스 경제로의 전환은 일터에
서의 변화를 추동했다. 수익성을 추구하는 기업들은 대량생산 포디
즘 시스템을 재조직화해 도요타의 린 생산 시스템으로 전환했다.
기업들은 주주들의 이익 실현 극대화 요구에 대응해 핵심 역량에
집중했고, 그 결과로 일터의 균열이 심화되었다. 기업은 고용 털어
버리기 전략을 통해 핵심 역량에 집중했고, 핵심 역량 이외 분야에
대해서는 외주와 하청, 프랜차이즈시스템 등을 적극 활용함으로써
일터의 균열은 가속화되었다(와일 2015).

기업들은 균열 일터를 조장함으로써 직접적 고용계약 관계에
부과되었던 노동자에 대한 책임과 의무를 외주, 하청기업 등 하위
조직에 전가하고, 노동비용을 줄일 수 있었다(와일 2015). 그 결과

5_이 절은 이승윤·백승호·김태환·박성준(2020, 2장)를 재구성했다.

표준적 고용계약 관계에 기반한 산업자본주의에서 수행되던 노동의 일상적 풍경은 해체되기 시작했다. 일터의 변화와 함께, 노동의 모습도 변화되었다. 제조업의 표준적이고 안정적인 노동의 모습보다 서비스업에 종사하는 청년, 여성, 노인 등 불안정한 노동의 모습이 일상화되었다(이승윤·백승호·김윤경 2017).

플랫폼 자본주의는 '혁신'이라는 이름으로 불안정 노동을 새롭게 부활시켰다(백승호 2021b). 디지털 기술의 발전은 불안정 노동에 대한 통제를 한층 더 진화시켰다(Weil 2015). 플랫폼 기업은 일자리를 일감이라는 작은 과업 단위로 나눔으로써 노동을 파편화했고, 생산 비용을 개별 플랫폼 노동자에게 떠넘긴다. 이런 과업 경제에서는 직업별 숙련이나 훈련이 많이 필요하지 않을 뿐만 아니라, 많은 잠재적 노동자들을 지속적으로 공급하는 것이 가능해진다. 결국 플랫폼 기업은 수요 변동의 위험을 대규모의 저숙련 노동자 군중에게 전가하고, 개인들은 생존을 위한 경쟁에 더욱더 공격적으로 내몰리게 되는 상황이 연출된다(백승호 2021a; Adams-Prassl 2020).

또한 빠른 통신 기술, 알고리즘에 의한 감시, 위치 정보 등 혁신적인 기술의 발전은 위계 조직과 시장 사이에서 일을 할당하고 노동자를 감시하는 핵심적 역할을 가능하게 한다. 플랫폼 노동자들은 언제든지 호출 가능한 상태로 온종일 대기하도록 권고를 받았고 이를 어길 경우 제재의 위협을 받았다. 그러나 노동자들은 대기 시간에 대한 어떤 보상도 지급받지 못했고, 작업 도구에 대한 비용에서 불량한 작업에 대한 벌금에 이르기까지 부수적 요금을 부과받았다. 결국 소득을 예측하는 것이 어려워졌고, 다양한 비용을 지불하기 위해 상당한 작업 시간을 보내야 했다. 18세기 외주 노동을 관리하던 중개자의 기능과 역할이 디지털 경제에서는 플랫폼 기업들과 앱으로 이전되었을 뿐이다(백승호 2021a). 플랫폼 노동자의 플랫폼에 대한 경제적 종속성이 강화될 수밖에 없는 이유가 여기에 있다(이승윤 2019; 이승윤·백승호·남재욱 2020).

4) 플랫폼 자본주의와 사회보장제도의 부정합

전통적 산업사회에서 만들어진 사회보장제도는 두 개의 주요 집단을 보호해 왔다(Laura and Rachel 2019, 683). 하나는 안정적 소득, 표준적 고용 관계를 기반으로 사회보험에 가입한 노동자들이다. 이들은 주로 정규직의 임금 근로자들이며, 임금수준에 비례하는 사회보험료를 납부하고 산재, 실업, 노령, 질병 등의 사회적 위험이 발생했을 때 사회보험 급여를 받는다. 보험료는 고용주와 분담해 정해진 비율만큼 납부한다. 두 번째는 아동, 노인, 장애인 등 비경제활동인구 및 최저생계비 이하의 가난한 사람들이다. 이 집단은 경제활동에 종사하지 못해 소득이 없거나, 정부가 정한 기준선보다 소득이 매우 낮은 집단으로, 조세에 기반한 수당 또는 공공 부조 수급 대상이다.

그러나 앞서 살펴보았듯이 자본주의의 질적 변화와 그에 따른 비표준적 형태의 일의 증가는 전통적 산업사회의 사회보장제도가 정상적으로 작동할 수 있는 기반을 허물어 왔다. 사회보험에 안정

표 2. 비표준적 형태의 일과 사회보험 미가입 현황

단위: %

구분	국민연금	국민건강보험	고용보험
정규직	5.1	0.0	3.9
비표준적 형태의 일			
임시직	51.5	1.0(17.6)	35.8
시간제	68.2	3.0(40.3)	71.7
비전형 노동			
– 호출	68.8	5.1(30.2)	93.4
– 파견 용역	48.9	1.0(8.5)	35.8
– 가내 근로	69.4	6.1(44.9)	75.5
종속적 자영업(특수 형태 근로)	45.0	1.6(24.9)	92.2
순수 자영업			99.5

주: 국민건강보험에서 괄호 안의 수치는 직장 가입 피부양자 비율임.
자료: 김유선(2020), 김진선(2020).

적으로 기여할 수 있는 정규직의 비중은 줄어들고 있고, 비표준적 형태의 일에 종사하는 취업자들은 고용 경력이 불확실하고 임금 소득도 불안정해 사회보험에 안정적으로 기여하기 어려워졌다. 그 결과 이들의 사회보험 급여 수준도 낮을 수밖에 없다. 최근 증가하고 있는 플랫폼 노동자들, 영세 자영업자들 역시 마찬가지다. 이들은 사회보험에서 배제되고 있을 뿐만 아니라, 최후의 안전망인 공공 부조 제도에서도 대상자로 포괄되기도 어렵다. 저소득이지만 경제 활동을 하고 있어 낮은 수준의 공공 부조 기준선보다는 소득이 높은 경우가 많기 때문이다.

3. 미래 소득 보장 제도의 대안적 패러다임

불평등과 양극화의 심화와 노동시장의 환경 변화에 따른 불안정 노동의 증가 그리고 기존 사회보장제도의 부정합은 사회보장 개혁에 대한 요구로 이어져 왔다. 특히 코로나-19 팬데믹을 계기로 한국 사회보장제도 개혁이 더는 미룰 수 없는 과제로 인식되면서 사회보장 개혁에 대한 다양한 대안들이 논의되고 있다. 이 절에서는 최근 제안되고 있는 미래 소득 보장 제도 개혁의 원칙과 대안들을 검토한다.

1) 바람직한 사회보장제도 개혁 대안의 방향과 원칙[6]

국제노동기구·경제협력개발기구(ILO and OECD 2020)는 플랫폼 자본주의의 변화된 노동시장에 상호 보완적인 사회보장 개혁의 방향으로 세 가지를 제안하고 있다. 첫째는 임금노동자의 속성이 강함에도 불구하고 자영업자로 오분류되는 노동자 문제의 해결, 둘째는 임금노동자와 자영업자 사이의 회색 지대를 줄이는 것, 셋째는 자영업자를 대상으로 하는 사회보장의 보장 범위의 확장이다.

국제노동기구·경제협력개발기구의 제안이 고용 안전망에 더 집중하고 있다면, 백승호·이승윤(2019), 기본소득한국네트워크(2021)

---

[6]_이 절은 서정희·백승호(2017), 이승윤·백승호·김태환·박성준(2020), 기본소득한국네트워크(2021)의 일부 내용을 요약했다.

는 고용 안전망을 포함한 한국 복지국가 전반의 개혁 원칙을 다음과 같이 제안하고 있다. 첫째, 1차적 소득 안전망으로서 자산 조사 기반 공공 부조를 적정 수준의 보편적 기본소득으로 전환한다. 둘째, 2차적 소득 안전망으로서 고용과 연계된 사회보험을 소득에 기반한 소득 기반 사회보험으로 전환한다. 셋째, 돌봄, 주거, 의료, 교육 등 보편적 사회 서비스의 확대를 통해 기본소득과 사회보험을 포괄하는 소득 보장 제도와의 균형적 발전을 지향한다. 넷째, 한국 복지국가의 패러다임 전환을 위한 재정은 토지세, 빅데이터세, 지식 소득세 등 공유부common wealth에 대한 과세를 통한 증세와 기존 조세 체제의 대대적인 개편을 통해 마련한다.

2) 2차적 소득 안전망 강화 전략
: 근로자 지위 문제 개입 전략, 소득 기반 사회보험 전략

2차적 소득 안전망 강화 전략은 노동시장에서의 실업과 노령 등에 따른 소득 상실의 문제를 해결하기 위한 전략이다. 이와 관련해 주로 두 가지 접근이 제안되고 있다. 하나는 근로자 지위 문제에 개입하는 전략이고 다른 하나는 사회보험 개혁 전략이다(서정희·백승호 2017; 이승윤·백승호·김태환·박성준 2020).

(1) 근로자 지위 문제 개입 전략
현재 소득 보장 제도의 제도적 부정합에서 가장 핵심적인 문제는, 사회보험 제도의 적용 대상이 〈근로기준법〉상 '근로자'로 규정되어 있어, 임금 근로자 지위에 있지 않은 대부분의 일하는 사람들이 사회보험 중심 소득 보장 제도의 사각지대에 노출되어 있다는 점이다. 따라서 소득 보장 제도의 근본적인 개혁은 이 문제에서 출발할 필요가 있다.

현행 근로자 기준 문제에 개입하는 전략으로는 크게 두 가지를 생각할 수 있다. 하나는, 자영업으로 분류되어 있지만 종속성이 강한 일하는 사람들을 현행 〈근로기준법〉상의 근로자 개념에 포괄해 종사상 지위의 오분류 문제를 바로잡는 방안이다(박제성 2018; 이다혜 2019; 방강수 2020). 둘째는 이들을 제3의 범주로 규정하는 안이다. 한국의 산재보험법에서 규정하듯 자영업으로 분류되지만 종속성이 강한 근로자를 특수형태근로종사자로 분류하고, 이들을 산재보험에 포괄하는 방식이 여기에 해당한다(박지순·조준모 2018; 장지연·이호근 2019).

먼저, 종사상 지위 오분류의 문제를 바로잡는 전략은 현행 〈근로기준법〉상 근로자성 인정 기준을 대폭 수정·변경하는 개혁 전략이다. 이 전략은 근로자성 인정을 위한 법적 소송 절차가 필수적이다. 최근 플랫폼 노동을 중심으로 사용 종속 관계 판정 기준들이 현실화되어 근로자성 인정 기준이 다소 확대되긴 했지만, 여전히 오분류된 자영업자들의 근로자성을 인정받기가 용이하지는 않다. 특히 학계의 해석과 달리 법적 판결은 더 보수적이어서 근로자성 인정 사례가 드물다. 이런 전략은 전통적 산업사회의 근로자 기준에 디지털 자본주의의 전혀 다른 일의 형태를 끼워 넣으려는 전략에 가깝다.

이런 전략보다 근본적인 해결책은 전통적 산업사회에 기반한 〈근로기준법〉과 근로자의 정의 자체를 수정하는 새로운 노동법을 구상하는 것이다. 즉, 임노동 계약관계에 기반한 고용 관계만을 근로자로 인정하는 〈근로기준법〉을 '일하는 모든 사람을 대상으로 하는 새로운 노동법'으로 전환하는 것이다. 이를 통해 모든 일하는 사람들을 대상으로 근로 기준 및 근로 환경, 집단적 노동관계법, 사회보장법의 적용 범위를 확대할 수 있다.

다음으로, 종속적 자영업을 제3의 범주로 재규정하고 이들을 기존의 사회보장제도에 포괄하는 전략이다. 앞서 설명한 종사상 지위 오분류 문제를 해결하는 전략이나, 일하는 사람을 중심으로 하는 새로운 노동법을 제정하는 것 등은 장기적으로 지향해야 할 방향이지만, 시간이 오래 소요될 가능성이 크다. 빠른 시간 안에 현재의 '사용 종속 관계 기준의 폐지', 일하는 사람을 위한 새로운 근로 기준의 제정이 이루어지기란 어려울 수 있다(서정희·백승호 2017). 이 전략은 이런 상황을 고려해, 사용 종속 관계의 해석을 확대 적용하고, 순수한 의미의 자영업자나 순수한 의미의 근로자 어느 한쪽에 전적으로 속하지 못하는 특수형태근로종사자, 유사 근로자 등을 제3의 회색 지대로 규정하는 방식이다. 이 전략은 이렇게 제3의 범주로 규정된 사람들을 사회보장제도에 특례 조항으로 포괄함으로써 이들의 사회적 보호를 좀 더 용이하게 실현할 수 있다. 현재 우리나라에서 특수형태근로종사자를 산재에 포괄하거나 예술인을 고용보험에 포괄하는 등의 방식이 여기에 해당한다.

이상의 두 전략, 즉 종사상 지위 오분류 문제의 해결을 위해 종속성 판단 기준을 느슨하게 하거나 종속적 자영업을 제3의 범주로 만들어 사회보험에 포괄하는 전략은, 기존 사회보험 틀을 유지한 채로 사회보험의 대상자 포괄 범위만을 확장하는 전략이다. 기존의 사회보험이 임금 고용계약에 기반한 근로자 보호가 중심이었다면, 이들 두 전략은 '임금 고용계약'이라는 기준을 폐지하기보다 느슨하게 변경함으로써 고용에 기반한 사회보험 시스템을 유지하는 전략이다. 따라서 종속성 판단 기준을 아무리 느슨하게 적용하더라도, 새롭게 등장하고 있는 종속적 자영업자들을 사회보험에 적용하는 것은 매번 종속성 여부를 판단해야 하는 문제에서 여전히 자유롭지 않다.

(2) 사회보험 개혁 전략: 소득 기반 사회보험으로의 전환

기존 사회보험의 틀을 바꾸는 전략도 두 가지로 구분할 수 있다. 하나는 제3의 범주들만을 대상으로 하는 사회보험제도를 만드는 전략이고, 다른 하나는 사회보험을 소득 기반 사회보험으로 전환하는 전략이다(서정희·백승호 2017; 김소영 2020; 정찬영·이승길 2020; 이호근 2020).

첫 번째 전략으로 제3의 범주로 분류된 종속적 자영업자들을 위한 새로운 사회보장제도를 만드는 안(예: 예술인 고용보험)에는 순수 자영업자도 포괄할 수 있다. 그러나 이 안은 여전히 제3의 범주를 법적으로 규정해야 하는 어려움이 있다. 그리고 제3의 범주에 포괄된 노동자들이 위험에 직면할 확률이 높다는 점에서 위험 분산 risk pooling 효과가 떨어져 이들만을 대상으로 하는 별도의 사회보험은 지속 가능성이 높지 않다.

두 번째 전략은 사회보험에서 사용자-근로자의 연계를 해체해 소득 기반 사회보험으로 전환하는 전략이다. 소득 기반 사회보험은 현재 논의되고 있는 전 국민 고용보험에 국한되기보다, 4대 사회보험에 모두 적용할 필요가 있다. 소득 기반 사회보험이 기존의 사회보험과 다른 점은 다음과 같다(서정희·백승호 2017). 소득 기반 사회보험의 대상이 되는 자격 기준은 취업이나 소득 활동을 하는 모든 취업자에게 적용된다. 재원은 보험료를 통해 마련하지만, 현재의 사회보험료 징수 방식과는 차이가 있다. 현재의 사회보험료는 사용자와의 고용계약 관계가 인정된 근로자의 경우, 본인과 사업주가 공동으로 일정 비율의 보험료를 분담하고, 자영업자의 경우는 개인이 보험료를 전부 부담한다. 이런 관계 속에서 사업주는 보험료 비용을 회피하려는 경향성을 보이며, 저소득 영세 자영업자도 보험 가입을 기피하는 문제가 발생한다. 일터의 균열이 가속화되는 시점에서 이런 문제는 더욱 심각해질 수 있다.

그러나 소득 기반 사회보험에서는 이런 문제가 발생하지 않는다. 소득 기반 사회보험의 보험료는 고용계약 관계와는 무관하게 취업자와 사업주 각각의 소득에 부과된다. 임금노동자나 사업주 모두 각각의 소득 대비 일정 비율을 보험료로 납부한다. 물론 사업주의 소득 범위를 어떻게 규정할지, 보험료율은 어떻게 결정할지는 사회적 합의를 통해 결정될 필요가 있다. 이런 방식으로 마련된 재원은 사회보험 기금으로 관리한다.

소득 기반 사회보험으로의 전환은 사회보험 적용에서 근로자성 인정 문제로부터 자유로울 수 있다는 장점이 있다. 그러나 노동시장 이중구조에 따른 사회적 문제들을 근본적으로 해소하는 데는 한계가 있을 수 있다. 왜냐하면 소득에 기반해 보험료가 책정될 경우, 보험 수리 원칙이 적용되는 사회보험의 특성상 저임금 취업자들은 여전히 낮은 사회보험 급여 수준에서 벗어나기 어려울 수 있다. 그뿐만 아니라, 근로시간이 줄어 소득이 감소할 경우와 같은 부분 실업 문제를 어떻게 해결할지 등에 대한 난제가 여전히 존재한다. 여성이나 청년들의 경우, 취업과 실업을 오가기보다 취업에서 비경제활동으로 이동하는 경우가 많아서, 이들 잠재 실업의 문제 역시 소득 기반 사회보험에서 해결해야 할 난제다. 그리고 노동 없는 미래가 현실화된다면 소득 자체를 가지지 못하는 사람들에 대한 사회보장은 소득 기반 사회보험만으로 해결하기 어렵다(서정희·백승호 2017).

따라서 일하는 사람들을 위한 1차적 소득 안전망에 대한 고려도 필요하다. 1차적 소득 안전망에 대해서는 다음 절에서 자세히 다룬다.

3) 1차적 소득 안전망으로서 기본소득 도입 전략[7]

1차적 소득 안전망으로서 현재 대안으로 논의되고 있는 기본소

7_이 절은 백승호(2021c)의 보고서 일부를 수정했다.

득은 완전 기본소득, 부분 기본소득, 범주형 기본소득이다.

(1) 완전 기본소득

기본소득한국네트워크는 기본소득을 "공유부에 대한 정기적 현금 배당'으로 정의한다(기본소득한국네트워크 2021). 공유부는 첫째, 원래부터 모두의 것이었던 토지, 생태, 환경 등의 자연적 공유 자산 commons을 활용해 만들어진 부, 둘째, 지식, 정보 등 역사적 시간 속에서 쌓여 온 역사적 공유 자산을 활용해 만들어진 부, 셋째, 플랫폼 자본주의에서 가치 창출의 핵심인 빅데이터와 같은 인공적 공유 자산을 통해 만들어진 부를 의미한다. 이런 공유부는 원래 모두의 것이었거나, 개인의 노력뿐만 아니라 모두의 협력을 통해 만들어졌기 때문에 다시 모두의 몫으로 환원하는 것이 정당하다.

물론 공유부를 사회에 환원하는 방식은 다양할 수 있다. 18세기 말 토머스 스펜서Thomas Spence는 당시의 대표적 공유 자산인 토지를 환수해 여성으로 구성된 위원회가 자산을 관리하고 그 수익을 국가 운영에 일부 활용하고 나머지는 기본소득 방식으로 배당할 것을 제안했다. 같은 해 토머스 페인Thomas Paine은 토지의 환수는 경제활동을 위축시킬 수 있기 때문에, 토지를 점유하고 활용한 경제활동은 인정하되, 토지에서 비롯된 부의 일부는 조세 방식으로 환수해 기본소득 방식으로 배당할 것을 주장했다.

공유 자산의 환수나 과세 방식 이외에 플랫폼 기업과 같이 빅데이터라는 공유 자산을 이윤 축적의 중요한 자원으로 활용하는 기업들에게 공유 지분권을 설정하고 그 기업의 수익을 배당하는 방식

또한 제안되고 있다. 여러 제안들 중에 공유부 재원의 가장 큰 비중은 사람들이 경제활동을 통해 벌어들이는 소득에 대한 과세에 있다.

기본소득은 이런 공유부 배당의 사회정의를 실현하려는 기획이다. 공유부 배당이라는 정의로부터 기본소득의 중요한 속성인 보편성, 무조건성, 개별성이 도출된다(금민 2020). 그리고 여기에 더해 기본소득지구네트워크는 기본소득의 공화주의적 철학과 실질적 자유의 실현이라는 철학이 반영된 정기성 원칙과 현금 배당 원칙을 기본소득의 속성에 추가하고 있다. 이렇게 기본소득 여부를 판단하는 기준으로서 보편성, 무조건성, 개별성, 정기성, 현금 배당의 원칙에 더해 충분성 원칙까지 충족된 기본소득을 완전 기본소득Full Basic Income이라 한다.

기본소득의 속성들에 대한 설명은 다음과 같다. 첫째, '보편성'은 기본소득의 수급 자격 기준을 결정하는 속성이다. 공유부는 원래 모두의 것이었거나, 누구의 것으로 특정할 수 없는 공유 자산에서 만들어지기 때문에, 모두에게 보편적으로 배당의 권리가 주어진다. 이런 논리에 따르면 공유부는 특정 국가에 국한하지 않고 지구적 차원에서 배당되는 것이 논리적으로 정합적이다. 이런 기본소득을 지구적 기본소득Global Basic Income으로 정의하기도 한다(금민 외 2021).[8]

그러나 현재의 사회정책은 일국적 수준에서 적용되는 것이 일반적이기 때문에 기본소득의 보편성은 국가 단위를 기준으로 논의

8_기본소득의 적용 범위를 기준으로 지구적 기본소득(global basic income), 내셔널 기본소득(national basic income), 로컬 기본소득(local basic income)으로 구분하기도 한다.

되고 있다. 그리고 국가 단위의 기본소득에서 유일한 조건은 시민권 또는 거주권이다(Raventós 2007). 국가 단위의 기본소득national basic income에서 시민권이나 거주권에 기초한 자격 규정 이외에, 기본소득의 수급 자격을 특정 연령으로 제한해 보편성을 제약하는 기본소득을 범주형 기본소득이라 한다.

둘째, '무조건성'의 원칙 역시 공유부의 속성에서 자연적으로 도출된다. 공유부는 조건 없이 나누어져야 할 모두의 몫이다. 따라서 소득이나 자산 기준, 경제활동 참여 여부, 가구 형태, 사회적 기여 등과 무관하게 무조건적으로 배당되어야 한다는 원칙이 무조건성 원칙이다. 이런 조건들 중에서도 자산 조사와 근로조건을 부과하지 않는 것은 무조건성 원칙의 핵심이다(Van Parijs 2010, 37).

셋째, '개별성' 원칙은 가구 단위가 아닌 개인 단위로 기본소득이 지급되어야 한다는 원칙이다. 시민권이나 거주권은 개인 단위의 권리이기 때문에 보편성 원칙은 개별성 원칙과 매우 밀접하게 연결되어 있다.

공유부의 속성에서 비롯된 것은 아니지만, 기본소득의 철학이 반영된 원칙으로 정기성과 현금 배당의 원칙이 존재한다. 정기성은 기본소득이 '월', '주', '분기' 단위 등 정기적으로 지급되어야 한다는 원칙이다. 정기성 원칙은 공화주의적 자유의 실현이라는 철학이 반영된 원칙이다. 공화주의적 자유는 비지배적 자유를 의미하는데, 비지배적 자유는 사적·개인적·집단적 독립을 보장할 수 있도록 자원에 대한 통제권이 부여될 때 가능하다(카사사스 2020, 141). 이런 통제 권한의 보장은 사전 분배로서 기본소득이 정기적으로 지급될 때 가능하다. 기초 자산과 같이 1회성 자산 배분은 소진 위험성이 있어 자원에 대한 통제 권한을 지속적으로 부여하기 어렵다. 또한 기본소득은 현금 배당을 원칙으로 한다. 기본소득이 지향하는 실질적 자유의 실현은 충분한 기본소득이 현금으로 배당될 때 가능하기 때문이다.

이 외에도 공유부 배당이라는 기본소득의 정의에서 도출된 원칙은 아니지만, 기본소득에서 중요한 원칙 가운데 하나가 '충분성' 원칙이다. 충분성 원칙은 기본소득의 목적이나 가치를 실현하는 데 핵심적 원칙이다. 기본소득의 가장 중요한 목적 가운데 하나는 개인이 실질적 자유 실현이기 때문이다(Van Parijs 1995). 그러나 충분성 원칙은 기본소득 여부를 판단하는 기준은 아니다. 기본소득이 공유부 배당이고, 공유부로부터 마련되는 재원의 크기는 사회적 합의에 따라 달라질 수 있기 때문에, 어느 정도의 사회적 합의가 가능하냐에 따라 충분성 목표가 달성될 수도 있고 그렇지 못할 수도 있다.

충분성 원칙은 사회적 맥락에 따라 달라질 수도 있음에도, 일반적으로 제안되는 충분성의 '최저선'은 '평균 소득의 50%', '최저생계비' 혹은 '상대적 빈곤선'(중위 소득의 50%), GDP의 25% 수준이다(Van Parijs 1995, 2006; De Wispelaere and Stirton 2004 외 다수). '평균 소득'과 '중위 소득' 기준을 사용할 경우 완전 기본소득이 지급되면 평균 소득과 중위 소득이 동시에 상승하는 순환의 문제가 있지만, GDP 기준은 이 문제에서 자유롭다는 점에서 유용하다. 또한 GDP 기준은 한 국가 내에서 생산된 전체 부를 공유부라고 보고 그 공유부의 일정 비율을 기본소득으로 배당할 것을 제안함으로써 기본소득의 재원 정당성과 연결되어 있다는 점에서 유용한 기준이다(백승호·이승윤 2019).

(2) 부분 기본소득

충분성 요건이 충족된 완전 기본소득을 단시간 내에 실현하는 것은 어렵다는 점을 고려해 완전 기본소득의 단계적 실현 방안으로 제안되는 것이 부분 기본소득과 범주형 기본소득이다.

부분 기본소득은 기본소득 수준이 완전 기본소득의 수준에 미치지 못하는 기본소득을 의미한다. 부분 기본소득이 도입될 경우 기존의 공공 부조 제도와 부분 기본소득의 공존은 필연적이다. 부분 기본소득이 완전 기본소득으로 전환되기 전에는 현행의 공공 부조 수준보다 부분 기본소득 수준이 낮기 때문이다. 반면에 완전 기본소득은 현행 공공 부조 수준보다 높은 수준으로 제안되고 있기 때문에, 현행의 자산 조사 기반 공공 부조를 완전 기본소득으로 전환하는 것이 가능하다. 기본소득한국네트워크(2021)는 부분 기본소득과 기존의 공공 부조가 공존하면서 부분 기본소득 지급액을 늘리고 공공 부조 수급액을 줄이되 두 제도의 총액은 증가하는 방향의 제도 전환을 제안하고 있다.

(3) 범주형 기본소득

범주형 기본소득은 기본소득의 보편성 원칙을 유연하게 적용해서 특정 연령의 인구 집단으로만 기본소득 지급 범위를 규정하는 형태의 기본소득이다. 현재의 보편적 사회 수당이 범주형 기본소득에 해당된다. 물론 특정 연령으로 기본소득 지급을 제한하더라도, 자산이나 소득 기준 등 다른 조건이 부과된다면 범주형 기본소득이라 보지 않는다. 한국의 아동 수당은 7세 미만의 모든 아동에게 무조건적으로 수당을 지급하기 때문에 아동 기본소득이라 볼 수 있지만, 기초연금은 노인 연령층을 대상으로 해도 소득/자산 조사 기준을 가지고 있기 때문에 노인 기본소득이라 볼 수 없다.

농민, 예술인 등과 같은 직업 범주를 대상으로 하는 사회 수당을 범주형 기본소득으로 간주하는 의견도 존재하지만(서정희·안효상 2020), 농민이나 예술인을 대상으로 하는 보편적 수당은 기본소득이라기보다 농업과 예술이라는 사회적으로 유용한 활동에 대한 보상이라고 보는 것이 타당하다. 이런 관점에서 농민이나 예술인 등 특정 직업 범주에 대한 참여를 조건으로 지급되는 소득 보장은 참여 소득으로 분류하는 것이 타당하다.

(4) 기본소득 도입 전략

기본소득한국네트워크(2021)는 기본소득이 있는 복지국가 개혁의 핵심적 키워드로 '공유부 배당'과 '생태적 전환'을 제시하고 이를 실현하기 위한 기본소득 도입 로드맵을 제안하고 있다. 이 로드맵에 제안된 기본소득 도입의 원칙과 기존 소득 보장 정책들 간의 조정 방안은 다음과 같다(기본소득한국네트워크 2021, 72-73).

원칙 1. 부분 기본소득 도입을 시작으로 완전 기본소득까지 단계별로 확대한다.

1-1. 부분 기본소득 수준은 월 30만 원에서 시작한다.

1-2. 완전 기본소득 수준은 중위 소득 50%(2021년 기준 91만 원)로 해, 완전 기본소득 도입 시 빈곤이 사라지는 사회를 지향한다.

원칙 2. 부분 기본소득을 도입하는 단계에서 부분 기본소득을 받는 것이 현행 사회보장제도 수급보다 불리하지 않게 제도를 조정한다.

2-1. 기본소득 금액은 국민기초생활보장제도의 소득 인정액에서 범위에서 제외하고, 국민기초생활보장제도의 생계 급여를 부분 기본소득 도입 단계에서 그대로 유지한다. 그러므로 부분 기본소득 도입 시 생계 급여 수급자(현재 55만 원)의 총 급여는 85만 원이 된다.

2-2. 사회 수당 성격의 급여는 부분 기본소득으로 통합 및 확대한다. 다만, 수당이 부분 기본소득과 동일한 금액일 경우 수당의 10% 금액을 기본소득으로 통합한다. 빈곤층 노인의 경우에는 급여 총액은 현재 55만 원(기초연금 30만 원 + 생계 급여 25만 원)에서 85만 원(기본소득 30만 원 + 생계 급여 55만 원)이 되고, 빈곤하지 않은 기초연금 수급 노인의 경우에는 현재 30만 원에서 57만 원(기본소득 30만 원 + 기초연금 27만 원)이 되고, 기초연금 미수급 노인의 경우에는 현재 0원에서 30만 원이 된다.

원칙 3. 부분 기본소득 급여가 완전 기본소득으로 상향되는 단계에서 일부 공공 부조 현금 급여는 기본소득에 통합하고, 완전 기본소득 진입 시 자산 조사 방식의 제도가 대폭 축소되는 보편적 복지국가로 전환하는 것을 지향한다.

3-1. 부분 기본소득에서 완전 기본소득으로 확대되는 과정에서 국민기초생활보장제도의 생계 급여는 기본소득 금액 상향에 맞추어 줄이는 방식으로 기본소득으로 통합한다.

3-2. 2021년 현재 자산 조사를 수반하는 제도는 86개 제도로, 저소득층을 대상으로 하는 복지 제도는 자산 조사를 활용하는 방식으로 확대되어 왔다. 또한 근로 동기 장려를 위해 근로소득이 0인 사람에게 0원을, 근로소득이 연간 400만~900만 원인 사람에게 연 150만 원으로 매칭하는 방식의 근로 장려금을 확대해 왔다. 그러나 자산 조사 및 근로 조사를 수반하는 제도들보다 둘 다를 적용하지 않는 기본소득이 더 효과적이므로 이 제도들은 기본소득으로 대체한다.

원칙 4. 사회보험 급여의 현금 급여는 유지한다. 단, 사회보험 적용 대상 및 기여 기준은 법적 근로자에게 유리하게 적용되는 현행 방식이 아니라, 소득이 있는 일하는 모든 사람들을 적용 범위로 포괄하는 소득 기반 사회보험으로 전환한다.

원칙 5. 사회 서비스에 대한 공공의 책임성을 강화한다.

5-1. 사회 서비스에 대한 공공의 재정적 책임을 강화하기 위해 사회 서비스 급여 지출 및 양질의 사회 서비스 일자리 창출을 위한 지출을 확대한다. 그 수준은 우리나라와 경제협력개발기구OECD 사회 서비스 지출 평균과의 차이인 GDP 대비 2.2% 추가 지출을 최소한의 목표로 설정한다.

5-2. 사회 서비스의 직접 공급 주체로서 공공의 책임을 강화한다. 공공 보건, 공공 보육, 공공 사회복지 서비스를 현행 수준보다 대폭 확대한다.

5-3. 사회 서비스를 제공하는 공공 주체의 책임성을 강화하기 위한 사회 서비스 부문의 질적 개혁을 단행한다.

원칙 6. 기본소득 급여를 포함해 모든 공적 이전 현금 급여는 과세소득화한다.

이상에서 제시된 기본소득 도입 전략의 함의는 다음과 같다.

첫째, 가난한 사람들에게 낙인을 부여하는 소득 보장 제도에서의 보편적 인권이 실현된 복지국가로의 전환을 지향하고 있다는 점이다. 현행 자산 조사에 기반한 공공 부조는 수급자 선정 과정에서 인권침해와 광범위한 사각지대를 필수적으로 동반한다. 공공 부조 수급자는 끊임없이 자신의 가난함과 근로 능력 없음을 증명한 뒤에야 공공 부조 수급 자격을 얻을 수 있다. 그리고 근로 능력이 있음에도 일을 못 해서 가난해지면 일하지 않는 게으름뱅이로 취급받는다. 따라서 공공 부조 수급자가 되기 위해서는 자활 사업 참여 등을 통해 일할 의지가 있음을 끊임없이 증명해야 한다.

근로 능력이 없는 사람들은 근로 능력도 없고, 부양할 가족도 없음을 지속적으로 증명해야 하는 복잡한 행정 과정을 거친 후 공공 부조 수급을 받을 수 있다. 이런 엄격한 자격 판정 과정은 광범위한 사각지대를 수반하며, 가난함을 증명하는 과정에서 가난한 사람들은 생존을 위해 수치심을 이겨내야 한다. 가난한 사람들의 인권침해는 자산 조사 기반 공공 부조가 존재하는 한 사라질 수 없다. 완전 기본소득이 도입되면 공공 부조가 기본소득으로 전환됨으로써 가난한 사람들의 인권침해 요소는 사라진다.

둘째, 생태적 전환을 위한 탄소 배당 기본소득은 탄소 배출량을 획기적으로 줄이는 데 기여할 수 있다는 점에서 의미가 있다. 생태적 전환의 최우선 과제는 탄소 배출량을 획기적으로 줄이는 것이며, 이를 위해 화석연료의 사용을 최소화하고 재생에너지 체제로 전환하는 것이 필수적이다. 화석연료의 사용을 최소화하기 위해서는 탄소세 도입 및 탄소세율을 지속적으로 높여야 한다. 그러나 탄소세의 도입 및 확대는 에너지 가격을 인상하고, 이는 탄소세에 대한 조세 저항으로 이어질 가능성이 높다. 이런 조세 저항을 최소화하고 지속적으로 탄소세를 강화하는 방법의 하나는 탄소세 재원을 탄소 배당으로 분배하는 것이다.

탄소 배당 기본소득은 화석연료 사용을 최소화하는 과정에서의 이런 정치적 저항을 줄이고 에너지 체제 전환을 효과적으로 이루어낼 수 있다(금민 2020). 탄소 배당 기본소득은 이렇게 친조세 정치의 측면에서도 유용할 뿐만 아니라, 자연환경이라는 모두의 공유 자산을 과도하게 활용해 발생한 소득을 모두에게 돌려준다는 차원에서 공유부 배당의 정의 실현 측면에서도 타당하다.

셋째, 기본소득과 소득 기반 사회보험의 결합은 생애 주기 동안 사람들의 안정적 소득 보장을 가능하게 할 것이다. 비표준적 형태의 일에 종사하는 사람들, 노동 이력이 없거나 불안정한 사람들, 소득수준이 낮은 사람 등 기존의 사회보험 사각지대에 있는 사람들이 사회적 위험에 직면했을 때 기본소득에 더해 소득 기반 사회보험은 튼튼한 사회적 안전망으로 기능하기 때문이다. 또한 소득 기반 사회보험은 안정적 노동 이력을 가진 중산층이 사회적 위험에 직면했을 때, 시장이 아니라 공적 영역에서 표준적 생활을 유지할 수 있도록 함으로써, 이들을 사회적 연대의 틀 안에 포괄하는 역할을 할 것이다. 결국 완전 기본소득과 소득 기반 사회보험의 결합은 기본소득이 있는 복지국가의 정치경제적 지속 가능성을 확보하는 데 필수적이다.

넷째, 보편적 사회 서비스가 1층의 완전 기본소득, 2층의 소득 기반 사회보험과 상호 보완적이고 균형적으로 결합됨으로써 사람들은 생존을 위한 노동에서 더 자유로워질 수 있을 것이다.

다섯째, 탄소세, 토지 보유세, 시민 소득세 등 적극적인 증세가 기본소득과 결합함으로써 불평등의 문제 해소에 기여할 수 있을 것이다.

이상과 같은 함의에도 불구하고 기본소득 실현을 위한 부분 기본소득 단계에서는 사회적으로 유용한 다양한 활동의 생산이라는 차원에서 참여 소득과 기본소득의 결합이 적극적으로 고려될 필요가 있다. 탄소 배당 기본소득이 환경 파괴적인 경제활동을 교정하는 성격을 갖는다면, 적정 수준의 기본소득은 환경 파괴적인 활동들을 줄이고 환경에 영향을 덜 주는 활동들을 촉진하는 데 기여한다. 적정 수준의 기본소득은 생존 노동에 의존하지 않고도 생활이 가능한 진정한 탈상품화를 가능하게 하기 때문이다.

진정한 탈상품화는 사람들로 하여금 생산적 노동에의 의존을 줄이고, 환경에 영향을 덜 주는 자율적인 활동을 늘릴 수 있게 할 것이다. 적정 수준의 기본소득을 통해 생존을 위한 소득 활동의 압력에서 벗어난 사람들은 창의적 활동뿐만 아니라 정치 활동, 자원봉사 활동, 돌봄 활동, 생태 보존 활동 등 새로운 생활 방식을 선택하는 것이 가능해진다. 복지 선진국들일수록 노동시간이 짧고, 친환경적 활동 등 다양한 활동들이 활성화된 이유가 여기에 있다.

그러나 부분 기본소득 단계에서 이런 사회적으로 유용한 활동이 적극적으로 만들어질지는 미지수다. 특히 기후 위기라는 긴박한 위기에 직면한 현시점에서 소비주의의 균열과 자율적인 생태 활동을 촉진하는 방법으로 부분 기본소득에만 의존하기에는 생태 환경의 위기가 너무도 심각하다. 지금의 생태 위기는 기본소득의 도입만으로 역부족인 단계에 접어들었으며, 국가의 전방위적이고 적극적인 개입을 요구하고 있다. 유럽 국가들을 중심으로 탄소 제로 실현을 위한 로드맵, 탄소 국경세 도입을 시급하게 추진하는 이유가 여기에 있다. 기본소득에 더해 생태 활동을 더욱 가시적이고 적극적으로 촉진하는 새로운 정책이 결합될 필요가 있다. 다음 소절에서는 이와 관련된 참여 소득을 살펴본다.

4) 참여 소득[9]

(1) 참여 소득의 개념

참여 소득이란 사회적으로 유용한 활동에 종사하는 사람들에게 일정 수준의 현금 수당을 보장하는 제도이다(Atkinson 1996). 참여 소득은 크게 두 가지 유형으로 분류할 수 있다. 첫째는 '참여' 그 자체를 참여 소득의 중요한 요소로 간주하는 접근이다. 이런 접근은 사회적으로 유용한 활동을 매우 광범위하게 정의한다. 대표적으로 앤서니 앳킨슨(Atkinson 1996)의 참여 소득이 여기에 해당한다.

그가 규정하는 사회적으로 유용한 활동에는, 임금노동 및 자영업자의 경제활동, 구직 활동, 승인된 교육과 직업훈련, 아동, 노인, 장애인 등에 대한 돌봄 활동, 승인된 자원봉사 활동 등이 포함된다(Atkinson 1996, 68). 그는 여기에 더해 질병이나 재해, 장애로 일을 할 수 없는 경우, 최소 은퇴 연령에 도달한 경우도 참여 소득의 지급 대상으로 제안하고 있다. 앳킨슨은 조세에 기반한 소득 보장 제도가 자산/소득 조사 기준을 없애고 무조건성을 강화하는 개혁은 필수적이지만, 최소 수급 조건으로서 '참여' 조건은 필요하다는 입장을 취하며, 기본소득의 무조건성을 비판한다.

두둘째는 '사회적 유용성'을 참여 소득의 중요한 요소로 간주하는 접근이다. 이런 접근은 사회적으로 유용한 활동은 시장에서 공

9_이 절은 백승호·이승윤(2020)과 백승호(2021c)의 보고서 일부를 수정했다.

급되기 어려우며, 사회적 합의가 필요한 제한적 범주로 협소하게 정의한다. 대표적으로 페레스 무뇨스(Pérez-Muñoz 2018)가 여기에 해당한다. 그는 시장에서 충족될 수 없는 미충족된 사회적 욕구unmet social needs를 생산하는 참여 활동만을 사회적으로 유의미한 활동으로 규정한다. 페레스 무뇨스는 사회적으로 유용한 활동의 가장 전형적인 것이 돌봄이며, 환경 보호 활동 등을 사회적으로 유용한 활동에 포함한다. 다만 미충족된 사회적 욕구는 해당 공동체의 맥락에 따라 달라질 수 있기 때문에 그 범주는 각 공동체 구성원의 참여에 기반한 사회적 합의에 의해 결정되어야 한다고 강조한다.

(2) 참여 소득의 제안 배경

참여 소득의 제안 배경은 두 가지로 구분할 수 있다. 첫째는 사회권의 최저 보장 기준을 자산 조사에서 사회적 참여로 확대 전환하는 것을 목적으로 한다. 이런 제안은 1990년대 중반 복지국가의 위기 이후에 복지국가 개혁 전략으로 영미권 국가에서 주로 활용된 노동 연계 복지workfare에 대한 우려에서 제안되었다. 노동 연계 복지 전략은 생산적 노동에의 참여를 조건으로 공공 부조 수급자에게 복지 수급권을 부여하는 전략이다. 당시 영국에서는 이런 노동 연계 복지 전략에 대한 대응으로 보편적 기본소득에 해당하는 시민 소득 도입 운동이 전개되고 있었다. 앤서니 앳킨슨(Atkinson 1996)은 시민 소득 제안이 자산 조사 급여에 대한 의존성을 줄일 수 있다고 긍정적으로 평가하면서도, 다음 두 가지 이유로 참여 소득을 더 선호한다고 밝히고 있다.

첫째, 호혜성에 대한 강한 신념이 지배하는 상황에서 무조건적인 시민 소득에 대한 정치적 저항이 강하기 때문이다. 참여 소득을 지지하는 다른 연구들 역시 기본소득의 실현 과정에서 가장 큰 장애 요인으로 무조건성에 대한 정치인 및 대중들의 부정적 인식을 지적한다(판 파레이스·판데르보흐트 2018, 465). 둘째, 시민 소득의 장점인 자산 조사를 없애면서도, 참여 소득은 사회적 참여와 사회권을 연결함으로써 정치적 지지를 확보할 수 있기 때문이다.

결국 그는 경제적으로 비효율적이고, 근로 동기에 부정적으로 작용하며, 수급자들에게 낙인을 부여함으로써 반인권적 특징이 있는 자산 조사 기반 공공 부조를 폐지하는 데는 적극적으로 동의한다. 반면에 그는 자산 조사에 기반한 사회보장제도를 무조건적인 기본소득으로 전환하는 대신, 자격 조건을 최소한의 사회적 참여가 확인되는 모든 사람에게 확대하는 참여 소득을 제안하고 있다. 그러나 앳킨슨의 아이디어는, 사회적 참여의 범위를 광범위하게 설정함으로써 다양한 참여 활동들을 규정하고 모니터링하는 과정이 현실적으로 복잡하고 어려운 행정절차를 필연적으로 수반하기 때문에, 실제 집행으로 이어지기는 어렵다는 평가가 지배적이다.

둘째는 사회적으로 유용한 활동을 적극적으로 만들어 낼 필요가 있기 때문이다. 앳킨슨과 달리 페레스 무뇨스(Pérez-Muñoz 2018)는 사회보장의 최소한의 조건으로서 '참여'를 강조하기보다, 사회적으로 유용한 활동의 생산에 적극적으로 개입할 것을 강조한다. 그는 사회적으로 유용한 활동이라는 것이 생존의 욕구가 해결된다고 해서 자율적으로 만들어지기 어렵다고 주장한다. 특히 그는 돌봄, 자원봉사, 생태 환경 보전 활동 등 현시점에서 시급하게 필요한 활동들은 시장에서 충분히 만들어지기 어렵고, 자율적으로 충분히 생산되지 않는다고 보고 있다. 따라서 페레스 무뇨스는 중앙정부나 지방정부가 사회적으로 유용한 활동 목록을 정의하고, 참여 민주적 거버넌스를 구성해 이런 활동들을 적극적으로 만들어 낼 필요가 있다고 주장한다.

그러나 그는 이런 활동들이 공공 부문의 사회 서비스를 통해 생산되는 것과 참여 소득 방식을 통해 생산되는 것의 차이를 설명하고 있지는 못하다. 다만 국가의 공공서비스와 시장 영역에서 포괄되지 못한 사회적으로 유용한 활동들에 대해서는 각 국가나 지방자치단체 수준에서 다를 수 있기 때문에, 참여 민주적 거버넌스를 통해 사회적으로 합의할 필요가 있음만을 언급하고 있다.

현재 한국에서도 중앙정부의 지역 주도형 청년 일자리 사업, 지자체 단위의 의용 소방대, 산림 숲 해설가, 지역 문화 해설가, 청년 활동가 육성 지원 사업 등 공공 일자리 사업이 하향식으로 운영되고 있다. 이런 사업들은 참여 소득과 유사한 정책으로 분류될 수 있다(이상준 2021). 그러나 이런 현행의 제도들은 '사회적으로 유용한 일'에 초점이 맞추어져 있다기보다, 미취업자들의 '일자리 제공'에 초점이 맞추어져 있다.

(3) 참여 소득의 한계: 포괄성, 호혜성, 행정적 지속 가능성의 트릴레마

이처럼 호혜성의 원리에 대한 선호와 노동 윤리가 뿌리 깊은 사회에서 참여 소득이 기본소득으로 가는 징검다리로 작용할 수도 있

다. 그러나 참여 소득이 실제 집행될 때는 행정 과정의 난점들이 존재한다고 비판하는 이들도 있다(Wispelaere and Stirton 2007, 2018). 참여 소득이 포괄성, 호혜성, 행정적 지속 가능성이라는 세 가지 목표 가운데 두 가지 이상을 달성할 수 없다는 것이다.

예를 들어, 사회적으로 유용한 활동을 제한적이고 구체적으로 명시할 경우, 참여 소득을 수급하기 위해 충족해야 할 조건들을 수급자나 일선 관료들이 이해하기 쉽고, 집행 과정에서의 모니터링 비용이 크지 않아 행정적 지속 가능성을 확보할 수 있다. 하지만 참여 활동을 제한하기 때문에 대상 포괄성을 달성하기는 어렵다. 반대로 사회적으로 유용한 활동을 포괄적으로 규정하거나 가능한 모든 활동 리스트를 제시할 경우 포괄성은 달성할 수 있다. 그러나 참여 조건 충족 여부를 판단하기 어려워 제도에 대한 순응도가 낮아지고, 집행을 위한 모니터링 비용이 지나치게 높아질 수 있다는 단점이 있다. 결국 이런 트릴레마는 행정 집행의 불안정성을 야기하고, 행정 집행의 불안정성은 참여 소득에 대한 지지도를 낮춤으로써 정치적 실현 가능성을 확보하기 어렵게 만든다.

그러나 행정 과정상의 문제들은 현재의 자산 조사에 기반한 행정 비용보다 크지 않으며, 비용 효과성을 따지기보다 국가가 사회 복지 전달 체계 개선에 더 투자하게 함으로써 사회적으로 유용한 활동들을 장려하는 것이 더 좋은 대안이라는 반론도 제기되고 있다(Atkinson 2015).

(4) 기본소득과 참여 소득의 결합안

참여 소득은 기본소득의 단계적 실현 방안으로 의미가 있을 수 있지만, 기본소득과 참여 소득의 결합은 모든 사람들을 위한 1차적 소득 안전망으로 유용할 수 있다. 구체적으로 두 가지 결합안을 고려할 수 있다.

첫째, 기본소득의 수준을 먼저 달성하는 전략과 참여 소득을 결합하는 안이다. 한국은 이미 아동 수당과 기초연금을 시행하고 있기 때문에, 기본소득의 단계적 실현은 범주형 기본소득으로 볼 수 있는 아동 수당과 기초연금의 급여 수준을 인상해 기본소득의 충분성을 우선 실현하는 것이 현실적일 수 있다. 근로 능력이 없는 아동과 노인에게는 충분한 수준의 범주형 기본소득을 실현하고, 근로 연령대의 경제활동인구에 대해서는 참여 소득을 지급하는 것이다.

이 안에서의 참여 소득은 시장에서 충분히 만들어지기 어려운, 시급하면서 사회적으로 유용한 활동으로, 페레스 무뇨스의 참여 소득이다. 어떤 미충족 사회적 욕구를 대상으로 참여 소득을 지급할지는 시민들이 참여하는 숙의 공론화 과정을 통해 결정한다. 현재 한국 사회가 직면한 가장 시급한 문제 가운데 하나가 기후 위기라는 점을 고려할 때, 생태 참여 소득의 도입이 하나의 예가 될 수 있다.

둘째, 기본소득의 보편성을 우선 확대해 가는 전략과 참여 소득을 결합하는 안이다. 이 안은 사회 수당 수급 연령을 대폭 확장해 전 국민을 대상으로 하는 낮은 수준의 부분 기본소득으로 이행하고, 그 과정에서 참여 소득을 추가적으로 보장하는 것이다. 이 경우 사회적으로 유용한 활동은 앳킨슨(Atkinson 1996)의 제안과 같이 좀 더 포괄적으로 설정할 필요가 있다. 예를 들면, 노동시장에서의 경제활동, 구직 활동, 플랫폼 경제활동, 돌봄 활동 등에 종사하는 경우 참여 소득을 지급한다.

이 전략에서 사회적으로 유용한 활동에 대한 모니터링은 정부뿐만 아니라 사회적 기업, 사회적 협동조합, 지역사회 공동체, 노동조합 등 다양한 사회적 조직들에 위임함으로써 시민사회의 활성화를 유인한다. 이런 방식의 참여 소득은 참여 조건 적용과 모니터링 과정에서의 일관성과 복잡성 문제가 발생할 가능성이 있으나(Wis-pelaere and Stirton 2007, 534; Stoker and Wilson 1998; Meyers et al. 2001), 분권적 방식의 자율적 참여 조건 규정을 통해 시민사회의 자율성 확대와 자정 능력을 기대해 볼 수 있을 것이다.

4. 결론

1997년 경제 위기 이후 기존의 한국 복지국가에 대한 비판과 성찰이 지속적으로 있었지만 그 비판과 성찰은 학술적 영역을 벗어나지 못했다. 2020년 코로나-19 팬데믹은 학술적 영역에서만 존재했던 한국 복지국가의 한계를 현실에서 시민들이 명료하게 경험하게 하는 계기였다. 그러나 팬데믹 이후 부의 독점과 불평등 문제는 더 심각해지고 있고, 사회보장제도는 충분히 잘 작동하고 있지 않음에도 불구하고, 한국 사회의 주류를 형성하고 있는 강건한 재정 보수주의는 한국 복지국가를 한 발도 앞으로 진전시키고 있지 못하다.

그리고 보편적 복지국가의 길보다는 취약 계층을 두텁게 우선적으로 지원해야 한다는 주장이 지배적이다. 이런 주장은 얼핏 보기에 도덕적으로 합리적이고, 취약 계층의 복지에 더 유용할 것으로 보인다. 그러나 이런 주장은 복지에 대한 개인의 책임과 시장의 역할을 강조하는 작은 복지국가의 얼굴을 가리고 있는 가면에 불과하다. 모든 사람들의 복지에 대한 권리를 우선하고 취약 계층에 대한 지원이 조화를 이룬 복지국가가 오히려 친복지 정치의 동력이 더 커서, 어려운 사람들을 더 두텁게 지원하고 있다는 것은 재분배의 역설론에서 이미 확인된 사실이다.

이 글은 이런 상황에서 한국 소득 보장 제도의 패러다임 전환이 필요한 이유를 다시 한번 확인하고 대안 논의들을 검토했다. 우선 현재의 소득 보장 제도들이 기반하고 있는 표준적 고용 관계에 기초한 산업자본주의가 플랫폼 자본주의로 전환되고 있음에 주목했다. 전통적 산업사회에서는 노동시장에서의 완전고용을 통해 1차적 분배가 어느 정도 실현되어 왔고, 실업, 질병, 노령, 산재 등으로 노동시장에서 벗어난 사람들에 대해서는 임금 소득과 기여가 연동된 사회보험 시스템을 통해 2차적 분배가 이루어지는 복지 자본주의가 작동하고 있었다.

그러나 플랫폼 자본주의에서는 가치 창출 과정에서 빅데이터의 역할이 중요해졌고, 이는 생산성과 고용의 탈동조화 현상으로 이어졌다. 이런 자본주의의 질적 변화는 노동의 불안정성을 가속화했고, 1차적 분배 축소와 불평등의 확대로 귀결되었다. 그뿐만 아니라 플랫폼 노동과 같이 자발적으로 종속된 모호한 노동자 등 다양한 형태의 비표준적 일의 모습이 일상화되면서, 사회보험이 일하는 모든 사람을 포괄하지 못하는 현상이 확대되었다. 소득 보장 제도의 이런 제도적 부정합은 2차적 분배(재분배) 시스템이 제대로 작동하지 못함을 의미했으며, 이는 불평등의 심화에 기여했다. 이런 현재 자본주의의 진단에 기초할 때, 소득 보장 패러다임의 재구성은 필수적이다.

이 글에서는 소득 보장 패러다임 전환을 위한 세 가지 핵심 원칙을 제안했다. 첫째, 1차적 소득 안전망으로 공유부 배당 기본소득을 도입한다. 둘째, 2차적 소득 안전망으로 고용과 연계된 사회보험을 소득과 연동한 소득 기반 사회보험으로 전환한다. 셋째, 돌봄, 주거, 의료 등 충분한 사회 서비스를 통한 현금과 사회 서비스의 균형 발전을 통해 공유부 배당 기본소득과 소득 기반 사회보험의 실효성을 높인다.

이 세 가지 원칙은 동시에 추진되는 것이 중요하다. 소득 기반 사회보험은 중산층의 소득 보장 욕구를 충족함으로써, 중산층을 친복지 동맹과 사회적 연대의 중요한 주체로 세우는 데 중요하다. 개인들의 삶에서 현금을 통한 소득 보장과 양질의 공공 사회 서비스 보장은 불가분의 관계에 있고, 상호 보완적이다. 사회 서비스에 대한 시장 의존성은 적정 수준의 소득 보장과 양질의 공공 사회 서비스가 결합될 때 가능하다. 이를 통해 소득 보장 제도가 제대로 기능할 수 있고 사람들은 생존을 위한 노동에서 더 자유로워질 수 있다.

또한 1차 소득 안전망으로서의 기본소득은 가난한 사람들의 인권 침해를 필수적으로 내장하고 있는 자산 조사 기반 공공 부조를 대체할 수 있는 유일한 방법이기도 하다.

지금까지는 기존 사회보장제도의 개혁과 기본소득 도입을 중심으로 논의했다. 그러나 여기에 추가해 전달 체계에 대한 전환적 발상을 검토하는 것도 매우 중요하다(백승호·이승윤 2019). 효과적인 전달 체계는 기본소득 제도의 실효성을 높일 수 있다. 즉, 효과적인 전달 체계는 기본소득 지급 이후 기본소득의 탕진 가능성을 예방하고 기본소득을 의미 있게 사용할 수 있도록 다양한 정보와 교육 프로그램을 제공하는 역할을 한다. 특히 기본소득과 참여 소득이 결합된 모델에서 전달 체계의 역할은 대상자들에게 다양한 '참여'의 방법을 공유하는 역할을 한다.

소득 보장 제도와 결합한 전달 체계의 예로 서울시 청년활동지원센터가 적절한 예가 될 수 있다. 서울시 청년활동지원센터는 서울시 청년 수당 수급자를 대상으로 다양한 정보 제공과 마음건강지원사업, 사회참여지원사업 등을 통해 청년 수당의 효과성을 높이는 데 중요한 역할을 담당했다.

소득 보장 제도의 패러다임 전환은 기본소득 도입이나 소득 기반 사회보험 개혁과 같은 소득 보장 프로그램의 미시적 개혁 차원을 넘어, 한국 복지 체제의 재구성 관점에서 논의될 필요가 있다. 국가, 시장, 가족을 둘러싼 복지의 생산과 분배에 대한 논의뿐만 아니라, 생산 체제와 복지 체제의 상호 보완적 제도 구성을 위한 구조 개혁 논의가 필수적이다.

| 2장 |

악순환의 늪에 빠진 사회 서비스, 새로운 전환을 위한 전략

김보영

1. 서론

우리나라에서 사회 서비스가 법·제도적으로 정의된 것은 불과 10년이 되지 않았다. 2012년 〈사회보장기본법〉 전부 개정을 통해 처음으로 '사회 서비스'의 법적 정의가 규정되었다. 하지만 사회 서비스가 본격적으로 확대되기 시작한 것은 2000년대 이후부터였다. 우리나라의 사회복지 영역이 1990년대 말까지는 국민연금 확대, 건강보험 통합, 〈국민기초생활보장법〉 제정 등 사회보험과 공공 부조 중심으로 발전해 왔다면, 2000년대 이후로는 사회 서비스가 그 대상과 종류, 공급 기관, 예산 등의 영역에서 급격히 확대되기 시작한 것이다(강혜규 2008). 사회보험과 공공 부조가 주로 산업재해·노령·질병·실업·빈곤 등 전통적인 사회적 위험에 대응한다고 한다면 2000년대 이후 저출산·고령화·가족 구조의 변화 등 이른바 신사회적 위험의 본격적인 출현과 사회 서비스의 발전은 무관하지 않다.

2012년 〈사회보장기본법〉 전부 개정에서 사회보장을 '소득 보장'과 '서비스 보장'의 양대 축으로 규정하고 있어 전체 사회보장제도에서의 사회 서비스 영역이 차지하고 있는 비중을 짐작할 수 있다. 여기에서 사회 서비스는 "국가·지방자치단체 및 민간 부문의 도움이 필요한 모든 국민에게 복지, 보건의료, 교육, 고용, 주거, 문화, 환경 등의 분야에서 인간다운 생활을 보장하고 상담, 재활, 돌봄, 정보의 제공, 관련 시설의 이용, 역량 개발, 사회참여 지원 등을 통해 국민 삶의 질이 향상되도록 지원하는 제도"로 정의되었다(제3조 제4호). 소득 보장을 제외한 모든 영역을 포괄할 수 있을 정도로 매우 광범위하게 정의되었는데 이 정의를 따를 경우 사회 서비스 사업은 예산 규모로는 총 15조7000억 원에 이르며, 그 종류도 총 18개 부처(청)에 걸쳐 269개 사업에 달한다(복지부 내부 자료).

그중 가장 핵심적인 사회 서비스 제도는 2007년부터 시행되고 있는 사회 서비스 전자 바우처 사업이나 2008년에 시작된 장기 요양 보험제도 등을 들 수 있다. 사회 서비스 전자 바우처 사업은 현 장애인 활동 지원 서비스인 장애인 활동 보조, 2020년 노인맞춤돌봄으로 통합된 노인돌봄종합서비스, 시·도별로 운영되고 있는 지역사회서비스투자사업 등으로 시작되었는데, 2018년 현재 10개 사업과 15가지 서비스가 제공되며, 약 1조7000억 원 규모로 60만여 명이 이용 중이다(보건복지부·사회보장정보원 2019). 장기요양보험제 도는 2005년부터 세 차례 시범 사업을 거쳐 2008년 7월부터 시행 되었으며, 2018년 현재 약 7조 원의 규모로 이용자 수는 총 65만 명에 달한다(국민건강보험공단 2019).

이처럼 사회 서비스는 어느새 주요 복지 제도로 자리 잡고 있으 며 그 규모는 이미 상당한 수준에 이르렀다. 하지만 실제 내용을 보 면 이런 발전상과는 거리가 멀다. 가령 노인 요양 시설의 경우에는 실제 요양 보호사 자격을 취득해 직접 근무하며 취재한 한 기자의 표현을 빌리자면 "죽어야 나갈 수 있는 감옥"이었고, 식사도, 배설 물도 신속하게 '처치'되고, 목욕도 같은 방 노인들이 동시에 '처리' 되는, 인간적 삶으로 보기 어려운 모습이다(『한겨레』 2019/05/13). 하지만 집에서 돌봄을 받을 수 있는 재가 급여의 경우 하루 1회 네 시간이 최대이기 때문에 나머지 돌봄을 책임질 가족이 없는 한 시 설 입소를 피하기는 어렵다. 이마저도 수급 자격을 얻을 수 있는 등 급 판정이 까다로워 상대적으로 용이하게 건강보험 요양 급여를 받 아 들어갈 수 있는 요양 병원이 그 대체 수단이 되어 폭증하고 있 다. 최근 10여 년간 그 규모가 4배 이상 폭증해 요양 시설 병상 규 모는 OECD 국가 평균의 절반 수준인데 반해 요양 병원 병상은 10 배가 넘는 기형적인 현상이 나타나고 있다(김태일 외 2018).

장애인 거주 시설의 경우 2016년 12월 말 기준 1505개소 약 3 만 명이 거주하고 있어 전체 등록 장애인의 1%가 약간 넘는 수준이 지만 정신병원과 정신 요양 시설 거주 정신 장애인을 더하면 약

4.2%가 넘어간다(박숙경 외 2017). 장애인 20명 중 1명 가까이 시설 입소를 피하지 못하고 있는 것이다. 시설 거주 장애인에 대한 2012 년 국가인권위원회의 조사에 따르면 본인의 결정에 의한 입소는 1.39%밖에 되지 않고, 86.1%가 타의에 의한 입소였으며 56% 이상 은 본인 동의도 없는 사실상 강제 입소에 해당했고, 거주인의 절반 이 상은 외출도 자유롭지 않고, 사생활도 없는 것으로 나타났다(박숙경 2016). 특히 중증이나 고령 발달 장애인의 경우에는 활동 보조 제도 나 장애인 복지관, 주간 보호 서비스, 직업 재활 서비스로부터 배제의 문제가 심각해 결국 시설에 몰리게 되는 것이 현실이다(김용득 2016).

이런 사회 서비스의 문제가 가장 극단적으로 나타나는 것은 이 른바 간병 살인이나 간병 자살이다. 2006년부터 2018년까지 간병 살인에 대한 판결문 분석에 따르면, 간병에 따른 살인의 60%가 환 자가 도움이 없이는 일상생활이 불가능한 상황에서 혼자서 돌봐야 하는 이른바 '독박 간병'이었다(『서울신문』 2018/09/02a). 제대로 된 사회 서비스 지원을 받지 못하고, 가족 내에서도 한 명에게 부담이 집중되면서 쌓인 갈등과 스트레스로 결국 비극적 사건으로 끝을 맺 게 된 것이다. 10여 년간 언론에 보도된 60건의 간병 살인이나 자 살 사건을 분석한 결과 사망자 111명 중 80%가 넘는 89명은 함께 목숨을 끊는 경우였고, 17명은 자살자에 의해 살해를 당하는 경우 였다(『서울신문』 2018/09/02b). 또한 절반은 부부 사이에 그런 일이 일어났고, 자식을 간병하던 부모가 그다음 많은 경우였다. 최근에 는 코로나-19 확산으로 장애인 복지관 등이 휴관 조치되면서 기존 의 서비스마저 중단되자 장애인과 가족들이 극단적 상황으로 몰리는 경우가 늘어나고 있다. 발달 장애인 가정의 경우 20% 이상이 부모 중 한 명 이상이 직장을 그만두어야 했으며(국가인권위원회 2020), 2020년 6월에는 발달 장애인 아들과 어머니가 차량에서 함께 숨진 채 발견되어 이에 대한 대책을 요구하는 기자회견이 열리기도 했다(전국장애인부모연대 2020).

사회 서비스는 제2차 세계대전 이후 성립된 소득 보장 중심의 복지국가에서 핵심적 영역은 아니었다. 하지만 보건의료 정책과 의료 기술의 발달 등으로 인구 고령화가 이루어지고, 장애나 질병에 대한 생존율이 향상되는 등으로 인적 서비스와 지원에 대한 욕구는 높아지는 가운데, 가족 구조의 변화, 여성의 노동시장 진출, 젠더 문제에 대한 인식 등에 따라 그동안 가족과 개인 문제로 여겨졌던 문제가 사회적 문제로 전환되면서, 사회 서비스는 이제 또 다른 사회보장의 영역으로 부상하고 있다. 소득 보장에서 실업, 노령 등의 소득 중단이나 감소의 위험으로부터 보호받을 수 있는 보편적 권리를 이야기하는 것처럼 이제 성장·발달·질병·장애·노쇠 등으로 독립적이고 자율적인 삶을 유지할 수 없는 위험에 대해 보편적인 사회 서비스 보장이 요구되고 있는 것이다. 특히 산업화된 국가 가운데 가장 빠른 고령화 속도와 세계 최저 수준의 출산율, 가구 구성원의 급격한 감소 등 어느 사회보다 빠른 변화를 보이고 있는 우리나라에서 사회 서비스는 우리 사회의 지속 가능성을 좌우할 수 있는 중추적인 사회정책 영역이라고 할 수 있다.

이런 맥락에서 왜 우리나라에서는 그동안 사회 서비스의 제도적 발전에도 불구하고, 인간적인 생활을 위한 기본적인 권리가 보장되기는커녕 시설에서 비인간적 삶을 강요받거나, 지역에 방치되는 상황들이 반복되고 있는 것인가 질문하지 않을 수 없다. 이 질문에 앞서 먼저 이런 문제가 나타나게 되는 구조적 원인을 먼저 진단해 보고자 한다. 그런 다음 이런 구조적 원인이 나타나게 된 역사적 연원을 살펴보고자 한다. 사회 서비스가 제도적으로 발전하게 된 것은 비교적 최근의 일이라고 해도 그 기원은 우리나라 사회복지의 역사와 같이하고 있으며, 어쩌면 사회 서비스가 노인, 장애인 등 가장 배제 위험이 큰 집단을 핵심 대상으로 하는 만큼 그 문제가 가장 두드러지게 나타난다고 할 수 있기 때문이다. 그런 다음 마지막으로 대안적 전환의 방향으로 사회 서비스 전략을 모색하고자 한다. 이를 통해 우리나라 사회 서비스의 근본 문제와 역사적 맥락에 대한 이해를 제공하면서 사회 서비스의 대안을 함께 논의할 수 있는 바탕을 마련해 보고자 한다.

2. 우리나라 사회 서비스에 대한 진단

1) 분절적이고 파편적인 구조

앞서 살펴본 바와 같이 법적인 사회 서비스의 정의를 정부 사업에 적용해 보면 그 종류는 18개 부처(청)에 걸쳐 모두 269가지에

표 1. 정부 부처별 사회 서비스 사업 현황: 2017년 기준

단위: 억 원

구분	계	복지부	여가부	고용부	문체부	보훈처	교육부	농림부	기타
사업 수	269	88	45	38	17	16	13	10	42
(비율)	(100.0)	(32.0)	(16.7)	(14.1)	(6.3)	(6.0)	(4.8)	(3.7)	(16.3)
예산	157,144	68,735	5,247	23,497	3,237	6,583	39,630	5,676	4,541
(비율)	(100.0)	(43.7)	(3.3)	(15.0)	(2.1)	(4.2)	(25.2)	(3.6)	(2.9)

자료: 복지부 내부 자료.

달한다. 〈표 1〉에서 보듯이 보건복지부가 그중 3분의 1 정도의 사업을 추진 중이고, 여성가족부와 고용부의 비중도 적지 않다. 그 외 문화체육관광부, 국가보훈처, 교육부, 농림부 등도 관여하고 있다. 하지만 이렇게 서비스의 종류가 너무 많은 것은 물론이고 그런 부처와 사업의 종류가 욕구나 문제를 중심으로 분담되어 있지 않다는 점도 문제다. 사회 서비스의 법적 정의 자체가 상당히 광범위해서 그 포괄 범위가 넓어 사업 종류가 많을 수는 있다. 하지만 그런 사업이 사회 서비스 영역에서 대응해야 할 문제나 욕구, 대상별로 분담되어 있는 것이 아니어서 한계가 여실히 드러나고 있다. 신사회적 위험에 따라 우리나라가 저출생·고령화·장애인 등 사회 서비스 영역에서 주로 대응해야 하는 욕구나 정책적 과제에 대해 일관된 정책 추진 체계도 없고, 이에 대한 명확한 책임 구조도 없는 것이 현실이다.

노인 돌봄 문제만 예를 들어 보면 보건복지부가 많은 부분을 관할하고는 있지만 내부적으로는 장기 요양 보험을 담당하는 요양보험제도과와 그 외 노인 서비스·독거노인·노인 보호 문제 등은 노인 정책과로 나뉘어 있고, 장기 요양의 대체 수단으로 폭증하는 요양병원의 문제는 제2차관 아래 보험급여과나 의료기관정책과의 문제가 된다. 그 밖의 60세 이상 고령자 고용 지원은 고용노동부의 고령사회인력정책과, 어르신 문화 프로그램 운영은 문화체육관광부의 전통문화과, 고령층 정보화 교육은 과학기술정보통신부의 정보활용지원팀 등으로 나누어져 있다. 노인 돌봄의 문제를 다양한 사회활동 지원을 통한 예방에서 시설 보호의 문제까지 포괄해 본다면 이를 포괄하는 주체는 없을뿐더러, 가령 시설 보호의 문제만 하더라도 이를 책임지는 부서도 불분명한 셈이다.

장애인 지원의 문제를 보면 많은 서비스를 보건복지부의 장애인정책국에서 담당하고 있지만 그 아래 장애인서비스과, 장애인정책과, 장애인권익지원과의 담당 업무를 보면 어떤 일관된 업무 분담 기준을 찾기 어렵다. 게다가 장애인 고용의 영역만 하더라도 보건복지부의 장애인자립기반과, 고용노동부의 장애인고용과, 중소벤처기업부의 소상공인정책과 등이 서로 분담하고 있고, 보조 기기의 경우에도 건강보험의 장애인 보장구는 복지부의 보험급여과, 지역 보조기기센터 사업은 장애인자립기반과, 정보통신보조기기 보급사업은 과학기술정보통신부의 정보활용지원팀, 시청각장애인용 방송수신기는 방송통신위원회의 미디어다양성정책과, 보조 공학 기기는 고용노동부의 장애인고용과로 담당 부서가 나누어져 있다. 장애인 지원 정책을 전체적으로 총괄하는 부서는 존재하지 않으며, 고용이나 보조 기기 등 단일한 영역 안에서도 서로 다른 부서로 나누어져 있는 상황인 것이다.

이는 결국 사회 서비스 급여의 파편성 문제로 나타난다. 사회 서비스는 그 속성상 대상마다 그 욕구가 복합적이고 다면적인데 급여가 이를 포괄적으로 접근하지 못하고 있다. 같은 욕구에서도 크고 작은 급여가 파편적으로 존재하고 각각 별도의 신청 과정과 급여 기준, 내용을 가지고 있다. 이는 다른 나라에서 하나의 급여 아래 여러 가지 종류·형태의 서비스를 선택할 수 있도록 하는 것과 매우 대조적이다(유동철 외 2018, 213-214). 가령 우리나라 장기 요양 보험에 해당되는 일본의 개호 보험에서는 홈 헬프·중증 방문 개호·동행 지원·행동 지원·단기 입소 등 9가지 개호 급여와 자립 훈련·자립 생활 원조·공동생활 원조 등 6가지 훈련 급여로 구성되어 있다. 독일의 수발 보험도 개인 수발·이동 지원·가사 지원·수발 보장구·주거 환경 개선·대체 수발 등 선택이 가능하다. 프랑스에서도 장애 보상 급여Prestation de Compensation du Handicap, PCH 등 서비스 급여 제도에서 상한액 안에서 다양한 서비스를 구성할 수 있도록 하고 있는 식이다. 하지만 우리나라에서는 대부분의 서비스는 협소하고 단일한 내용으로 구성되어 있고, 다른 서비스가 필요하면 별도의 신청과 수급 자격을 획득해야 하는데, 급여마다 기준이 다르기 때문에 이마저도 쉬운 일이 아니다.

이런 급여의 파편성 문제는 전달 체계에서 분절성의 문제로 나타난다. 급여가 파편적이다 보니 각 급여마다 심지어는 같은 급여의 과정에서도 서로 담당 기관이 달라 분절되어 있는 것이다. 가령 장애인 지원의 경우에는 지역사회에서 많은 경우 지방자치단체(이하 지자체)가 담당하지만 실질적으로는 장애인 복지관, 주간 보호시설, 단기 보호시설, 공동생활 가정 등에 대한 서비스 결정은 해당 시설에서 하고 있다(김용득 2016). 같은 보조 기구라고 하더라도 용어부터 보조 기구, 재활 공학 기기, 보장구, 복지 용구 등 제각각이고, 지역사회서비스투자사업 바우처(장애인 보조 기기 렌탈 서비스)로 되는 경우, 보조기기센터에서 제공되는 경우, 건강보험 복지 용구로 가능한 경우들이 모두 다르다. 가장 대표적인 장애인 지원 서비스인 활동지원제도도 인정 조사를 하는 국민연금공단(본사 아래 지사)과 수급자격심의위원회에서 급여 결정을 하는 지자체로 분절되어 있어 그 과정에서 문제가 발생하는 경우 책임을 서로 미루는 현상이 나타난다. 노인 돌봄의 경우 장기 요양 보험을 운영하는 건강보험공단(지사)과 그 외 노인 복지 서비스를 담당하는 기초 지자체, 그리고 별도로 위탁을 받아 노인 맞춤 돌봄을 운영하는 수행 기관 등이 따로 있다. 이런 분절성 문제는 누구에게 어떤 문제가 있거나 지원이 필요할 때 어떤 기관이 담당해야 하는지, 주민들은 물론 각 기관 담당자들조차도 자기 업무 범위를 벗어나면 제대로 알지 못하는 문제로 나타난다.

2) 비책임성과 당사자 입증주의

앞서 살펴본 사회 서비스의 파편성과 분절성의 문제는 결국 공공의 비책임성의 문제로 이어진다. 간단하게 말해 누구에게 어떤 욕구나 문제가 있어도 공공 주체 누구도 책임질 수 없고 그럴 필요도 느끼지 못한다. 그것이 기초 지자체든, 복지관이든, 공단 지사든 어느 누구가 욕구나 문제를 호소한다고 해도 각자가 운영하는 급여의 수급 자격만을 따지고 급여 가능 여부만 결정하면 되는 것이지 그 서비스가 제공되지 않아서, 또는 그 서비스가 제대로 제공되지 않아서 발생될 수 있는 문제는 책임질 필요가 없다. 또한 이런 문제나 욕구에 제대로 대응할 수 있는 다른 서비스에 대한 권한을 모두 가지고 있는 주체도 없기 때문에 책임을 지고자 해도 그럴 만한 수단을 가지고 있지도 못하다. 결국 누군가가 제대로 된 서비스를 받지 못해 방임이 이루어진다고 해도 누구에게도 그 책임을 물을 수 없는 '비책임성'의 구조를 형성한다.

이런 비책임성의 구조 아래에서 자신의 욕구를 증명해 수급권을 획득해야 하는 책임은 당사자나 보호자에게 부여된다. 보험료를 납부함으로써 수급권이 기본적으로 형성되는 사회보험이나 소득(인정액)과 같은 분명한 기준이 존재하는 공공 부조와는 달리 욕구에 기반한 사회 서비스의 경우에는 수급권에 대한 별도의 판단이 있어야 한다. 이에 대한 판단은 결국 권한을 가진 공적 주체에 의해 이루어져야 하고 그 주체는 대상자의 권리와 정부의 공공 재정 수호 사이에서 균형 잡힌 판단을 해야 한다. 서비스의 필요에 대해 무한적 서비스를 보장할 수는 없는 노릇이고, 어느 정도의 욕구가 공공의 부담으로 대응할 수 있는 정당한 수준인가에 대한 결정이 필요하기 때문이다. 하지만 공공의 주체 어느 누구도 그 권리에 대한 책임을 가지고 있지 않다면 결국 판단은 재정 수호에 편중될 수밖에 없다. 급여 담당 기관은 급여 신청자가 얼마나 서비스를 필요로 하느냐는 욕구를 따질 필요 없이 사전에 주어진 수급 자격 기준에 들어맞는지만 따지기 때문에 그 판단은 재정지출 억제에 편중되어 엄격하게 이루어진다. 그러면 그 기준에 얼마나 맞는 사람인지 입증해야 할 몫은 신청자에게 귀속된다.

이런 현상은 실제 서비스 과정에서 그대로 드러난다.[1] 장기 요양 보험이나 장애인 활동 지원 신청 과정에서 인정 조사 점수를 잘 딸 수 있는 요령은 지인이나 요양 기관을 통해 반드시 습득해야 하는 필수 사항으로 인식된다. 거기다가 부가적으로 자기의 욕구를 증명할 수 있는 추천서나 진단서 역시 신청자가 챙겨야 한다. 반대로 말하면 자신의 수급 자격을 입증할 능력이 없는 사람은 서비스에서 배제된다는 것이다. 즉, 같은 욕구를 가지고 있더라도 급여와 기준에 대한 정보가 있거나, 이를 알아볼 수 있는 가족이나 지인 등 네트워크가 있는 사람일수록 서비스를 이용할 수 있고, 결여되고 배제된 사람일수록 서비스에 접근이 어려운 역진성이 특징적으로 드러난다. 이런 점 때문에 자주 서비스 과정은 복마전의 현장이 된다. 신청자는 공공 주체가 욕구를 정당하게 평가해 줄 것이라는 신뢰가 없고, 조사자는 신청자가 모든 것을 솔직하게 진술할 것이라는 신뢰가 없으니, 서로를 불신하고, 신청자는 욕구를 더 인정받기 위해, 조사자는 신청자의 거짓을 가려내기 위한 '요령'이 횡행한다. 이는 단지 신청자나 조사자의 도덕성의 문제가 아니라 구조적으로

1_국민 기초 생활 보장 급여의 경우에도 소득 이외에 부양 의무자나 근로 능력 등의 요소까지 고려되므로 마찬가지의 문제가 나타나고 있다.

촉진되는 현상이다.

사각지대의 문제 역시 이런 과정에서 구조적으로 발생한다. 욕구에 대해 판단하는 주체가 없다 보니 제한된 서비스에서도 더욱 위급하고, 심각한 욕구에 대한 보장이 먼저 이루어지지 않고, 상대적 여유와 네트워크를 가진 대상이 서비스를 먼저 획득하는 역진성의 문제는 이미 살펴본 바와 같다. 서구의 경우 보통 사각지대의 문제는 상대적으로 낮은 욕구를 가진 대상자가 배제되고 욕구가 높은 사람에게 서비스가 집중되는 현상으로 나타나지만 우리나라는 그 반대인 것이다. 그러다 보니 지금과 같은 구조에서는 결국 앞서 서론에서 살펴본 간병 살인이나 간병 자살과 같은 극단적 비극을 막을 수가 없다. 현장에서 어떤 대상이나 욕구가 더욱 위급한가를 고려해 자원을 배분하지 않기 때문이다. 서비스가 파편적이고 분절화되어 있는 상황에서 각자 기계적인 인정 점수나 자격 요건만 고려하다 보니 복합적이고 중층적인 상황에서 충분한 서비스를 보장받을 수 없으며, 오히려 파편화되고 분절되어 있는 서비스 사이의 사각지대에 빠지게 되는 것이다.

흔히 전달 체계의 문제를 논의할 때 '신청주의'가 사각지대를 발생시키는 문제라고 지적하고 '발굴'을 통해 문제를 해결하려는 노력들이 있으나 한계가 있다. 복합적인 욕구를 가지고 있는 대상자를 인터뷰한 강혜규 외(2017)의 연구에서 대부분은 절박한 상황에서 동사무소 등 공공 기관을 찾아간 경험을 공통적으로 진술하고 있었다. 하지만 그곳에서 자신의 문제나 욕구에 관심이 있기보다는 배제부터 하려 했던 부정적 경험 역시 공통적으로 가지고 있으며

이 때문에 공공에 대한 깊은 불신을 갖게 되는 경향을 볼 수 있었다. '신청주의'의 문제와 발굴에 대한 강조가 나타나게 된 직접적인 계기가 된 '송파 세 모녀' 사건의 경우에도 복지 제도를 몰라서 사각지대에 방치된 것이 아니라 실제로는 이전에 동사무소에 급여 신청을 하러 방문했다가 신청서를 제출조차 못 하고 거부된 적이 있다는 점이 뒤늦게 밝혀지기도 했다(SBS 2014/12/20). 즉, 사각지대의 문제에는 신청해야만 급여를 받을 수 있는 '신청주의'의 문제라기보다는 신청을 한다고 해도 실제 문제나 욕구에 의해 급여가 결정되지 않고, 당사자의 입증 능력에 의해 급여가 결정되는 '당사자 입증주의'의 문제가 있는 것이다.

그 반대편에는 거꾸로 자원 남용의 문제가 발생하고 있다. 〈그림 1〉은 사회 서비스와 관련해 주요 재원별로 재정 현황을 추계하고 있다. 추정(1)은 개별 사회보험 통계 연보에 기반해 추계한 규모이고, 추정(2)는 국민 의료비를 바탕으로 추계한 결과이다. 추계 방식에 따라 차이가 있지만 사회 서비스에서 가장 큰 비중을 차지하고 있는 것은, 장기 요양 보험이나 장애인 활동 지원과 같은 공식적인 사회 서비스 제도에 따른 지출이 아니라, 장기 요양 보험 대신에 자주 활용되면서 늘어난, 요양 병원으로 나가는 건강보험과 의료 급여 비용이다. 추계에 따라 다르지만 그 비중이 약 44%에서 51%까지 절대적 비중을 차지하고 있는 것이다. 결국 사회 서비스에서 욕구에 대응하기 위해 만들어진 본래의 제도보다 대체 수단으로 다소 편법적으로 활용되는 요양 병원으로 나가는 공적 지출 규모가 압도적인, 파행적인 상황에 이르렀음을 보여 주고 있다. 이는

그림 1. 2018년 사회 서비스 관련 주요 재원별 재정 현황

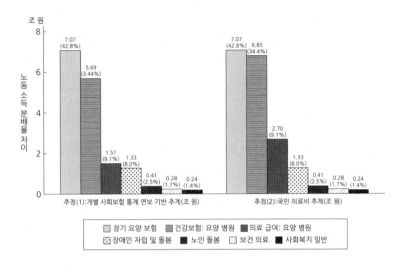

자료: 김윤 외(2019, 58).

이미 서론에서 살펴본 바와 같이 병상 수가 OECD 국가 평균의 10배가 넘는 매우 기형적인 상황으로 나타나고 있다. 다른 나라와의 차이는 〈그림 2〉에서 보이는 바와 같이 현격한 상황이다.

종합해 보면 사회 서비스, 그중 핵심을 차지하는 사회적 돌봄에서 이미 관련 지출 수준은 GDP 1%에 도달하고 있는 상황이다. 전체 사회복지 지출 수준에서는 OECD 평균(20%)의 절반 수준(12%)으로 여전히 최하위권에 속하지만(OECD 2021) 적어도 주요 사회 서비스 부분에서 지출 수준은 이미 3분의 2 수준에 이르고 있는 것이다(OECD 2020). 우리나라 복지의 저발전 문제에서 일반적으로는 자원의 재분배 차원에서 한계를 지적하지만 적어도 사회 서비스에서는

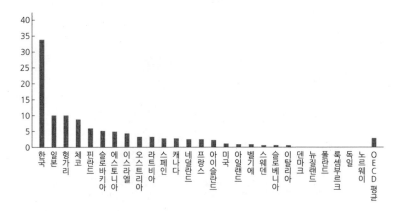

그림 2. 돌봄 절벽. 국가별 요양 병원 병상 수

단위: 병상

자료: OECD Health Statistics 2017(김태일 외 2018, 50에서 재인용).

사실이 아닐 수 있다. 즉, 사회 서비스에서만큼은 다른 복지국가에 크게 못 미치지는 않는 지출을 실제로는 하고 있으면서도 분절성과 파편성에 의한 비책임성의 문제로 말미암아 그에 상응하는 기본적 권리조차 보장하지 못하는 상황에 갇혀 있다고도 봄 직하다.

3) 돌봄 절벽

사회 서비스에서 특히 사회적 돌봄과 관련해 가장 심각한 문제로 돌봄 절벽 문제를 지적할 수 있다. 사회적 돌봄이 결국 노령·질병·장애 등으로 일상생활을 영위하기 어려운 사람에게 인간다운 생활을 위한 기본권을 보장하는 영역이라고 했을 때, 이에 대한 서비스는 생활에 대한 장애 정도에 따라 적정한 수준으로 연속성 있게 제공되어야 한다. 특히 노령이나 만성질환의 경우 이 때문에 점차 노쇠해지는 등 욕구의 변화가 나타나는데, 이에 따라서 서비스의 내용과 정도가 달라져야 하기 때문에 서비스가 이렇게 욕구와 상태의 변화에 대응해 연속적으로 변화하는 돌봄의 연속성continuum of care은 불필요한 시설 입소를 막고, 최대한 집과 지역사회에서 삶을 누리도록 하기 위한 핵심적인 개념으로 인식되고 있다(전용호 2018). 만약 돌봄이 연속적이지 못하고 단절되어 있다면 욕구의 변화에 따라 불필요한 입소 내지는 방임을 피하기 어려울 것이다.

하지만 우리나라의 사회적 돌봄 구조는 연속성이 보장되는 것이 아니라 일정 시점에 '절벽'이 존재하고 있다. 가장 먼저 지적할 수 있는 것은 장기 요양 보험 등 노인 돌봄에 존재하고 있는 절벽이다. 노인 돌봄에서 급여 종류별로 급여량을 살펴보면 주로 1, 2등급이 집중되어 있는 시설 급여와 3, 4등급의 대부분을 차지하고 있는 재가 급여의 급여량은 현격한 차이가 난다. 시설 급여의 경우 시설의 특성상 24시간 돌봄이 제공되는 반면, 재가 급여의 경우 1등급을 받는다고 해도 1일 최대 4시간밖에 서비스를 받을 수가 없다. 급여 종류별로 이용자 규모와 급여 규모를 비교해 보면 재가 급여 이용자 규모가 시설 급여 이용자보다 3배 이상 많지만 1인당 급여비는 4분의 1 수준에 불과하고, 급여 이용일 수는 3분의 1이 조금 넘는 수준이다(김태일 외 2018). 그만큼 웬만하면 더 높은 등급을 받아 시설 급여를 이용해야 하는 강한 유인이 존재하는 것이다.

그림 3. 연도별 노인 장기 요양 보험 인정 대상자 수 추이

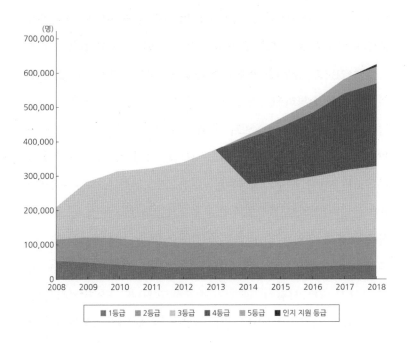

자료: 노인 장기 요양 보험 통계 연보, 2018년은 상반기만 집계(건강보험공단 2019).

특히 우리나라 장기 요양 보험 대상자 규모는 지속적으로 확대
되어 왔다. 하지만 제도 도입 당시에는 1~3등급 체제에 더 낮은 등
급이 신설되면서 현재 5등급과 인지 지원 등급까지 추가되어 확대
되는 방식이었다. 반면 각 등급별 인정 대상자 추이를 보면(〈그림
3〉) 상대적으로 중증 등급인 1, 2등급 대상자 규모는 일정 수준에
서 억제되어 왔다는 것을 알 수 있다. 이런 양태는 먼저 노인 장기
요양 보험 안에서의 시설 급여에 대한 강한 유인으로 시설화를 촉

진한다. 그래서 앞서 지적한 것처럼 이용자 측면에서 24시간 돌봄이 가능한 1, 2등급을 받기 위한 요령과 조사자 측면에서 그 요령을 걸러 내서 등급을 억제하려는 요령 사이의 복마전이 조장된다. 한번 1, 2등급을 받아 시설 입소가 이루어지면 재활을 해서 다시 자기 생활을 회복하고자 하는 당사자의 바람이나 노력은 주변 누구에게도 환영받지 못한다. 재활은 등급 하향을 의미하고 그 결과 돌봄 절벽과 맞닥뜨리게 되기 때문이다. 3, 4등급을 받더라도 집에서 돌봄의 부담을 감당하기 어려운 가족은 예외적으로 소견서라도 받아서 시설 입소를 얻어내려고 한다. 등급을 받지 못한다면 그 외에는 노인 맞춤 돌봄 서비스 제도가 있지만 사실상 저소득 독거노인에 집중되어 있어 일반적으로 서비스를 기대하기는 어렵다. 결국 전체적으로 필요 이상으로 높은 등급을 쟁취해야 하는 경향성이 나타날 수밖에 없다. 만약 가족이 감당하지 못하거나 당사자가 방임될 수밖에 없는 상황에서 등급을 받지 못하게 되면 그 대체 수단인 요양병원으로 또 다른 시설화가 촉진되고 그것이 현재 어떤 현상으로 나타나고 있는지는 앞서 지적한 바 있다.[2]

장애인 역시 장애나 지원 필요의 정도에 따라 적절한 지원을 받을 수 있는 것이 아니며, 중증일수록, 발달 장애가 있을수록, 나이가 들수록 지역사회의 서비스로부터 배제되고, 시설화를 피하기 어렵다(김용득 2016). 장애인활동보조제도의 경우 장애 정도에 따른

2_의료 급여 대상자의 요양 병원 입원이 촉진되는 문제는 장기 요양 보험과 다른 측면이 있지만 이는 공공 부조의 문제와 결부되어 있으므로 여기에서는 논외로 한다.

단가의 차이가 없기 때문에 중증 장애인이나 발달 장애인의 경우 활동 보조인의 노동강도가 높아질 수밖에 없어 기피하는 문제가 발생하며, 이는 단기 보호·주간 보호·직업 재활 서비스 등에서도 유사하게 나타나는 현상이다. 특히 발달 장애인의 경우 나이가 40대가 넘어가면 70~80대에 이르는 부모가 더는 감당하기 어려워지지만 오히려 서비스에서는 더욱 배제되면서 시설을 선택할 수밖에 없는 상황에 몰리게 된다. 하지만 장애인 시설은, 소규모화 정책을 추진하고 있다고는 하지만, 여전히 입소 인원 평균이 40명을 넘고 있고, 법·제도적인 기준은 대규모 시설에 유리하게 맞추어져 있다(이용민·권오정 2019). 문재인 정부의 국정 과제에 장애인의 탈시설이 포함되어 있고, 2018년부터 4년간 시행되는 제5차 장애인정책종합계획의 세부 과제에도 탈시설을 명시하고 있지만 여전히 우리나라 장애인 지원 체계는 파편적인 지역사회 서비스와 대규모 시설로 단절되어 있는 것이다.

두 번째 돌봄 절벽은 노인과 장애인 사이에 있다. 이는 이전에는 장애인활동지원사업으로 서비스를 받던 장애인이 65세에 도달하면 장기 요양 등급 판정을 받아야 하고, 등급을 받으면 서비스량이 급감하는 문제로 나타났다(최영준 외 2013). 이런 현상 때문에 장애인 활동 지원에서 더 많은 서비스를 받던 욕구가 높은 장애인은 장기 요양 보험에서 등급을 받아 서비스가 급감하고, 상대적으로 욕구가 작은 장애인은 등급을 받지 않아 상대적으로 서비스가 많은 장애인 활동 지원 서비스를 계속 이용할 수 있어 서비스량에서 역전 현상이 발생하기도 했다. 다행히 관련 법 개정으로 2021년 1월부터 장기 요양 등급을 받아도 활동 지원 서비스를 이용할 수 있게 되었지만(보건복지부 2020), 두 제도 간의 간극은 여전하다. 영국과 독일 등 나라에 따라서는 성인 돌봄에서 노인 돌봄과 장애인 지원 제도를 별도로 구분하지 않을 정도로 이 두 정책 영역은 본질적으로 차이가 크지 않음에도, 우리나라에서는 이 두 제도의 배경과 취지가 매우 상반되어 제도의 성격이 매우 다르게 나타난다.

　2007년에 사회 서비스 전자 바우처 사업의 일환으로 도입된 장애인활동지원사업의 경우에는 1990년대 말부터 일어났던 장애계의 자립 생활 운동을 배경으로 하고 있다(김성희 외 2013). 그래서 장애인활동지원제도는 단순한 생활 지원 제도가 아니라 장애인 당사자의 권리를 보장하기 위한 제도로 인식되고 있다. 장애인도 한 인간으로서 지역사회에서 함께 생활하며 사회참여도 할 수 있게 장애인의 자기 결정권을 보장하기 위한 제도이자 장애의 한계를 극복하고 사회적 권리를 보장받기 위한 제도로 이해되고 있는 것이다(황주희 2014). 반면 장기 요양 보험의 경우에는 노인 당사자의 권리가 고려된 흔적을 찾기가 어렵다. 장기 요양 보험 도입 당시 정부의 설명 자료(보건복지부 2007)나 노인장기요양보험 기본계획(보건복지부 2012, 2017) 등의 문헌을 살펴보면, 빠른 속도의 고령화와 장기 요양에 대한 수요 확대를 그 배경으로 언급하면서도 정책 목표로 가장 많이 언급되고 있는 것은 노인의 복지나 권리보다는 가족의 부담 완화였고, 그다음으로도 노인 장기 요양 수요에 대한 대응과 일자리 창출이 강조되고 있었다. 즉, 장기 요양 보험은 장애인 활동 지원과 달리 당사자의 권리가 아니라 그 돌봄의 부담을 안고 있는 가족의 부담을 완화하는 것이 실질적인 정책 목표로 인식되고 있었던 것이다.

법령 개편을 통해 이제 65세의 장애인이 욕구가 높을수록 장기 요양 등급을 받아 서비스가 급감하는 문제는 해소될 전망이지만, 여전히 장애인은 자기 권리의 주체이고 노인은 요양의 대상이어야 하는지에 대한 합리적 설명이나 논리는 존재하지 않는다. 단지 장애인으로 인정되었던 노인만 예외를 적용받았을 뿐이다. 왜 노인이라는 이유로 똑같은 돌봄 문제에서 자기 권리의 주체로서가 아니라 덜어내야 하는 가족 부담의 문제로 취급되어야 하는지에 대한 합리적 이유는 존재하지 않는 것이다. 물론 그렇다고 해서 앞서 살펴본 바와 같이 장애인 지원이 노인 돌봄보다 잘 보장되는 것도 아니지만, 노인의 경우에는 돌봄 제도 안에서 권리의 주체로 인정조차 되지 못하는 문제가 있다. 장애인은 권리의 주체로 인정받아도 서비스의 한계가 여전한 가운데, 주체로 인정조차 되지 못하는 노인은 제도가 발달한다고 해도 당사자의 권리는 배제된 왜곡된 결과를 피하기 어렵다. 생애 주기에 따라 누구나 노인이 될 수밖에 없는 상황에서 우리는 정책적 객체로 전락할 운명인 셈이다.

4) 소결: 분절성과 파편성에 의한 비책임성의 악순환 구조

지금까지 우리나라 사회 서비스의 구조적 문제를 진단했다. 이는 분절성과 파편성에 의한 비책임성의 악순환 구조로 정리할 수 있다. 즉, 사회 서비스가 제도적으로 확대되어 왔지만 정책 측면에서나 급여 체계에서나 어느 대상이나 욕구를 포괄하지 않고, 크고 작은 급여로 쪼개진 파편적 구성을 가지고 있으며, 중앙정부에서 지역의 전달 체계까지 서로 주체가 나뉘어 있는 분절적 체계로 이루어져 있어서 어떤 사회 서비스상의 욕구나 문제에 대해서도 어느 하나의 공적 급여나 공공 주체에 책임성이 부여될 수 없는 비책임성의 구조를 형성하고 있다. 이는 실제로 욕구가 더 심화되어 있고 더 배제되어 있는 대상일수록 급여에 접근할 수 없는 역진성을 가지게 되고, 실제 지출 규모면에서 다른 복지국가에 비해 크게 떨어지지 않는 수준에는 이르고 있지만 실제 서비스는 간병 살인이나 자살과 같은 극단적인 비극도 방지할 수 없는 수준에 머무르고 있는 현실인 것이다. 이런 구조적 문제는 사회 서비스가 단순히 공적 자원을 확대하고 재배분하는 것으로 해결될 수 없는 성격임을 보여준다. 비책임성의 구조 아래에서 사회 서비스가 확대된다고 하더라도 분절성과 파편성에 의해 비책임성이 해소되지 않은 악순환 구조를 가지고 있는 것이다.

돌봄 절벽 문제는 또 다른 사회 서비스 문제를 나타내고 있다. 돌봄 욕구의 정도에 따라 연속적으로 서비스 수준도 달라져 적정한 돌봄을 받으며 집에서 지낼 수 있는 것이 아니라 일정 수준의 욕구를 넘어가면 시설 입소가 불가피해지는 현재의 구조는, 돌봄 제도가 애초부터 당사자의 권리 보장을 위해 발달하지 않았음을 보여주고 있다. 당사자의 권리를 중심에 둔다면 당연히 최대한 시설 입소를 피하거나 늦출 수 있도록 하겠지만, 노인의 24시간 시설 보호와 고작 3~4시간의 재가 서비스 사이의 절벽 탓에 시설 입소가 촉진되고 있고, 또 다른 한편으로는 1, 2급 대상자 인정이 억제되면서 요양 병원 입원이 촉진되고 있는 상황인 것이다. 장애인 역시 중증일수록, 발달 장애를 가진 경우 더욱 배제되는 파편적인 지역사회 서비스와 대규모 시설 수용이라는 양극단으로 단절된 체계를 가지고 있어 방임과 시설 사이의 선택에 갇혀 있다. 이런 권리성의 배제는 노인 돌봄에서 더욱 두드러진다. 장애인 운동의 결과로 도입된 장애인활동지원제도 등에서는 명목상으로라도 장애인을 권리의 주체로 보지만 노인은 그저 요양의 대상으로만 인식되고 있는 것이다. 어떤 논리나 합리성으로 정당화되기 어려운 이런 제도적 문제는 얼마나 당사자의 권리가 원천적으로 무시되고 있는지를 보여 주고 있다.

3. 우리나라 사회 서비스의 역사적 발전과 한계

앞서 우리나라 사회 서비스에 대한 진단을 통해 우리나라의 사회 서비스는 제도적인 확대에도 불구하고 어떻게 권리성이 배제된 비책임성의 악순환 구조를 띠게 되었는지 살펴보았다. 소득 보장제도의 경우 주로 사회적 자원의 재배분 문제가 핵심이기 때문에 공적 급여의 확대만으로도 이런 문제를 어느 정도 개선할 수 있겠지만, 사회 서비스의 경우 단순히 공적 급여를 확대하는 것만으로는 해결될 수 없는 다른 성격의 문제가 내재되어 있음을 나타낸다. 가령 우리나라 복지 체제의 특징을 역진적 선별성(윤홍식 2018)이라고 한다면 보편적 확대가 개혁을 위한 방향이 되겠지만 사회 서비스에서 그 확대만으로는 해소되기 어려운 문제가 있다.

비록 사회 서비스가 제도적으로 발전한 것은 2000년대 이후로 비교적 최근의 일이지만, 이런 구조적 문제가 형성된 것은 우리나라 사회복지의 역사를 거슬러 올라간다. 결국 사회 서비스의 발전도 이런 역사적 배경의 제약을 받게 되기 때문이다. 다만 앞서 살펴본 특징과 같이 그 영향이 나타나는 모습은 다른 소득 보장 제도와는 다르게 나타날 수밖에 없다. 그러면 사회 서비스 문제의 역사적 기원을 복지 체제의 측면에서, 사회권의 측면에서, 제도 발전의 구조적 측면에서 각각 살펴보고자 한다.

1) 구호 행정 체제의 유산

앞서 살펴본 바와 같이 사회 서비스가 제도적으로 발전한 것은 2000년대 이후지만 아동, 노인, 장애인과 같은 대상의 욕구에 대응하는 복지 영역으로서의 사회 서비스는 우리나라 사회복지 역사와 함께 시작되었다. 일제로부터의 해방과 한국전쟁을 거치면서 걸식 아동, 전쟁미망인, 부랑인 등 전재민에 대한 대규모 구호가 긴급했는데, 이들에 대한 외원 기관들의 활동이 우리나라 사회복지의 시작이었으며, 이는 1970년대 이후 사회보험제도나 공공 부조 제도가 발달하기 이전까지 사회보장제도의 주축이었다고도 할 수 있다 (김영종 2012). 미군정 시기부터 이승만 정부 때까지 많게는 국민의 절반 이상이 전재민에 해당되었던 시기에 복지는 정부 복지 예산의 약 2배 이상을 해외 원조에 의지하는 민간 외원 기관 중심의 구호 활동이 중심이었고, 이런 점 때문에 윤홍식(2019a)은 이 시기의 복지를 원조 복지 체제로 규정하고 있다.

하지만 1960년대에 들어서 원조 규모는 급격하게 감소했고, 당시 군사 쿠데타로 집권한 박정희 정부에서는 이를 대체할 복지 체제를 구축해야 하는 과제를 안게 되었다(윤홍식 2019a). 어떻게 보면 해방과 한국전쟁이라는 상황 속에서는 해외 원조에 의존하는 응급적이고 임시적인 복지로 대응할 수밖에 없었다면, 이제부터는 국가가 주도적으로 체계적인 복지 정책을 구축해야 하는 역사적 과제에 직면하게 된 것이라고 할 수 있다(김조설 2017). 이 과제에 대해서는 두 가지 선택지를 생각해 볼 수 있다. 국가 주도의 복지 체제를 구축하는 만큼 국가 중심의 복지 체제로 전환하는 계기가 될 수도 있었을 것이고, 이와는 반대로 이전의 민간 기관 중심의 구호 활동을 체계화하는 것으로 이전의 원조 복지 체제를 계승하는 방향도 있었을 것이다.

이 두 가지 갈림길에서 당시 반공과 경제 재건이라는 기본적 기조를 가지고 있었던 박정희 정부는 원조 복지 체제의 계승을 선택했다. 이는 외국 원조와 민간 자원을 최대한 활용하면서 경제 건설을 위해 생활 분야의 자원 배분은 최대한 억제하는 의식적 방향으로 이를 김조설(2017)은 '구호 행정 체제'로 설명하고 있다. 1960

년대에도 이전보다 나아지긴 했지만 전쟁에 의한 혼란을 수습한 정도에 불과했으며 생활의 곤궁 상태를 벗어난 것은 아니었지만, 경제 건설에 자원 배분을 집중하기 위해 국가의 구호를 받는 대상자는 최대한 억제하고, 그 대신 민간(외원) 기관의 비용 부담이나 역할을 최대화해 사적 영역을 최대한 공적 영역으로 끌어들이는 체제를 구축했다는 것이다. 정부의 관련된 제도 입법도 이런 외원 기관이나 민간 기관을 관리하는 수단에 제한되어 있었고, 1970년에 〈사회복지사업법〉이 제정되었지만 여기에는 오히려 민간 기관의 모금이나 수익 사업 규정 등 민간 자원을 동원할 수 있는 수단이 추가되었다(윤찬영 2017).

김조설(2017)은 1990년대 민주화 이후 복지의 확대를 통해 이런 구호 행정 체제가 발본적으로 개혁되었다고 진단하고 있지만, 사회 서비스에서만큼은 이런 구호 행정 체제의 원칙이 오히려 일관되게 적용되었다(김보영 2019). 우리나라 사회 서비스의 역사를 1970년대까지 생활 시설 중심의 원조 방식인 1세대, 1980년대에서 1990년대까지 지역사회 중심으로 이용 시설이 확대되었던 2세대, 2000년대 이후 더욱 보편적이고 제도화된 사회 서비스가 발달한 3세대로 구분한다고 할 때, 이런 변화 가운데에서도 정부의 책임은 최소화하면서 민간의 역할과 부담은 최대화하는 원칙은 일관되게 적용되어 온 것이다(김영종 2012). 1세대에서 1차적 관심은 요보호 대상자에 대한 보호보다는 이들을 사회불안 요소로 인식하고 시설에 수용하는 것이었다. 그리고 2세대에는 사회 서비스의 대상이 지역사회에 거주하는 일반적인 저소득층까지 확대되었지만 그 일선 역할은 민간 위탁 기관의 몫이었고, 이 때문에 정부의 지원은 최소화하면서 그 직접적 책임은 회피할 수 있었다. 2000년대 이후 사회 서비스를 제도적으로 확대하면서도 그 인프라는 철저히 민간을 유입하는 것으로 대체하고, 서비스의 질 등의 문제에서는 민간 기관 간의 경쟁의 문제로 치환한 것이다.

사회 서비스에서 민간 중심의 전달 체계는 공공 기관인 공단이나 지자체를 중심으로 구성된 사회보험이나 공공 부조의 경우와도 매우 대조적이다. 사회보험이나 공공 부조에서는 공단이나 지자체에서 최소한 급여에 대한 결정이나 배분을 담당해 공적 책임성이 상대적으로 명확한 편이다. 반면 사회 서비스에서는 2세대까지는 서비스에 대상과 내용에 대한 결정까지 민간에게 맡겨지는 이른바 종속적 대행자 관계(이혜경 1998)가 유지되었다. 사회 서비스가 제도적으로 확대되기 시작한 3세대부터는 급여가 제도화된 만큼 급여 결정은 공적으로 이루어지도록 하고 있으나 앞서 살펴본 바와 같이 분절적 구조를 통해 명확한 책임을 회피하는 구조는 여전히 존재하고 있다. 이런 책임 회피 구조가 결국 비책임성의 문제를 만들고 이것이 어떻게 나타나고 있는지는 앞서 논의한 대로이다.

이렇게 공공의 책임성을 최소화하고 민간의 역할을 최대화한 결과는 결국 제도의 왜곡 현상으로 나타나고 있다. 가령 장기 요양 보험에서 공적 비용 투입은 등급별 한도액을 통해 최소한으로 제한하면서 서비스 질의 문제는 그 비용 안에서 경쟁을 통해 해결해야 하는 문제로 만들어 버렸다. 그 결과 질을 향상하기 위한 경쟁이 일어나는 것이 아니라 오히려 시장이 영세화되고, 편법 행위가 만연한 혼탁한 시장으로 변질되었다(석재은 외 2016). 민간의 참여를 유도하기 위해 서비스 기관이나 인력에 대한 기준은 최대한 낮추어 잡으면서 영세한 공급 기관 중심의 공급 환경이 조성되는 결과가 나타나고 있다. 방문 요양 기관의 경우 최소한 이용자가 40명 이상이 되어야 안정적 운영이 가능한 수준인데 1개소당 평균 이용자가 40명이 안 되는 시·군·구가 전체의 86%를 차지할 정도로 영세한 시장이 지배적이다. 제도 시행 초기부터 이런 영세한 기관끼리의 과당경쟁 때문에 서비스 신청이나 의사 소견서 등을 방문 요양 기관이 대행하는가 하면, 본인 부담금을 면제하거나, 다른 이용자를 데려오면 소개비를 주는 등의 편법 행위들이 나타났고(원시연 2014), 이런 현상은 지금까지도 계속되고 있다.

이 같은 민간 기관의 문제를 '시장화'로 말미암은 문제로 진단하는 경우도 있지만 이런 시장화는 오히려 결과적 현상에 가깝고, 이런 시장화로 이어진 이면에는 공공의 비책임성의 문제가 있는 것이다. 이 때문에 사회서비스원과 같이 단순히 민간 공급자를 공공 공급자로 바꾸는 것을 해법으로 제시하는 경우도 있지만(김연명 2017), 더욱 근본적인 공공의 비책임성 문제를 해결하지 않는다면 부분적이고 피상적인 처방에 그칠 가능성이 크다. 다시 말해, 사회 서비스의 문제는 몇몇 공공 공급자를 늘린다고 해소될 수 있는 것이 아니다. 사회 서비스 제도 자체에서 공공의 책임성을 확보할 수 있어야 민간의 역할을 극대화하고자 하는 제도적 경향성을 극복할 수 있는 것이다. 이런 변화 없이 단순히 공공 공급자 일부 늘리는 것은 결국 그 공급자의 역할마저도 제한할 가능성이 크다. 사회 서비스의 공공성 확보를 내세웠던 문재인 정부에서 대통령 공약 사업으로 시·도별 사회 서비스원을 설립하도록 했지만, 보건복지부부터 그 취지에도 안 맞는 '독립채산제'를 원칙으로 내세워서 사회 서비스원조차 민간과 다를 바 없는 경쟁에 내몰리고 있는 것이 현실이다(김보영 2020b).

2) 개발 시민권의 형성

앞서 우리나라 사회 서비스에서 나타나는 비책임성의 문제가 어떻게 구호 행정 체제의 형성을 통해 나타났는지를 논의했다. 우리나라 사회복지의 역사 초기, 대규모 구호 욕구가 지배적이었던 시기부터 형성된 구호 행정 체제가 어떻게 사회 서비스의 역사적 발전 과정에서 일관되게 적용되었고, 사회 서비스의 제도화가 이루어진 지금까지도 어떻게 비책임성의 문제로 나타나고 있는가를 살펴보았다. 그럼에도 불구하고 사회 서비스의 진단에서 살펴본 것처럼 당사자의 권리가 제도 안에서도 왜 이렇게 무시되고 있는가에 대한 질문은 남게 된다. 다시 말해, 구호 행정의 유산이 정부의 비책임성 문제는 설명해 줄 수 있어도 돌봄 절벽에서 나타난 것처럼 제도 안에서 당사자의 권리보다는 가족 부담 경감이 더 우선적인 정책 목적으로 설정되어 있고, 실제로도 그렇게 작동하고 있는 부분에 대해서는 여전히 의문이 생기게 된다.

이렇게 제도 발전에서 당사자의 권리가 무시되거나 후순위로 고려되고 있는 것은 사회 서비스가 제도적으로 발전해 온 역사에서도 엿볼 수 있다. 우리나라 복지 발전의 역사를 포괄적으로 고찰한 윤홍식(2019a, 2019b)의 연구에 따르면 사회 서비스에서 처음으로 보편적 제도로서 발달하기 시작한 것은 보육 영역이었다. 보육의 문제는 1960년대만 해도 부랑아를 시설에 수용하는 정책이 핵심을 이루었지만 1970년대 말에 접어들면서 당시 확대되기 시작한 보육 시설을 일반 아동에게 개방하기 시작했다. 이후 비용 부담을 전제했지만 지속적으로 보육 시설을 확대했고, 2012년에는 보편적인 무상 보육이 실현되기에 이르렀다. 하지만 엄밀히 살펴보면 이는 아동을 위한 서비스의 발전이라기보다는 역시 보육 부담을 감소하는 것에 초점이 있다. 아동 당사자에 대한 기본적인 안전을 보장하기 위한 아동 보호 서비스의 경우에는 일반 예산은 일부에 불과하고 대부분 범죄 피해자 보호 기금이나 기획재정부의 복권 기금에 의존했던 것이 현실이다(최영 2020). 이제야 복지부 일반 예산으로 일원화하겠다고 결정했다지만(〈연합뉴스〉 2021/08/04), 그나마 다른 서비스 영역보다 먼저 발달했던 아동 관련 서비스조차 당사자의 권리보다는 가족의 부담을 경감하는 데에 정책 우선순위가 편중되어 있는지를 단편적으로 볼 수 있는 것이다.

이런 측면에서 시민권으로서의 사회권 개념에 주목하게 된다. 아무래도 사회 서비스의 대상이 스스로 권리나 이해를 주장하기 어려운 아동·노인·장애인 등이다 보니, 결국 이들에 대한 기본적 권리가 사회적으로 인식되기 위해서는 모든 국민이 법 앞에 평등하고, 어떤 집단도 법적인 특권이나 박탈 때문에 차별받지 않는 시민권이 전제되어야 하며, 그중에서도 복지·의료·교육 등 사회적 급여나 혜택이 시혜나 자선이 아닌 시민적 권리로서 확립되어야 한다(유동철 2002). 서구의 복지국가 역사를 봐도 사회 서비스는 본래 제도적으로 대응해야 하는 자본주의에서 발생하는 사회적 위험의 영역으로 고려되지 못하고, 복지국가 성립 이후에 발달하게 된다. 하지만 복지국가로 말미암아 성립된 사회권에 기반해 모든 국민의 복지에 대한 상호 집합적 의무와 보편적 권리가 새롭게 규정되면서 이런 원리가 뒤늦게 발달한 사회 서비스 영역에도 동일하게 적용된 것이다(김보영 2019). 이 같은 보편적인 시민권의 발달 없이 사회적으로 자기 발언권이 가장 취약할 수밖에 없는 아동·노인·장애인에게까지 보편적 권리가 사회적으로 보장되기는 어려울 것이다.

이 때문에 사회 서비스에서 당사자의 권리가 이렇게 무시되고 배제되고 있는 것은 결국 우리나라에서 사회권이 발달하지 못한 현실을 방증하고 있다. T. H. 마셜Thomas Humphrey Marshall의 시민권 이론에 따르면 서구에서 18세기 자본주의 발전과 함께 먼저 법적 지위와 관련해 동등하고 보편적 권리인 공민권이 발달했고, 19세기에는 보통선거권 등 정치적 권리가 확대되면서 의회를 통해 모두가 정치적 의사를 표출할 수 있는 참정권이 발달했으며, 이는 20세기 복지국가 성립의 핵심 요소로서 사회권의 발달로 이어졌다(김윤태 2013). 이런 발전 과정은 3세기에 걸쳐 진행된 것이지만 인과적 관계로 연결되어 있기도 하다. 시민혁명을 통한 공민권의 확보는 법적 지위의 획득에만 그치지 않고 정치적 권리로 확산된 것이라고 할 수 있으며 이런 정치적 권리의 확대가 좌파 정당의 집권과 같은 정치적 변화로 이어지면서 자본주의의 불평등한 계급 구조를 극복하기 위한 사회권의 발달로 이어졌다고 볼 수 있다.

이를 우리나라의 시민권의 발전 과정에 대입해 보면 발전 과정에서 단절이 일어났음을 볼 수 있다. 먼저 우리나라의 공민권은 일제의 식민 지배를 전후로 형성되었다고 해석할 만하다. 조선시대의 신분제는 말기부터 거래의 대상으로 전락하면서 사실상 무너지기 시작했으며, 왕족 등 일부 귀족 신분은 일제의 식민 지배와 함께 일제가 만든 조선의 귀족 제도인 왕공족에 편입되어(이윤상 2007), 해방과 함께 청산될 수밖에 없었다. 그나마 경제적 토대로 남아 있던 지주-소작농 구조마저도 비공산권 국가 중에서 가장 급진적이라고 평가받는 토지개혁을 통해 해체되었다(You 2016). 참정권은 해방 이후 이승만·박정희·전두환 정권으로 이어지는 권위주의 체제에 대한 저항의 역사 끝에 1987년 직선제 개헌으로 보편적인 선거권을 되찾으면서 확립되었다. 하지만 이런 참정권 확립은 사회권의 발전으로 이어지지는 못했다. 참정권이 보장되는 민주주의로의 이행 과정이 이른바 기존 권위주의 세력과의 '거래에 의한 이행'으로 이루어지면서 민주화된 정치적 공간에서 계급·계층 간 이해가 반영되지 못하고 권위주의 세력과 보수 야당 간의 지역 분열 구조로 전환되고 만 것이다(윤홍식 2019b). 이처럼 정치 공간에서 사회경제적 이해관계가 반영되지 못하면서 참정권의 발전은 보편적인 사회적 권리의 확대로 이어질 수 있는 경로에서 벗어난 셈이다.

이처럼 사회권이 발달되지 못한 가운데 우리나라에서 성립된 국가와 시민 사이의 관계에 대해 장경섭(Chang 2012)은 '개발 시민권'developmental citizenship으로 설명하고 있다. 국가와 시민의 관계에서 복지에 대한 상호 집합적인 권리와 의무 관계를 갖는 것이 아니라 국가는 경제개발에 집중하고, 시민은 노동자나 사업가, 자영업자 등의 경제주체로서 이익을 배분받는 관계가 성립되었다는 것이다. 이런 경제 우선주의는 권위주의 정권으로부터 시작했지만, 그 발전 과정에 참여한 기업가 동맹과 노동자 모두 일정 수준의 이익을 공유하면서 국가의 경제 발전을 통한 개개인의 물질적 이익 추구는 사실상 시민과 국가 사이의 정치적 계약으로 자리 잡았다. 앞서 지적한 바대로 '거래에 의한 이행'으로 이루어진 민주화 이후에도 경제 발전에 대한 이 같은 우선적 가치는 지속되었고, 개발 시민권은 변화되기보다는 오히려 사회적으로 고착되어 왔다. 경제개발은 매번 정부마다 최우선의 정책 기조로 등장했다. 군사정권 이후 최초의 문민정부인 김영삼 정부는 '신경제'를 내세웠고, 외환 위기 속에서 수평적 정권 교체로 등장한 김대중 정부는 노동과 미래 세대의 희생으로라도 국민경제의 회복에 주력했으며, 뒤이은 노무현 정부에서도 이런 개발 정책은 행정 수도 이전과 같은 지역 간 재분배적 정책으로 성격을 달리했을 뿐이었다. 이러는 동안 사회적 불안정성은 높아져 갔지만 개발 시민권이 고착된 사회에서 호명된 것은 사회권을 확립할 수 있는 대안적 정치 세력이 아니라 개발주의의 상징이었던 이명박 정부였다.

이런 개발 시민권은 개발 경제에서 핵심 산업 참여자로서 기여도가 높은 순으로 특권과 같이 주어졌던 사회보장의 혜택과도 관련이 있다. 이런 우리나라 사회보장제도 발전의 '역진적 선별성'의 특징은 1970년대 중화학공업의 발전이 시작하면서 형성된 상대적으로 대규모 사업장에서 괜찮은 임금과 안정적 고용이 보장되는 노동자들부터 사회보험의 혜택을 받는 것으로 시작되었고, 이런 경향성은 1997년 외환 위기 이후 사회보험 등의 보편성이 확대되었지만 여전히 사각지대로 남아 있는 비정규직 등의 증가로 계속해서 사회보장제도에 포괄되는 집단과 배제되는 집단 간의 차이가 확대되는 모순적 현상으로 지속되고 있다(윤홍식 2019b). 이 과정에서 역진적 선별성의 특징뿐만 아니라 사적 수단을 포괄하는 넓은 의미의 보장 체계에서 근로소득세 감면을 통해 확대되기 시작한 중간 계층의 가처분 소득을 늘리면서, 개인 저축과 사보험에서부터 사적 자산 형성을 장려하는 주택 정책과 국민주 발행, 대기업 중심의 기업 복지까지 사적 보장의 영역이 공적 보장을 압도해 왔기 때문에(윤홍식 2019b) 개발 시민권은 정치적 영역에만 머무르는 것이 아니라 사회문화적으로 뿌리내렸다고 할 수 있다.

이런 개발 시민권 아래에서는 자연스럽게 가장 생산적 기여가 낮을 수밖에 없는 아동·노인·장애인 등 사회 서비스의 주요 대상자들의 권리는 가장 후순위로 취급되거나 무시될 수밖에 없다(Chang 2012). 이런 점을 고려하면 왜 사회 서비스 영역 가운데 여성 노동력의 상품화를 위한 보육 서비스가 먼저 발달했고, 노인 돌봄 영역에서 노인의 권리보다는 부양 부담 때문에 생산 노동 참여에 장애를 경험하는 가족의 부담을 경감하는 것이 실질적인 정책 목표로 작용했는지를 설명할 수 있다. 경제적 참여에 따라 경제적 주체로서 시민적 권리를 향유할 수 있는 개발 시민권 아래에서는 아동·노인·장애인 등의 당사자는 권리의 주체로 인식되는 단계부터 어려움이 있는 것이다. 지금은 경제주체로서 시민적 권리를 누릴 수 있다고 하더라도 언젠가는 대부분 노인이 될 수밖에 없음에도, 사회 서비스에 대한 논의 안에서조차 당사자의 권리는 피상적 주제 이상으로 잘 다루어지지 않는 현실은 개발 시민권이 실제로 얼마나 깊숙이 우리 사회 전반에 자리 잡고 있는지를 보여 주고 있다.

3) 분절적 제도 발전 구조

지금까지 어떻게 공공의 비책임성 구조가 형성되었고, 서비스의 발전에도 불구하고 당사자의 권리가 고려되지 않았는지 그 연원을 살펴보았다. 구호 행정 체제의 유산과 개발 시민권의 형성은 왜 우리나라 정책 발전 과정에서 당사자 권리에 대한 공공의 책임이 어떻게 배제되었는지 설명해 준다. 하지만 여전히 남는 질문은 이런 점을 고려하더라도 사회 서비스 제도는 왜 이렇게 비효율적인 구조가 되었는가이다. 앞서 진단에서 살펴보았듯이 파편적인 급여와 분절적인 급여에서 가장 심각한 문제는 비책임성의 구조로 귀결되는 것이지만, 이와는 별도로 정책의 효율성 측면에서도 매우 심각한 제약이 된다. 한정된 자원 안에서 서비스를 효과적으로 제공하려면 그만큼 복합적인 욕구에 맞춰서 다양한 서비스가 통합적으로 구성되어야 하지만 이렇게 파편적인 서비스는 누구의 욕구도 제대로 충족하기 어렵다. 특히 이미 사회 서비스에 대한 실질적인 지출 수준이 결코 낮지 않은 현실을 볼 때, 이렇게 자원이 투입되면서도 효율적인 체계가 모색되지 않고 있는 것은 구호 행정 체제의 유산이나 개발 시민권만으로는 설명되기 어려운 부분이다.

이런 특징은 개발 시민권 아래 형성된 정치-행정의 관계와도 관련이 있지만 또한 우리나라에서 발전된 독특한 관료제와 더욱 직접적인 관련성이 있다. 이는 명시적인 제도적 측면뿐만 아니라 관행적이고 문화적인 측면과도 관련이 있기 때문에, 이를 살펴보기 위해서는 우리나라 관료제의 역사부터 따져 볼 필요가 있다. 막스 베버Max Weber에 의해 주창된 관료제는 19세기 말부터 급격하게 성장하기 시작한 정부 부문의 대규모 조직으로서 근대적 합리성의 상징으로 이해되었는데, 이는 특정 개인의 자의에 의해 좌우되는 지배와 복종의 전근대적 관계가 아니라 법률 또는 지침과 같은 예측 가능한 규칙에 기초해 합리적 위계에 따라 움직이는 조직이기 때문이다. 이런 근대적 의미의 관료제는 우리나라의 전통과도 배치되지 않은 측면이 있었는데, 일찍이 유교적 가치 기반 위에 건국된 조선 왕조에서부터 과거 시험이라는 능력 중심의 공개 채용 제도가 존재했을 뿐만 아니라, 기능적으로 분화된 행정 기구를 갖추고 있었고, 승진제도 역시 상대적으로 분명한 구조를 가지고 있었기 때문이다 (박종민·윤건수 2014). 이런 전통과의 연결 지점은 시장경제가 발달한 지금까지도 유달리 공직에서의 높은 지위를 명예롭게 여기는 문화로 남아 있다고 할 수 있다.

근대적 관료제의 성립 역시 개발도상국 가운데에서는 선도적으로 이루어졌고, 이 때문에 성공적인 경제 발전의 핵심 요소로도 평가를 받는다. 군사 쿠데타로 집권한 군부 세력은 앞서 살펴본 바와 같이 경제개발을 최우선 과제로 인식하고 있었고, 동시에 이를 위해서는 유능한 관료제가 필요하다는 것을 역시 인지하고 있었다(이병량 외 2004). 당시 냉전 체제 안에서 체제 경쟁의 최전선에 있었던 한국의 군대는 한국전쟁을 거치면서 60만 대군으로 빠르게 성장했는데, 이 같은 배경에는 인력 양성을 비롯해 미국의 전폭적인 지원이 있었기 때문이다. 1950년대 이미 대규모 장교단을 대상으로 한 해외 파견 교육까지 이루어지면서 우리나라의 군대는 조직 운영과 관리에서 가장 서구화되고 근대화된 조직이 되었다. 이런 배경 아래 쿠데타로 집권한 군부 세력은 효과적이고 효율적인 경제개발을 위해서는 그만큼 합리적이고 전문화된 관료 조직의 필요성을 자연스럽게 인식할 수 있었을 것이다.

이 때문에 1963년 당시 유명무실했던 〈국가공무원법〉을 전면 개정하면서 공개경쟁을 통한 능력주의 채용 방식을 법제화한다(이병량 외 2014). 물론 이런 공개 채용이 주된 채용 수단으로 정착되기 시작한 것은 1980년대이지만, 당시가 권위주의 체제였던 점을 감안하면 상당히 빠르게 독립적이고 근대적인 관료제가 정착되기 시작했다고 평가할 수 있다. 이런 능력 중심의 인사 제도를 바탕으로 미국에서 훈련과 연수를 받은 군과 미국 유학 출신 교수 집단의 교육·훈련을 통해 배출된 기술 관료들이 관료 집단을 구성했다(박종민·윤견수 2014). 기업 등 이익집단으로부터 상대적인 자율성을 가지고 개발을 최우선 과제로 내세운 권위주의 정부와 결합해 성공적인 경제성장의 한 축으로서 역할을 했던 것이다(양재진 2005).

하지만 우리나라 관료제는 민주화 과정에서 급격한 변화를 경험한다. 권위주의 정권에서는 권력과 정부 행정이 잘 분리되지 않았지만 민주주의로 이행됨에 따라 정치 영역은 확대되고 행정의 영역은 축소되는 경험을 한 것이다(양재진 2005). 게다가 권위주의와 잘 분리되지 않았던 관료 집단은 민주화된 정부에서 개혁 대상으로 취급되고, 대대적인 관료 조직의 감축이 정권 초기 개혁의 단골 메뉴를 등장하면서 보신주의가 강한 조직 문화로 형성된다. 개혁의 시기에는 조직을 최대한 보존하고, 권력이 약화되는 정권 말기에는 조직을 다시 확대하는 경향이 반복된 것이다. 물론 민주화된 국가 체제에서 정책 결정은 민주적으로 선출된 정치 영역의 역할과 책임이 되고, 관료 행정은 이런 정치 영역에서 추진하는 정책에 대한 독립적인 조언을 제공할 수 있지만 가능한 한 효과적인 방법으로 충실히 집행하는 역할을 담당하는 것이다. 하지만 앞서 살펴본 바와 같이 '거래에 의한 이행'으로 형성된 정치권력은 사회경제적 계층 계급 관계를 반영하지 않고 지역 분열 등에 기초하다 보니 집권 정치 세력(집정부)의 정책에 대한 관심은 그만큼 떨어질 수밖에 없다. 선거제까지 정책적 차별성보다는 지역구의 선심성 공약이 더 우선할 수밖에 없는 소선거구제인 상황이니 명분상으로는 정치가 정책을 결정하는 구조가 도입되었지만, 사실상 정치가 정책에 대해서는 행정 관료에 의존하는 구조가 형성된 것이다.

정책 능력이 취약한 집정부가 보신주의 문화가 강한 관료제에 정책을 의존하다 보니 결국 정책은 각자의 부처와 부서의 이해관계에 따라 분절적으로 발전할 수밖에 없는 구조를 가지게 된다. 이뿐만 아니라 우리나라 관료제에 자리 잡고 있는 독특한 승진 구조는 이런 분절적 발전 구조를 더욱 악화하고 있다. 가령 보신주의가 강한 관료제 조직이더라도 담당 관료가 담당 정책 분야에 대해 일정 수준의 전문성과 책임성을 가지고 정책을 운영할 수 있다면 최소한의 합리성은 보장될 수 있을 것이다. 하지만 1년도 채 안 되어 정책 담당자가 바뀌는 우리나라 승진 구조는 이마저도 가능하지 않게 만든다. 흔히 이런 문제를 순환 보직제의 문제로 잘못 알고 있는 경우가 많은데, 실제로 우리나라 〈공무원임용령〉에서는 재직 기간의 하한선을 주어서 최소 1년 이상의 전보 제한을 두고 있다. 하지만 관행적으로 공무원의 모든 자리는 일렬종대로 서열화되어 있다 보니 같은 급안에서도 서로 서열의 앞뒤가 있어 그중 한 명이라도 그 앞자리로 전진하면 그 뒤까지 모두 한 칸씩 전진해야 하기 때문에 1년도 안 되어 자리가 바뀌는 상황이 반복되는 것이다(김광호 2008). 이런 서열화는 같은 부처 안에서 대부분 분야의 구분도 없이 조직 전체에 걸쳐 이루어져 있기 때문에 어느 관료도 특정 분야에서 전문성을 쌓을 수도 없고, 너무 자주 바뀌기 때문에 특정 정책에 대해 기획과 집행까지 온전히 책임지는 경우도 드물다. 그렇기 때문에 정책에 대한 요구가 있으면 기존의 정책을 발전시키거나 고도화하기보다는 아예 새로운 정책을 만들어 실적을 챙기는 것이 더욱 유리한 선택이 된다. 정책의 전체적인 효과성을 따질 필요도 없기 때문이다. 이렇게 기본적으로 우리나라는 비효과적인 관료제에 의존하는 매우 분절적이고 파편적인 정책 발전 구조를 가지고 있다.

4) 소결: 사회 서비스의 발전을 제약하는 역사적 한계

이상으로 우리나라 사회 서비스가 적지 않은 제도적 발전에도 불구하고 왜 분절적이고 파편적인 비책임성의 악순환 구조를 가지게 되었는지를 역사적 맥락 속에서 살펴보았다. 우리나라에서 초기 국가 주도의 체계적 복지 정책을 구축하는 과정에서 왜 의도적으로 민간 자원을 최대한 활용하면서 복지 영역을 공적 자원 배분과 책임성은 최소화하는 '구호 행정 체제'를 구축했고, 다른 영역과 달리 사회 서비스에서는 어떻게 이런 원칙이 제도적 발전 과정에서 일관되게 적용되어 왔는지를 볼 수 있었다. 그리고 시민권의 측면에서 우리나라에서는 보편적인 사회권이 발달하지 못하고, 경제적 기여에 따라서 경제개발의 이익을 배분받을 수 있는 이른바 개발 시민권이 형성되었고, 결국 생산적 기여가 낮을 수밖에 없는 사회 서비스의 주요 대상자의 권리는 후순위로 취급되거나 무시되었음을 설명했다. 개발 시민권은 다른 사회정책 발전에서도 핵심 산업 참여자부터 혜택의 대상으로 편입되는 방식으로 나타났지만 특히 사회 서비스 영역에서는 아예 정책 발전에서 사회 서비스의 주요 대상자의 권리를 위한 정책이 아니라 이들의 돌봄 부담을 짊어지는 가족 등 다른 경제적 기여자들의 욕구가 우선적으로 고려되는 왜곡을 만들어 내고 있는 것이다.

정책 능력이 취약한 정책 능력으로 보신주의 문화가 강한 관료제에 정책을 의존하면서 나타나는 분절적이고 파편적인 정책 발전 구조 역시 사회 서비스뿐만 아니라 우리나라 사회정책 전반에 나타나는 문제이다. 하지만 사회정책 영역에서 어떤 급여를 어떤 경로로 받든 그 총액의 효용을 가질 수 있는 현금 급여와 달리 당사자의 욕구에 적합하게 주어지는 서비스가 아니면 효과성을 가질 수 없는 서비스에서 그 문제는 더욱 명백하게 드러난다. 게다가 이미 살펴본 바와 같이 정책 우선순위에서 사회 서비스 자체가 높지 않을뿐더러 당사자의 권리는 가장 후순위로 고려되니 이런 분절적 발전 구조로 나타나는 문제들은 거의 조정되지 않은 채 그대로 잔존하게 된다.

이렇듯 구호 행정 체제의 성립, 개발 시민권의 형성, 분절적이고 파편적인 제도 발전 구조들은 우리나라 복지국가의 발전에서도 사회정책 영역 전반에서 나타나는 문제이기도 하지만 사회 서비스에서는 더욱 지속적인 영향을 미치고, 발전의 왜곡을 만들어 내고, 더욱 두드러진 문제를 만들어 내고 있는 것이다. 결국 앞서 살펴본 사회 서비스의 악순환 구조는, 구호 행정의 유산과 개발 시민권에 따른 당사자 권리의 배제가 불러온 비책임성, 보신주의적 관료제 의존에 의한 분절성과 파편성의 문제가 개선되지 않은 채 더욱 심화되고 있는 셈이다.

4. 사회 서비스 전환을 위한 전략의 모색

지금까지 우리나라 사회 서비스의 문제에 대해 구조적 진단을 해보고 이런 문제가 나타난 역사적 연원을 살펴보았다. 정리해 보자면 우리나라의 사회 서비스는 당사자의 권리가 대부분 무시되거나 고려되지 않은 채 분절적인 전달 체계와 파편적인 급여 사이에서 공공의 비책임성이 자리 잡고 있었다. 이런 구조적 문제는 결국 사회적 돌봄 등에 대한 실질적인 지출 수준이 낮지 않음에도 인간적인 삶을 위한 기본적 권리조차 제대로 보장될 수 없는 현실을 만들어 내고 있었다. 이런 문제가 형성된 역사적 배경을 살펴본 결과 이와 같은 공공의 비책임성 문제는 복지 체제가 형성되는 시기부터 민간의 역할을 최대화하면서 공공의 책임을 최소화하거나 회피하는 구호 행정 체제에 기원하고 있었다. 이런 구호 행정 체제의 원칙은 다른 복지 영역에서보다 사회 서비스에서 제도의 변화에도 불구하고 일관되게 적용되어 왔다. 이럴 수 있었던 배경에는 국가와 시민의 관계에서 상호 간 복지에 대한 집합적 책임과 의무 관계에 기초한 사회권이 발달하지 못하고, 국가는 경제개발에 책임을 지고 시민은 여기에 경제주체로 참여함으로써 이익을 얻어 가는 개발 시민권이 발달한 역사가 있었다. 이런 개발 시민권 아래에서 시민으로서 보편적 권리는 인정되지 않고, 생산적 참여가 상대적으로 어려운 아동·노인·장애인의 시민적 권리는 배제될 수밖에 없었다. 이렇게 사회 서비스에서 공공의 책임성과 시민적 권리가 취약한 가운데 민주화 과정에서 정책 경쟁의 동인이 적은 정치가 정책을 보신주의가 강한 관료 행정에 의존하고, 관료조차 정책에 대해 책임을 질 수 없는 독특한 승진 관행이 결합되면서 분절적이고 파편적인 정책 발전 구조가 형성되었음을 살펴보았다. 결국 당사자의 욕구에 맞춘 대응이 중요한 사회 서비스에서는 이런 분절적이고 파편적인 구조가 더욱 치명적인 문제가 됨에도, 공공의 비책임성과 당사자 권리에 대한 배제에 따라 이런 문제가 조정되고 개선된 형태로 나타나기보다 더욱 두드러지게 투영될 수밖에 없는 상황이다.

이런 구조적이고 역사적인 사회 서비스의 문제를 극복하기 위해서는 전환적 모색이 이루어져야 할 것이다. 지금까지 몇 번 강조했듯이 사회 서비스의 문제는 단순히 자원 배분의 문제로 접근할 수는 없다. 2000년대 이후 직면하고 있는 고령화나 가족 구조의 변화와 같이 사회 서비스에 대한 사회적 수요도 계속 증가하고 있어 이에 대한 정책적 대응과 예산의 증가는 나타나고 있는 현상이지만 이것이 정책적 효과성이나 기본적 권리의 보장으로 이어질 수 없는 구조가 있기 때문이다. 그렇다면 사회 서비스에 대한 전략적 모색은 역사적으로 형성되고 구조화된 문제들을 어떻게 전환할 것인가에 대한 고민에서 출발해, 이런 구조적 문제를 근본적으로 바꾸어 낼 수 있는 방향으로 확장되어야 할 것이다. 따라서 여기에서는 세 가지 방향을 먼저 검토해 보고자 한다. 결국 사회 서비스에 대한 근본적 지향을 위해서는 개발 시민권 아래 배제되어 왔던 당사자의 권리 회복을 우선하는 당사자 중심의 방향이 필요할 것이고, 분절적이고 파편성에 의한 공공의 비책임성 극복을 위해서는 중앙이 아닌 일선 지방에 대한 분권적 접근이 요구되며, 궁극적으로는 사회 서비스의 핵심이 되는 돌봄에 대한 재인식을 통해 우리의 삶과 관계를 재구성하는 변화가 필요할 것이다.

1) 당사자 중심

우리나라에서 개발 시민권의 형성으로 당사자의 권리가 배제되어 왔다면 일찍이 사회권의 발전으로 성립된 복지국가에서의 사회 서비스 논의는 거꾸로 당사자의 권리를 중심으로 더욱 강화되는 흐름을 보였다(김보영 2012). 앞서 살펴본 바와 같이 복지국가에서도 사회 서비스는 뒤늦게 보편적인 사회권에 기반해 발달했지만 1960~70년대까지는 전문가의 진단에 의해 욕구가 판단되는 전문가주의에 기초해 국가가 서비스를 보장하는 공급자 중심의 접근으로 이루어졌다. 하지만 1980년대부터 당사자의 지역사회에서의 삶을 보장하고자 하는 지역사회 돌봄community care에 대한 논의가 전면화되었다. 지역사회 돌봄 정책을 가장 명시적으로 추진했던 영국에서는 지역사회 돌봄을 "가능한 한 완전하고 자립적인 삶을 주도할 수 있도록 지원하는 것"이라고 정의했고(DHSS 1989), 독일에서는 1994년 수발보험법을 제정하면서 시설 서비스보다 재가 서비스를 우선하도록 원칙을 규정했으며, 프랑스의 경우에는 노인 돌봄이 1970년대부터 시설 보호에서 재가 서비스 중심으로 전환되었다(유동철 외 2018). 1990년대부터는 당사자 스스로의 자립적인 권리와 삶의 주도권을 강조하는 자립 생활independent living에 대한 논의가 활발하게 일어났다. 장애계에서 주장되기 시작한 자립 생활의 논의에서는 당사자에 대한 서비스에 대해 전문가가 대신해서 모든 것을 결정하는 것이 아니라 당사자 스스로가 서비스에 대해 더 나아가 자신의 삶에 대해 통제권을 가질 수 있어야 한다고 주장한다(Morris 1997).

이런 당사자 중심의 논의는 지속적으로 발전되고 있다. 노인 돌봄 분야에서도 시설보다는 되도록 자립성을 가지고 지역사회에서 삶을 영위할 수 있도록 해야 한다는 '지역에서 나이 들기'aging in place 논의가 대표적이다. 주로 주거 내외의 다양한 설비와 보조 기기들을 통해 노인들이 자립적 역량을 유지하고, 환경에 대한 통제력을 향상할 수 있도록 하는 방안들이 다양하게 모색되고 있다(Lecovich 2014). 의료계를 중심으로 제기되고 있는 사람 중심 돌봄person-centered care의 논의에서도 주로 사회 서비스와 관련성이 높은 만성질환을 중심으로 환자의 참여와 주도성을 강조하고 있다(Entwistle and Watt 2013). 고령화 등으로 증가하는 만성질환의 효과적인 관리를 위해서는 의료 전문가 주도적인 표준화된 임상적 치료 접근보다는 당사자를 치료의 동반자로 참여시키고 자신의 질환 관리의 능동적 주체로 보게 해야 한다는 것이다(The Health Foundation 2014). 이는 또한 만성질환에 따른 사망이 증가하고, 영속적인 장애의 주요 원인이 되면서 전통적인 급성기 중심의 임상적 관행과 조직의 개혁에 대한 필요성이 대두된 것과도 결부되어 있다(Ekman et al. 2011). 이런 사람 중심 돌봄은 의료에서 당사자의 권리를 증진하면서도 질환 관리와 치료에서도 비용 효과성을 높일 수 있다고 인식되고 있으며(Health Foundation 2014) 사회 서비스 영역에도 적용할 경우 종사자의 소진과 스트레스를 감소하고, 성취감과 직무 만족을 향상하는 등의 효과가 나타나는 것으로 보고되고 있다(Edvardsson et al. 2011; Kogan et al. 2016).

하지만 이런 당사자 중심의 접근은 현재 우리나라처럼 분절적이고 파편적인 구조에서는 아예 불가능하다. 당사자의 자립성이나 자율성, 통제권을 보장하기 위해서는 그만큼 당사자의 필요에 맞춰서 다양한 서비스가 적합하게 활용될 수 있어야 하는데, 서비스 자체가 담당 부처와 부서별로 쪼개져 있고, 각 급여마다 선정 기준도 다르며, 이를 운영하는 기관도 제각기인 현재의 체계는 극단적으로 행정 편의적이고 제공 기관 중심적인 체계일 뿐이다. 이런 점 때문에 다른 나라에서는 기본적으로 당사자 중심으로 통합적인 지원을 위한 체계를 갖추고 있다. 가령 일본의 경우 특정 상담 지원 사업자가 있어서 종합적인 서비스 이용 계획을 작성할 수 있도록 도움을 주고, 독일에서는 통합 창구로서 일대일 사례 관리를 위한 수발 서비스 상담소가 있고, 프랑스에서는 원스톱 전달 체계로 지역 장애인의 집Maison Départementale des Personnes Handicapées, MDPH 등을 설치하고 있으며, 영국에서는 커뮤니티 개혁을 통해 지방정부에서 당사자 중심으로 서비스를 통합적으로 설계할 수 있는 케어 매니지먼트care management를 도입했다(유동철 외 2018). 이뿐만 아니라 이미 살펴본 바와 같이 서비스나 급여가 모두 쪼개져 있는 것이 아니라 하나의 급여 안에서 다양한 형태의 급여를 선택 가능하도록 하거나, 한도액 안에서 필요에 따라 서비스를 구성할 수 있도록 개인 예산제individual budget와 같은 급여 제도를 시행하고 있다.

이 때문에 지금과 같은 분절적이고 파편적인 서비스를 당사자 중심으로 통합적이고 유연하게 설계될 수 있는 체계로 전환하는 것이 가장 기본적인 과제라고 할 수 있다. 이런 통합적 체계를 구축한다고 해서 당사자 중심으로 권리가 당장 보장되기는 어렵겠지만 가장 기본적인 필요조건임은 분명하다. 다른 나라의 발전 과정을 봐도 먼저 통합적인 서비스 체계가 구축이 된 다음에 이것이 전문가 중심으로 이루어지고 있다는 반성으로부터 당사자 중심의 접근으로 발전해 온 과정을 볼 수 있다. 이런 과정이 반드시 순차적으로 이루어져야 하는 것은 아니지만 지금과 같이 당사자에 대한 고려 없이 행정 편의적으로 파편화되고 분절화된 체계를 이용자 중심으로 재구성하는 것은 가장 우선적인 과제가 되어야 할 것이다.

또한 동시에 고려해야 하는 것은 당사자의 권리를 중심으로 한 접근이다. 앞서 지적한 개발 시민권의 한계를 극복하기 위해서는 지금껏 정책과 제도 설계 과정에서 배제되어 왔던 당사자의 권리를 정책과 제도의 핵심 가치와 지향으로 위치시켜야 할 것이다. 노령이나 장애, 질환 등에 따라 침해될 수 있는 당사자의 일상생활에 대한 기본적 권리를 보장하는 것이 사회 서비스의 가장 기본적인 역할이라고 할 때 제도와 정책에서도 가족 부담 경감이나 일자리가 아니라 이런 당사자의 권리 보장이 명시적이고 실질적인 중심 목적으로 되어야 한다. 가족 부담의 문제나 일자리의 문제는 당사자의 권리를 보장하기 위한 과정에서 고려되거나 개선될 수 있는 것이지 이를 위해 당사자의 권리가 부차적으로 취급되거나 배제되어서는 안 될 것이다. 어찌 보면 당연한 말 같지만 이에 대한 명확한 인식이 필요한 이유는 최근의 정책에서 이와 같은 목적 전치와 이에 따른 문제가 일어나고 있는 것이 현실이기 때문이다(김보영 2020a).

2) 지방분권화

앞서 살펴본 바와 같이 당사자 중심의 통합적이고 유연한 서비스 설계가 가능하기 위한 전제 조건 중 하나는 지방 분권화이다. 본래 사회보장의 영역에서 재정적 규모가 크고 전 국민을 대상으로 일관된 기준이 적용되어야 할 필요성이 큰 소득 보장의 영역은 중앙정부의 역할이지만 지역성과 개별성이 큰 사회 서비스의 경우에는 지방정부의 역할로서 간주되어 왔다. 소득 보장의 경우 소득이라는 단일 기준이 있기 때문에 형평성 문제가 더욱 중요할 수 있고, 중앙 단위에서 관리가 가능하고, 중앙의 정치적 쟁점이 되기도 하지만, 사회 서비스는 일관된 기준이 존재할 수도 없을 뿐만 아니라 개별적 특수성이 크기 때문에 중앙 차원의 일관된 관리도 가능하지 않기 때문이다. 더 나아가 당사자 중심으로 욕구에 대응하는 서비스를 통합적이고 유연하게 설계하려면 그 당사자를 만나는 일선에서 권한을 가지고 서비스의 양과 종류에 대한 결정을 내려야 한다. 이렇게 국민의 권리와 공적 자원에 대한 결정을 내리는 것은 민주적 위임을 받은 정부가 해야 하는 일이고, 정부가 할 수밖에 없는 일이며, 일선에서 구체적 당사자에 대한 서비스 결정을 내릴 수 있는 것은 당연히 중앙정부가 아니라 일선 지방정부가 담당할 수밖에 없다.

이런 점 때문에 사회 서비스가 발달한 대부분의 국가에서는 일선 지방정부에 사회 서비스에 대한 명확한 책임을 부여하고 있다(유동철 외 2018). 개호 보험을 도입한 일본에서는 우리나라 기초 지자체에 해당하는 시정촌이 보험자로서 책임을 가지고 있다. 독일의 경우 수발 보험이 연방 정부 차원에서 도입된 것이지만 기본법에서 지역 주민의 삶을 지원하는 1차적 책임 주체로 기초 지자체를 명시하고 있으며 사회법 I에서는 기초 지자체가 지역에서 민간단체와의 협력 속에서 사회 급여와 관련된 서비스를 충분히 제공해야 할 책임을 가지고 있다고 명시하고 있다. 프랑스에서도 기초 지자체에 해당하는 데파르트망이 사회 서비스에 해당하는 복지 및 의료 사업 전반을 주도하는 주체로 규정되어 있다. 영국의 경우에도 지방정부가 아동 및 성인 돌봄에 대한 법적 의무를 가지고 있다. 이런 지방정부의 사회 서비스에 대한 명확한 책임이 있기 때문에 앞서 언급한 바와 같은 당사자 중심의 통합적이고 유연한 서비스가 가능한 것이기도 하다.

하지만 이렇게 사회 서비스를 지방정부의 책임으로 분권화하는 것에 대해서는 보통 두 가지 우려가 제기된다. 하나는 중앙정부의 책임이 지방정부로 전가되어 사회 서비스의 공공성이 더 취약해지지 않을까 하는 우려이고 다른 하나는 지역 간 격차에 대한 우려다. 하지만 이에 대해 최영준 외(2018)의 연구에서는 현실은 우려와 다를 수 있다는 해석을 제공하고 있다. 먼저 사회 서비스에 대한 중앙과 지방 관계에서는 유럽 국가 간의 비교 연구 사례를 들어 돌봄에 대한 책임이 지방에 더 부여되어 있을수록 지방정부 내에서 돌봄의 중요성은 더 높아 관리와 조정에 더욱 신중하게 접근하게 되어 공공의 공급 비중이 높게 나타나는 반면 중앙에 부여되어 있을수록 정책의 우선순위가 낮고, 표준화된 규제와 감독 체계를 선호해 시장화를 선호하게 되어 민간 공급 비중이 더 커지는 경향이 나타난다고 설명하고 있다. 지역 간 격차의 문제에서도 스웨덴의 경우 지역 자율성이 높지만 1982년 사회서비스법을 통해 중앙이 서비스에 대한 목표를 제시하고 지역은 자율적으로 사회 서비스를 운영하되 목표를 달성할 수 있도록 보조금 지원을 통해 격차를 줄이고 있음을 예로 들고 있다. 이른바 목표 중심의 정책 틀goal-oriented framework을 통해 규율된 분권화를 이루고 있는 것이다. 하지만 한국의 경우는 장기 요양 보험의 경우 중앙 조직인 건강보험 공단이 운영하도록 하고, 전국적으로 동일한 기준을 적용하고 있지만 서비스 공급이나 질에 대한 격차는 상당한 수준으로 나타나며 오히려 중앙 차원에서 이를 조정하려는 노력은 나타나고 있지 않음을 지적하고 있다. 분권화되어 있지만 격차를 줄이는 중앙정부 차원의 기제가 있는 경우와 중앙화되어 있지만 격차를 방치하는 경우는 매우 대조적이며, 분권화와 지역 간 격차의 관계는 그렇게 단순하지 않음을 보여 주고 있다.

우리나라의 경우에는 특히 복지와 관련된 분권화에서 2000년대에 추진되었던 사회복지 지방 이양의 부정적 경험 탓에 부정적 입장을 가지고 있는 경우도 많다. 당시 지방분권을 국정 기조로 삼고 있던 노무현 정부에서 중앙정부의 국고보조 사업의 대대적인 정비를 추진했는데 그중 보건복지부의 사업이 4분의 1을 넘었고, 전체 지방 이양 사업에서도 보건복지부 사업이 45% 이상이었고, 재정 규모면에서도 62%로 사실상 사회복지 영역이 지방 이양에서 핵심이었다고 할 수 있다(구인회 외 2009b; 박병현 2006). 하지만 이에 대한 평가는 대부분 부정적이었다. 한편으로 여전히 지역 토호의 지배력이 강한 지자체에서 복지가 우선순위가 되지 않을 수 있다는 우려가 제기되었고(박병현 2006), 다른 한편에서는 사회복지 영역에서 지방정부의 역할이 정립되어 있지 않아 기존의 중앙 지침에 충실한 사업 관행에 별다른 변화가 없다는 진단도 제기되었다(구인회 외 2009b). 결국 사회복지사업에 대한 대대적인 지방 이양이 추진되었지만 별다른 실효성 있는 성과가 나타나지 않았다는 것이다.

하지만 이런 부정적인 결과는 지방분권이라는 방향의 문제라기보다는 당시 추진되었던 지방 이양의 문제가 더욱 결정적이었던 것으로 보인다. 사회복지사업의 지방 이양이 분권화로서 의미가 있기 위해서는 이런 지방 이양으로 말미암아 어떤 '권한'이 지자체에 부여되는가가 분명했어야 했지만 이 당시 사무 배분의 기준 자체가 일관성이 없었기 때문에 결과적으로 분권의 내용도 불명확하고, 이 때문에 지방 이양의 결과 지방정부가 책임지고 수행해야 할 역할도 모호했던 것이다(김광병 2018; 이현주 외 2007). 게다가 국고 보조 사업이 이양될 때 당시 이미 복지 예산의 연평균 증가율이 20%에 달했지만 정작 이양된 사업 예산 산정은 과거를 기준으로 하다 보니 이양된 재정은 실제 소요 예산 대비 7% 이상 부족한 것이었다(박병현 2006; 이현주 외 2007). 게다가 이후 지방 이양 사업에 대한 재원을 분권 교부세로 지원하도록 하고 이는 내국세의 일정 비율로 책정되도록 했지만 내국세의 증가율도 9% 이하로 당시 사회복지 예산 증가율을 크게 밑돌아 지방 이양 사업에 대한 예산 부족은 갈수록 심화될 수밖에 없는 구조를 가지고 있었다(구인회 외 2009a). 결국 2000년대 이루어졌던 지방 이양은 그에 따라 지자체가 더욱 책임성을 가지고 지역복지를 운영할 수 있도록 한 것이 아니라 분권은 불분명하면서 복지 예산에 대한 부담은 지속적으로 증가시켜 지역에서의 복지를 더욱 어렵게 만든 결과로 이어졌던 것이다. 따라서 이전의 지방 이양에 대한 경험은 지방 분권 자체를 부정적으로 평가할 수 있는 근거가 되지 못한다. 실제적으로 복지 분권과는 거리가 멀었기 때문이다.

오히려 지자체의 자체적인 복지 정책에 대한 관심이 높아지고 있는 지금이야말로 (복지 분권은) 중앙정부의 분절적인 정책 발전 구조를 극복할 전략이 될 수 있다. 중앙정부에서는 파편적으로 급여 제도가 발전을 해도 결국 대부분의 급여는 기초 지자체를 통해 전달되기 때문이다. 지금은 여전히 지자체 사회복지 지출 대부분은 국고 보조 사업으로 개별 법령과 중앙정부의 일괄적인 지침에 따라 운영되고 있기 때문에 중앙정부의 분절적 구조는 지자체 행정에서도 그대로 투영되고 있다. 하지만 이런 중앙정부의 통제가 지방 분권 중심으로 변화된다면 지자체 입장에서는 서로 다른 경로로 시행하는 급여라도 대상과 욕구별로 통합적으로 운영할 만한 여지가 생길 수 있는 것이다. 관건은 이전과 같은 일관성 없는 개별 단위 사무 단위의 지방 이양이 아니라 일정 범위의 기능 중심의 포괄적인 이양이 추진되어야 하며(한국지방자치학회 2018) 이를 사회 서비스에 적용한다면 노인 돌봄이나 장애인 지원, 아동보호와 같은 일관된 대상과 욕구 범위를 포괄하는 기능 단위가 되어야 한다는 것이다.

3) 돌봄의 재인식

궁극적으로 사회 서비스의 대안을 모색하려면 그 핵심이 되는 돌봄 자체를 검토해야 한다. 왜냐하면 우리의 삶은 어느 순간에는 돌봄을 받고, 돌봄을 제공하면서 생애에 걸쳐 돌봄과 함께하지만 그동안 사회적 논의에서 돌봄은 2차적인 영역으로 배제되어 왔기 때문이다. 이에 대해 조앤 C. 트론토(2014)는 그동안 이렇게 돌봄 자체를 삶의 일부로 인정하지 않는 현재의 자본주의와 민주주의 체제는 돌봄을 필요로 하거나 누군가를 돌봐야 하는 사람들을 동등한 시민으로 대우하지 않고, 이들에 대한 배제와 불평등을 방관해 왔다고 지적하고 있다. 다시 말해, 누구나 돌봄을 필요로 하며 태어났고, 또 언젠가는 돌봄을 다시 필요로 하게 된다는 점을 생각하면, 한편으로 모두에게 충분한 돌봄을 받을 수 있는 권리를 보장하면서, 다른 한편으로 누군가는 그 돌봄을 보장하기 위해 책임을 감당해야 하지만, 그동안 우리 사회는 돌봄의 권리를 무시하고, 돌봄의 책임은 방관하면서 결국 성별·계층·인종에서 더욱 취약한 집단에 떠넘기는 방식을 지속해 왔다는 것이다. 결국 돌봄의 책임이 그동안 비주류였던 여성에게 떠넘겨져 왔고, 여성 중에서도 저숙련·저임금 노동자에게 전가되어 왔고, 또한 외국인 여성 노동자에게 넘겨지는 악순환이 반복되고 있는 상황이다. 최근 돌봄 노동자의 처우 개선을 위한 논의가 있지만 돌봄의 가치 자체가 사회적으로 정당하게 인식되지 않는 한 돌봄의 책임은 계속해서 더 취약한 집단의 몫으로 전가되는 악순환에서 벗어나기는 어려울 것이다.

이렇게 떠넘겨지는 돌봄은 언젠가 돌봄을 필요로 하는 인간의 입장에서 지금 당장 그에 따른 배제를 경험하고 있지 않을지언정 모두에게 불행을 예고하고 있는 셈이다. 이런 돌봄에 대한 저평가가 지속되고 있는 한 돌봄을 필요로 하는 사람은 일정한 고립과 불필요한 의존을 벗어나기 어렵고, 이에 대한 책임은 취약한 집단에 전가되거나 또는 돌봄을 책임짐으로써 그 취약성을 안게 된다. 하지만 누구도 고립되어 살아가는 것을 원하지 않듯이 또한 누구도 돌봄으로부터 완전히 배제되기를 원하지도 않을 것이다. 돌봄이란 일방적인 관계를 의미하는 것이 아니라 서로에 대한 애정과 관심을 주고받는 상호적 관계를 의미하기 때문이다(Parker and Clarke 2002). 따라서 돌봄에 대한 책임을 사회적으로 나누어 갖는 동시에 누구나 유의미한 돌봄 관계에 참여할 권리를 누릴 수 있어야 한다. 여기에서 회피하고자 하는 것은 혈연이나 결혼 관계 등에 따라 도덕적으로 원치 않는 의존관계이지 의존관계 자체가 아니기 때문이다(Williams 2002). 따라서 돌봄은 의무감이나 전통적 도덕에 의한 것이 아니라 친밀감intimacy을 바탕으로 서로에 대한 자발적인 신뢰와 헌신에 기반해야 하는 것이다.

하지만 이렇게 관계를 중심으로 돌봄을 재인식하고자 하는 논의는 종종 당사자 중심의 논의와 대립적으로 인식되어 왔다. 본래 당사자의 주도성을 강조하는 자립 생활independent living 담론에서는 돌봄을 그와 반대되는 타인에 대한 의존이라고 보고 부정적으로 인식했지만 돌봄의 가치를 재인식하고 관계적 측면을 강조하는 돌봄의 윤리ethics of care 담론에서는 자립에 대한 강조는 결국 고립을 말할 뿐이라고 비판했다(김보영 2012). 하지만 이를 다시 생각해 보면 어느 한쪽이 완전히 자립성을 상실하고 의존적인 상태가 될 때 이에 대한 돌봄의 관계는 상호적 관계가 아닌 일방적인 관계가 될 수밖에 없다. 돌봄이 서로 주고받는 상호적 관계로 성립되기 위해서는 각자의 자립성과 주도성이 존중되어야 하는 것이다. 따라서 인간은 누구나 고립된 존재가 아니기 때문에 돌봄 관계를 완전히 배제한 자립이 존재할 수 없듯이, 자립성이 완전히 결여된 돌봄 관계는 불평등한 의존관계가 될 뿐이다. 따라서 우리가 지향해야 하는 돌봄이란 가능한 한 개개인이 주체적이고 자율적인 존재로서 존중받고, 이를 위해 필요한 지원이 보장되면서, 서로에게 일방적인 의존이나 부담으로 존재하지 않고, 동등한 지위를 가지고 서로에 대한 관심과 걱정을 나누는 상호성이 존중되는 것이다.

이런 돌봄이 가능하기 위해서는 무엇보다도 그동안 사회적으로 저평가되고 배제되어 왔던 돌봄 자체가 모두의 삶의 일부로서 인식되어야 한다. 이것은 그동안 특정 계층에 전가되었던 돌봄의 책임을 사회적으로 동등하게 분담하는 것을 의미하며 이를 위해 개인에게는 자신의 삶을 돌봄과 함께 재구성할 수 있는 권리가 보장되어야 함을 의미한다. 즉, 단순히 생산과 여가로 구성되어 있었던 시간과 공간이 경제적 자립과 사회 활동을 위한 노동의 시간과 공간, 그리고 스스로를 위한 개인적 시간과 공간에 더해 돌봄의 책임을 수행할 수 있는 돌봄의 시간과 공간으로 재구성할 수 있어야 하며, 이를 위해서는 성별과 상관없이 더욱 유연하고 단축된 노동시간이 보장될 수 있어야 한다(Lister 2002; Williams 2002). 이를 통해 돌봄을 사회적으로도 공식적인 삶의 일부로서 인정하면서 여성뿐만 아니라 남성도 유급 노동과 무급 노동과의 균형을 맞출 수 있도록 해야한다는 것이다. 결국 돌봄의 재인식은 우리가 공식적 시간과 공간에서 마치 부차적이거나 존재하지 않는 것처럼 배제해 왔던 돌봄을포함하면서 전반적인 시간과 공간의 재구성을 요구한다.

5. 결론

우리나라 사회 서비스의 전환적 전략을 도출하기 위해 현재의사회 서비스의 문제를 분절적이고 파편적인 구조와 이에 기초한 비책임성과 당사자 입증주의, 그리고 돌봄 절벽으로 인해 당사자 권리가 배제되고 있는 체제로 진단해 보았다. 그리고 이런 문제들은우리나라 사회 서비스의 역사 속에서 나타난 구호 행정 체제의 유산과 개발 시민권의 형성, 그리고 정책에 무관심한 정치와 보신주의적 관료제가 결합된 분절적 제도 발전 구조에서 비롯되었음을 살펴보았다. 또 이런 구조를 전환할 전략을 모색하기 위해 당사자 중심의 접근과 지방 분권화, 그리고 돌봄의 재인식의 방향을 고민해보았다. 이런 고찰을 통해 우리가 지향해야 하는 사회 서비스의 비전은 누구나 나이·장애·질병 등과 관계없이 건강하게 성장하고, 주도적이고 자율적인 생활을 지역사회에서 최대한 보장받으면서, 서로에게 일방적이지 않고 상호적인 돌봄을 공정하게 주고받을 수 있는 사회이다. 이를 위해서는 중앙 중심의 분절적이고 파편적인 사회 서비스가 아니라 일선 지자체가 주민 개개인에게 욕구에 맞는 적절한 사회 서비스를 책임일 수 있는 제도적 체계가 필요하며, 누구나 돌봄의 책임을 나누며 돌봄의 관계에서 배제되지 않도록 돌봄을 포함한 시간과 공간의 재구성이 필요함을 짚어 보았다.

2020년을 뒤덮은 코로나-19 대유행을 겪으면서 우리 사회에서 사회 서비스의 문제는 다시 조명되고 있다. 집단적 공간에서 고위험군이 몰려 있는 요양 시설은 코로나-19 감염으로 말미암은 사망자의 약 40%가 몰릴 정도로 그 위험성이 드러나고 있다(김윤 2020). 그래도 초기에 성공적으로 평가받고 있는 방역과는 달리, 초기 확산의 중심지 중 하나였던 경상북도에서는 모든 복지시설에 거주인과 종사자를 2주간 격리하는 이른바 예방적 코호트 격리가 차별적이고 반인권적인 조치라는 비판이 제기되었으며(서울특별시사회복지사협회 2020; 전국장애인철폐연대 2020), 지역사회 복지 기관들에 일방적인 휴관 조치가 내려져 서비스가 중단되자 발달 장애인들은 퇴행을 경험하거나 폭력에 노출되는 등 도전적 행동이 악화되는 사례들이 나타났고(『조선일보』 2020/09/15), 90%가 코로나-19로 말미암은 고립과 스트레스를 경험하는 가운데(한국장총 2020) 대부분 방치될 수밖에 없었다. 노인 장기 요양 급여의 재가 급여나 장애인 활동 지원 등 지역사회 서비스는 거의 대책이 없었는데 서울시의 조사 결과에 따르면 방역 물품을 지원받은 경우가 66% 정도 되었지만 그중 80% 이상이 1~2회에 불과해 거의 지원이 되지 않은 셈이었다(서울시 어르신돌봄종사자 종합지원센터 2020).

이와 같이 코로나-19에 따른 전 사회적 재난 상황에서 더욱 보호나 지원이 필요한 사회 서비스 이용자들이 겪는 일방적이고 열악한 대처는 특별히 나타났다기보다는 앞서 살펴본 공공의 비책임성과 당사자 권리의 배제가 투영된 것이라고 할 수 있다. 따라서 지금의 코로나-19 대유행의 상황에서 확인되는 것은 새로운 문제와 또다른 대안의 필요성이라기보다 역사적으로 형성되어 온 문제의 깊이를 다시 확인하고 전환의 필요성이 더욱 절실하다는 사실이다. 이런 위기 속에서 더욱 위험이 집중되고 방치될 수밖에 없는 당사자와 가족의 삶이 드러나고 있다. 이 글을 마무리하고 있는 지금, 동거 중인 유일한 보호자였던 어머니가 지병으로 숨진 채 5개월 동안 방치되어 있었고, 아무런 보호를 받지 못했던 30대 발달 장애인 아들은 노숙을 하고 있었다는 사실이 언론을 통해 알려지면서 또다시 사회적 충격을 주고 있다(『한국일보』 2020/12/15). 보도된 내용에 따르면 이 모자는 생계를 위해 정부의 공공 일자리 사업에 참여한 적이 있었지만 장애인 등록도 되지 않아 응당히 주어졌어야 하는 서비스에서도 배제되어 있었다. 사회 서비스에 대한 전환적 모색이 시급히 이루어지지 못한다면 또다시 정부의 파편적인 대책이 쏟아진다고 하더라도 이런 극단적이고 비극적인 사건이 벌어지는 것을 피하기 어려울 것이다.

3장

보건의료의 패러다임 전환과 개혁

임준

1. 서론

고령화 속도가 빨라지면서 한국 사회의 지속 가능성에 대한 우려가 커지고 있다. 고령화 문제는 필수 의료에 대한 권리 침해, 의료비 증가, 건강 불평등 심화 등과 같은 현재 한국 사회의 건강 관련 문제를 훨씬 더 악화시키고 건강 보장 기반을 근저에서 위협하는 중심적인 요인으로 작동하고 있다(김윤 외 2019).

인구의 고령화는 필연적으로 질병 구조의 변화와 연동된다. 기대 여명이 길어진다는 것은 생애 전 주기에 걸친 유해 환경 및 인자에 노출된다는 의미이다. 위험 요인에 지속적으로 노출되면 인체에 누적된 영향을 미친다. 더욱이 서구화된 식습관의 변화, 신체 활동의 감소 등 생활 습관 전반의 변화와 맞물려 만성질환 중심으로 질병 구조가 변화하고 있고, 만성질환의 질병 부담이 지속해서 증가하고 있다. 그렇지만 고혈압 및 당뇨병 환자의 조절률은 50% 미만에 그칠 정도로 질환 관리가 제대로 이루어지지 않고 있다. 만성질환 관리에서 효과적인 비용으로 적정한 질을 담보하기 위해서는 일차보건의료의 역할이 중요한 것으로 알려져 있으나, 서구와 달리 의원급에서 만성질환을 다루는 비중이 크지 않고 오히려 줄고 있다. 이에 정부는 일차의료 기반의 만성질환 관리 시범 사업을 추진 중이다(김윤 외 2017).

만성질환은 그 특성상 중증 질환으로 발전하기 이전에 사전 예방을 강화하는 것이 훨씬 중요하다. 이런 특성을 고려할 때에 치료 중심적인 보건의료 체계에 기반한 만성질환 중심의 질병 구조에 대응하기란 쉽지 않다. 이는 사회적 입원만 증가시킬 뿐 전체적인 삶의 질을 높일 수 없다. 가파른 의료비 증가를 감당할 방법도 없다. 선진 외국의 사례와 같이 지역사회 건강 증진 및 일차보건의료 의 강화가 해결의 실마리를 제공할 수 있다(임준 외 2018). 그러나 우리나라는 지역사회 일차보건의료 기반이 취약하고, 보건의료 체계가 병원 등 치료 중심으로 이루어져 있어서 만성질환 관리가 쉽지 않다(김창엽 2018). 따라서 고령화 속도가 더 빨라질 것으로 예견되는 상황에서 보건의료 체계를 예방 중심으로 개편해야 한다. 이런 변화가 이루어지지 않는다면 의료비 상승, 낮은 건강 수명, 삶의 질 저하 문제를 해결하기 어렵다. 기대 여명의 증가는 만성질환의 구성에도 큰 변화를 가져오고 있다. 개인 수준과 집단 수준에서 고혈압과 당뇨병으로 대표되는 만성질환 관리가 강화됨에 따라 심뇌혈관 질환의 중요성이 상대적으로 줄어들고, 일반적인 고령 인구에 발생하는 허약성의 문제가 중요한 건강 이슈로 등장하고 있으며 더 커질 것이 확실하다(이선미 2019; 이윤경 2018; 장숙랑 2015).

역사적으로 볼 때 한국의 보건의료 체계는 시장에 포섭된 사익 추구적 보건의료 체계가 강화된 형태라고 할 수 있다. 사익 추구적 보건의료 체계의 특성에 따라 생의학적 모형에 기반한 치료 중심의 보건의료 체계가 지속적으로 강화되었고, 그 결과 수도권과 대도시에 보건의료 자원이 집중되며 예방과 건강 증진은 등한시되어 왔다. 사익 추구적 보건의료 체계는 환자-의사 관계를 악화시키고 시민들에게 보건의료에 대한 부정적 인식을 심는 구조적 기제로 작용하고 있다. 현재 의사에 대한 환자의 불신은 법적 갈등을 넘어서서 문화적 양상으로 번지고 있다. 만성질환 시대에 그 역할이 강화되고 있는 서구의 일차의료기관과 달리, 한국에서는 대학 병원에 대한 의존도가 커지면서, 한국의 일차의료기관은 대학 병원을 가기 위해 불편하게 거쳐야만 하는 진료 의뢰서 발급 기관 정도로 인식되고 있다(김명희 외 2010).

궁극적으로 사익 추구적 보건의료 체계는 의료비의 가파른 증가를 유발한다. 서비스의 연계와 조정보다 경쟁이 지배하는 상황에서 불필요한 서비스의 과잉 공급은 의료비 상승을 밀어붙이는 핵심 기제로 작용하고 있다. 특히, 공공적인 재원 조달 체계와 시장 중심의 서비스 공급 체계 간 부조화로 자원 배분의 비효율성이 증가하고 있고, 의료비 증가가 가속화하고 있다(국민건강보험공단 2019a). 비급여의 급여화로 대표되는 문재인 케어의 등장에 따라 이런 부조화 현상은 지속되고 있는 실정이다. 최근 10년간 의료비 증가율을 보면 한국이 미국, 일본, 영국보다 높은 수준을 보이고 있다(OECD 2020).

이처럼 사익 추구적 보건의료 체계에 따른 병리 현상이 심각해지면서 보건의료의 개혁 요구가 커지고 있다. 지금까지 한 번도 경험해 본 적이 없는 초고령 사회가 다가오면서 치료 및 입원(소) 중심의 사익 추구적 보건의료 체계에 대한 개혁의 필요성은 더 커질 수밖에 없을 것이다. 그런데 보건의료 체계는 한국 사회경제 구조의 불안정성이 심화되면서 훨씬 더 근원적인 변화를 요구받고 있다. 대량생산 체제와 높은 성장률이 담보되던 시기의 사익 추구적 보건의료 체계에 대한 개혁 동력과 신자유주의 세계화 이후 사회경제 구조의 불안정성이 일상화된 시기의 보건의료 체계에 대한 개혁 동력은 달라질 수밖에 없을 것이다. 이에 이 글에서는 한국 사회경제 구조의 불안정성과 사익 추구적 보건의료 체계의 심화가 보건의료의 공공성 담론 형성에 미치는 영향을 분석하고, 이에 조응한 보건의료의 개혁 방향을 도출하려 한다.

2. 한국 사회경제 구조의 불안정성과 사익 추구적 보건의료 체계의 심화

1) 사회경제 구조의 변화

(1) 포디즘 체제의 한계와 지배 담론의 변화

해방 이후 근대적 보건의료 체계가 형성된 과정에서 보건의료 서비스 영역에 대한 정부의 태도는 자유방임에 가까웠다(김창엽 2019). 재원 조달 체계부터 서비스 제공 체계까지 국가의 역할이 전무하다고 할 정도로 시장이 지배적인 역할을 수행했다. 1989년 공적 의료보험인 전 국민 의료보험제도가 도입되었지만, 민간 부문에 의한 시장 지배력은 훨씬 공고화되었다. 서비스 제공 체계에 대한 공적 개입 없이 공적 재원 조달 체계가 구축되면서 시장의 수요가 획기적으로 증가하는 계기가 되었고, 대규모 민간 자본이 보건의료 부문에 투입되었다. 그 과정에서 수도권 대형 병원이 주도하는 사익 추구적 보건의료 체계가 구조화되었다(김명희 외 2010).

보건의료의 공적 성격이 강한 서구와 달리 사익 추구적 보건의료 체계가 구조화되어 있는 한국은 계층·지역 간 자원의 불균형 분포가 당연시되었고, 의료 서비스의 질과 접근성의 차이가 일상화되었다. 그 결과 치료 가능 사망률의 격차가 벌어지는 문제가 발생했다(조희숙 외 2018). 이런 격차를 줄이기 위해 진보 정치 세력과 시민사회에서 제기된 무상 의료는 건강보험의 보장성 강화라는 제한적 의미로 정책화되었고, 공공 의료 부문의 확충을 포함한 보건의료 체계의 공공성 강화로 이어지지 못했다. 참여정부 때에 공공 병상 30% 확충 요구는 시스템 차원의 공공성 강화로 이어지지 못한 채 국립대학교 병원의 인프라 확충으로 마무리되었다. 국립대학교 병원 중심의 공공 인프라 확충은 공공 보건의료 체계에서 국립대학교 병원의 역할을 강화하기보다는 결과적으로 사익 추구적 보건의료 체계에서 민간 대형 병원과 차별성을 찾기 어려운 모습으로 나타났다(김창엽 2019).

그런데 이런 사익 추구적 보건의료 체계의 구조화는 필연적으로 건강 불평등의 지속적인 증가와 지역 소멸, 그리고 코로나-19에 따른 공중 보건의 위기 등으로 근본적인 위기에 봉착하게 되었다. 가족 돌봄으로 보건의료 비용의 전가, 작은 규모의 보건의료 인력에 의한 서비스 제공 및 저수가 체계에 근거한 낮은 수준의 의료비는 저임금노동을 유지하는 기반이 되었으나, 건강보험이라는 공적 재원과 결합된 사익 추구적 보건의료 체계의 구조화로 의료비가 빠르게 증가하고 있다. 더욱이 행위별 수가 제도에 따라 저수가 체계만으로 의료비를 통제하기 어려웠고, 광범위한 비급여 시장과 민간 의료보험이 성장하면서 전체 의료비는 통제 불능 상태로 빠져들고 있다. 특히, 인구의 고령화로 말미암은 급격한 의료비 증가는 현 사회구조의 불안정성 심화와 보건의료 체계에 대한 근본적인 변화를 강제하고 있다. 향후 시민사회 및 정치권의 요구와 맞물려 건강보험의 보장성을 강화하고 공공 보건의료를 확대·강화해야 한다는 목소리가 커질 것으로 보이고, 한국 사회의 구조적 변동성과 맞물려 끊임없는 투쟁이 예상된다(김영범 외 2019). 이와 같이 근대 보건의료의 태동에서 성장, 그리고 미래의 변화에 이르기까지 일련의 변화들은 한국 사회경제 구조 및 변동과 밀접하게 관련되어 있다는 점에서 보건의료 체계의 변동에 영향을 미치는 한국 사회경제 구조의 변화에 대해 1980년대 이후부터 간략하게 살펴보고자 한다.

먼저, 1980년대 이후의 한국 사회경제 구조를 한 구절로 정리하면 대량생산 체제라고 명명된 포디즘 체제라고 할 수 있다. 그런데 포디즘 체제가 성립하려면 생산성과 연동된 안정적 임금에 기초해 대량 소비가 가능한 조건이 확보되어야 한다. 특히, 사회보장제도에 의한 체제의 안정성을 강화하고 경제적 수요를 창출할 수 있어야만 포디즘 체제의 구축이 가능하다(여유진 외 2017). 서구에서 일반화된 의료보장 제도와 공익적 성격이 강한 보건의료 체계 역시 이런 포디즘 체계가 유지될 수 있는 자양분으로 작용했고, 보건의료에 대한 국가의 개입은 당연한 가치로 받아들여졌다.

그러나 생산성 기반의 시장 경쟁력에 기반한 대량생산 체제를 구축할 수 없는 내생적 한계를 갖고 있었던 한국은 일반적인 포디즘 체제와 다른 특성을 갖고 있었다(여유진 외 2017). 저임금에 기반한 가격 경쟁력으로 수출 주도의 중공업화 전략에 기반한 대량생산 체제를 유지해야 했던 한국은 노동력의 재생산 비용을 줄이지 않고서는 안정적인 대량생산 체제를 유지할 수 없었고, 서구보다 농수산물을 포함한 서비스 부문의 가격통제를 유지할 필요성이 컸다. 보건의료 부문 역시 이런 구조적 환경에서 자유롭지 못했다. 저임금 구조의 유지를 위해 정규직과 비정규직, 대기업과 중소기업 등으로 노동시장이 분화되는 구조적 유인이 작동했고, 보건의료 부문도 공적 의료보험 체계를 도입하면서 저수가 체계를 유지할 필요성이 커졌다. 이처럼 과잉생산과 같은 포디즘 체제의 구조적 문제와 함께 대량생산 체제를 유지할 기반 자체가 허약한 한국에서는 체제 수준의 불안정성과 내적 위기가 심화되었다. 즉, 수출 주도 중공업화 전략으로 자본의 유기적 구성이 지속적으로 상승했지만 생산성의 상승은 그만큼 이어지지 못하면서, 점증하는 대기업 정규직 노동자의 임금 인상 압박과 이윤율 저하 경향을 하청 계열화 및 중소 규모의 사업장과 서비스 부문에 전가하는 방식으로 해소해 왔고, 그 과정에서 사회경제 구조의 불안정성이 심화되며 위기가 축적되는 양상을 보였다(김유선 2019). 자본/노동의 배분 비율이 지속적으로 상승하면서 총 임금에 근거한 내수 시장의 정체가 심화되고 사회보장제도의 미비는 더욱더 사회적 갈등을 증폭하는 방향으로 작동했다(김유선 2019). 저수가에 의한 낮은 의료비 유지 전략을 견지했던 건강보험 제도와 사익 추구적 보건의료 체계는 더는 낮은 의료비를 유지할 수 없는 상황에 직면했고, 보건의료 시장의 성장에 따른 민간 의료보험의 성장과 제약 자본의 성장은 보건의료 부문의 갈등을 증폭하는 결과를 가져왔다.

결국 한국형 포디즘 체제는 1987년 노동자 대투쟁과 전 국민 의료보험 등으로 의한 노동비용의 상승 압박이 커지면서 매우 폭력적인 방식으로 신자유주의 체제로 전환되었다. 1997년 한국은 IMF(국제통화기금) 금융 위기 이후 이중 노동시장이 훨씬 더 강화되었고, 규제 완화라는 논리로 경제적 규제 장치뿐만 아니라 사회적 규제 장치도 약화되었다. 중심부 노동에 대한 체제 내화가 강화되었고, 주변부 노동에 대한 구조적 차별이 더 커졌다. 신자유주의 체제 하에서 한국형 포디즘 체제의 불안정성은 더욱더 차별적인 방식으로 이어졌다.

최근 플랫폼 자본 및 노동의 증가에 이르기까지 한국 노동시장의 차별적 구조는 훨씬 중층화되었고, 여기에 노동인구의 전반적인 감소 속에 여성의 경제활동 참여가 증가하면서 노동시장에서 주변부화 경향이 강화되었다. 특히, 서비스 부문의 낮은 임금을 유지하는 방편으로 여성의 낮은 임금과 주변부화 경향이 극단적인 양상을 보이고 있다. 이런 경향은 보건의료 서비스 부문에도 그대로 투영되고 있다. 중심부에 해당하는 남성(또는 남성화된 여성) 의사직은 높은 임금으로 체제 내화되고, 여성 간호직은 낮은 임금과 수도권 지역의 차별적 구조가 강화되는 중층화 현상이 나타나고 있다. 공공 부문이 취약한 사익 추구적 보건의료 체계에서 이중 노동시장 정책은 보건의료 부문에 그대로 투영되고 있고, 그나마 공공 병원조차도 민영화·시장화되는 과정에서 이런 양상이 심화되고 있다.

(2) 자본의 불균등 발전과 이해의 충돌

일반적으로 총자본 입장에서는 상대적으로 취약한 생산성 기반을 극복하고 선진 외국과의 경쟁력을 확보하기 위해서 노동력 재생산 구조의 안정화가 필연적으로 요구되었다. 과거와 같은 폭력적 방식의 노동정책으로는 전반적인 저임금 구조를 유지하기 어려운 상황에서 두 가지 트랙 전략이 사용되었다. 하나는 이중 노동시장을 통해 노동비용을 전가하는 방법이고, 또 다른 하나는 의료비 부담 억제와 관리를 통해 총 노동비용을 줄이는 방법이다. 대기업 제조업 부문의 이윤율 확대를 위해 비정규직 및 하청 계열화로 임금과 위험을 외주화하고, 노동의 재생산 비용이라 할 수 있는 서비스 부문으로 비용을 전가하는 것이다(김유선 2019). 보건의료 부문도 이런 총자본의 이해관계에서 벗어나기가 쉽지 않다.

그렇지만 사익 추구적 보건의료 체계의 성장은 새로운 조절 장치의 필요성도 함께 키우고 있다. 빠르게 성장한 민간 의료보험 자본과 제약 자본, 그리고 수도권 대형 병원의 독점적 지위 강화와 의료 전문직의 시장화 경향은 지역 격차와 사회적 갈등의 증가, 폭발적인 의료비 증가로 이어지고 있고, 한국 사회경제 구조의 불안정성을 심화하는 주요한 요인으로 작용하고 있다. 서구의 경험을 볼 때에 한 사회의 구조적 불안정성을 줄이는 안전장치가 공공 보건의료 체계라 할 수 있는데, 이런 체계가 취약한 한국은 사회적 돌봄 노동을 최소화하고 적은 보건의료 인력에 기초해 전체 보건의료 비용을 줄이고자 하는 전략이 완고하게 유지되고 있다(임준·한진옥 2017). 그 결과 지역의 불균등이 한층 더 심화되고 의료의 질에 대한 국민들의 불만이 최고조에 다다르고 있다.

반면, 시민사회 역량의 성장은 의료 산업화 경향을 내포할 수밖에 없는 사익 추구적 보건의료 체계의 새로운 도전으로 작용하고 있다. 서비스 부문의 저임금 구조화를 통한 재생산 비용의 억제 전략은 보건의료 서비스 분야에서 더는 녹록지 않다. 플랫폼 노동의 비중이 커지면서 과거와 같은 고용 관계에 기초한 임금정책을 넘어 기본소득 등과 같은 사회보장 및 사회복지 체계의 전면적 혁신을 요구하는 목소리도 커지고 있다. 이렇듯 새로운 접근 전략이 요구되는 시점에서 이중 노동시장의 한계와 차별의 구조를 유지하는 방식으로 재생산 비용을 억제하려는 전략은 과거의 유물로 남을 가능성이 커진다. 더욱이 전 세계적으로 자본의 역학 관계가 빠르게 변하고 있고 생산성 격차가 빠르게 좁혀지고 있는 상황에서, 새로운 사회경제 구조에 적합한 보건의료 체계에 대한 혁신 요구는 훨씬 커질 것으로 예상된다.

2) 사익 추구적 보건의료 체계의 위기 심화

해방 이후 한국 보건의료 체계는 결핵 등과 같은 일부 공중 보건 영역을 제외하면 대다수 의료 서비스가 시장 기전(메커니즘)을 통해 공급되는 체계의 구축 과정이라고 할 수 있다. 1989년 전 국민 의료보험의 등장과 건강보험 통합 등을 거치면서 의료 서비스의 공급에 필요한 재원의 상당 부분을 공공 부문에서 조달하게 되었으나, 여전히 의료 서비스의 80~90%는 시장 기전을 통해 공급되고 있다(김창엽 2019). 병상 기준으로 공공 병원의 비중이 10% 내외에 불과하다는 사실로 확인할 수 있듯, 공공 부문에 대한 정부 투자가 이루어지지 않았기 때문에 주로 공공성이 취약한 민간 기관에 의해 서비스의 공급이 이루어져 왔다(임준 외 2019). 그 결과 예방보다는 치료, 일차의료기관의 외래 서비스보다는 상급 종합병원의 입원 서

표 1. OECD 국가의 인구 1,000명당 급성기 병상 수

	2010	2011	2012	2013	2014	2015	2016	2017	2018
캐나다	2.09	2.10	2.10	2.07	2.06	2.02	2.01	1.97	2.00
덴마크	3.44	3.07	–	3.00	2.62	2.46	2.52	2.54	2.36
핀란드	3.38	3.30	3.25	3.12	3.09	3.05	2.94	2.8	2.84
프랑스	3.46	3.43	3.39	3.34	3.27	3.21	3.15	3.09	3.04
독일	6.15	6.25	6.24	6.21	6.18	6.11	6.06	6.02	–
이탈리아	3.03	2.93	2.84	2.75	2.65	2.64	2.62	2.62	2.59
일본	8.09	8.01	7.99	7.96	7.88	7.85	7.82	7.79	7.78
한국	6.41	6.77	7.00	7.06	7.29	7.02	7.10	7.14	7.08
네덜란드	2.85	2.79	3.65	3.61	–	3.04	3.00	2.78	2.69
스페인	2.49	2.43	2.38	2.36	2.37	2.41	2.39	2.5	2.50
스웨덴	2.50	2.48	2.46	2.4	2.35	2.26	2.15	2.04	1.97
미국	2.66	2.6	2.57	2.54	2.49	2.46	2.44	2.49	–

자료: OECD(2020).

비스를 중심으로 한 서비스 공급이 주를 이루게 되었고, 서비스의 연계와 조정보다는 경쟁이 일상화된 보건의료 체계를 갖췄으며, 그 결과로 많은 부정적 현상이 발생했다.

　사익 추구적 보건의료 체계에 따라 많은 병리 현상들이 나타나고 있다. 고가 의료 장비의 보유에서는 이미 세계 최고 수준을 달성했다. 급성기 병상을 포함한 병상 역시 OECD 국가 중 일본 다음으로 높고, 유일하게 한국만 증가하고 있다(OECD 2020). 또한 이런 병상 증가는 대형 병원에 국한된 현상이 아니라 모든 병원에 해당하며, 오히려 소규모 병원의 병상 증가가 더 빠르게 일어나고 있다. 이런 소규모 병원의 병상 증가는 의원과 병원의 기능 재정립을 어렵게 만들고, 의료 기관에 대한 적정 수가 책정을 어렵게 만든다.

또한 적정 병상 규모 병원의 서비스 생산 비용을 기준으로 수가를 책정할 때에 규모가 작은 병원의 손실은 불가피해질 수밖에 없고, 이는 비정상적인 방식으로 진료 강도를 강화하는 기제로 작동하고 있다. 더욱이 의료 취약지에 역량을 갖춘 종합병원이 없는 상태에서 해당 지역에 소규모 병원만 많이 분포하고 있어 의료 취약지에서 중등도 이상의 필수 의료 서비스를 제공하는 것이 불가능한 실정이다.

또한 사익 추구적 보건의료 체계에 따라 시장을 통한 의료 기관 간 경쟁이 강화되면서 수요가 많은 수도권에 상급 병상이 집중되는 현상이 발생하고 있다. 실제 배출된 의사와 간호사 등 보건의료 인력 역시 수도권에 집중되어 있어 분포의 불균형이 심각한 상황이다 (임준·한진옥 2017). 의료 전달 체계도 제대로 작동하지 않아 의원과 병원이 경쟁하는 비효율적인 공급 구조를 갖는다. 이런 체계에서는 환자의 선택이 효율성과 의료의 질을 떨어뜨리는 방향으로 작동할 가능성이 크다. 의료 기관 역시 법률적으로 규제의 틀 안에 있지만 실제 규제는 작동하지 않고, 의료 기관은 시장에서 영리를 추구하는 공급자의 행태를 취하고 있다. 행위별 수가 제도는 낮은 수가 수준과 결합해 진료 강도의 비정상적인 증가를 낳고 있다. 이처럼 보건의료 체계가 사익 추구적 성격이 강해 그 결과로 수술, 검사, 약품의 사용이 적정 수준 이상으로 사용되고 있다는 비판이 존재한다 (김명희 외 2010).

궁극적으로 사익 추구적 보건의료 체계는 의료비의 가파른 증가를 유발한다. 서비스의 연계와 조정보다 경쟁이 지배하는 상황에

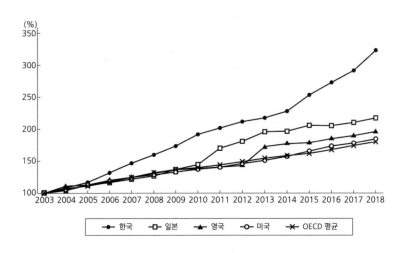

그림 1. 국민 일인당 의료비 증가율

서 불필요한 서비스의 과잉 공급은 의료비 상승을 밀어붙이는 핵심적 기제로 작용한다. 특히, 공공적인 재원 조달 체계와 시장 중심의 서비스 공급 체계 간 부조화로 자원 배분의 비효율성이 증가하고 의료비 증가가 가속화된다.

사익 추구적 보건의료 체계는 필연적으로 건강 불평등을 유발한다. 보건의료 서비스의 공급이 시장 논리에 따라 이루어지면, 농촌 지역과 같이 구매력이 적은 지역은 필요한 수준보다 공급이 과소로 이루어질 가능성이 크다. 특히 생명과 안전에 관한 필수 의료 분야의 과소 공급이 이루어지면 건강 불평등이 크게 발생할 수밖에 없다. 전국을 의료 이용 양상에 따라 70여 개 중진료권으로 구분한 후 입원 사망비를 분석해 보면 큰 차이가 존재함을 알 수 있는데,

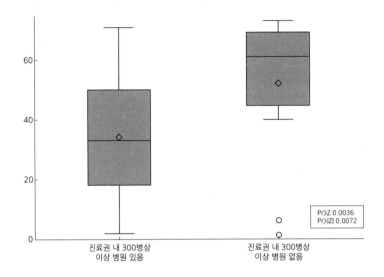

그림 2. 진료권 내 300병상 이상 병원 유무에 따른 입원 사망비(권내) 차이

입원 사망비가 높은 지역은 주로 농어촌 지역으로 300병상급 종합 병원이 없어 응급 상황에 대한 대처 능력이 부족한 지역임을 알 수 있다(조희숙 외 2018).

이처럼 한국은 선진 외국과 달리 병상 규모에 따라 입원 사망비 의 차이를 보이는 것으로 알려져 있다(정태경·강성홍 2013). 선진 외 국의 경우는 병상 규모가 다르더라도 필수 의료 서비스 인력에 차 이가 크지 않다. 하지만 한국은 고령화에 따른 서비스의 필요도가 높은데도 시장 논리에 의해 구매력이 적은 농어촌 지역에는 제대로 된 종합병원이 공급되지 못하고 규모가 작은 병원만 공급되며, 그 나마도 인력이 과소 공급되어 건강 불평등이 발생한다.

물론, 보건의료 문제가 해결된다고 해서 건강 불평등 문제가 완전히 해결되지는 않는다. 보건의료 서비스의 접근성이 해소되더라도 사회경제적 위치가 다르면 건강 수준의 차이가 발생한다. 국내 건강 불평등 연구에서도 직업·교육·소득수준으로 측정한 사회경제적 위치가 낮을수록 사망 수준이 높다는 연구 결과를 일관되게 보고하고 있다. 특히, 손상 등 회피 가능한 사인일수록 이런 사회경제적 불평등이 더욱 분명한 것으로 알려져 있다(Song and Byeon 2000). 그러나 생명과 안전에 관한 필수 의료에 접근할 권리는 사회 구성원이라면 누구나 누려야 할 보편적 권리라는 점에서 필수 의료 서비스의 공급 차이로 발생하는 건강 불평등은 반드시 해소되어야 한다.

결론적으로 한국 사회경제 구조의 변화에 따라 보건의료 체계의 개혁 요구가 커지고 있음에도 신자유주의 체제하에서 총자본에 강력한 영향력을 행사하고 있는 사익 추구적 보건의료 체계는 지속적인 갈등 요인으로 작용하고 있다. 사익 추구적 보건의료 체계의 근저에 작용하고 있는 민간 의료보험과 제약 자본, 그리고 수도권 대형 병원의 주도성은 한국 사회경제의 불안정성을 심화하는 요인으로 작용할 수밖에 없다. 비의사 직군으로 노동비용을 전가하고 여성 노동, 비수도권 노동, 사적 돌봄 노동으로 총 노동비용을 줄이려는 시도가 지속되고 있지만, 수도권 대형 병원 주도의 과잉투자, 과잉 진료 등에 따른 의료비 상승 압박이 훨씬 더 크다. 코로나-19로 확인되었듯이 공중 보건 위기에 무력한 기존 시스템의 불안감도 커지고 있다. 건강 불평등이 커지고 있는 상황에서 공공 의료의 취약성이 사회적 핵심 의제로 등장하고 있다. 이제 사익 추구적 보건의료 체계에 대한 전면적 개편이 당연시되는 상황이 전개되고 있다. 치료 중심의 사익 추구적 보건의료 체계로는 인구 고령화에 따른 만성질환의 증가와 사회적 돌봄 필요성의 증가에 대응하기 어렵다는 점에서도 새로운 변화를 갈망하는 목소리가 커지고 있다.

3. 보건의료 및 건강 현황

1) 건강 불평등의 심화

(1) 지역 간 건강 불평등

1997년 IMF 외환 위기와 2008년 글로벌 금융 위기를 겪으면서 사회 양극화 문제가 우리 사회의 주요 정책 의제가 되었고, 이와 맞물려 건강 불평등에 대한 사회적 관심도 증대되었다. 건강 불평등에 관한 연구가 1997년과 2008년을 기준으로 양적인 증가를 보이는 것도 이와 무관하지 않다. 그러나 이런 관심의 증가에도 불구하고 우리 사회의 건강 불평등 문제는 여전히 해결의 실마리를 찾지 못하고 있다. 특히, 지역 간 건강 불평등 문제는 지역 소멸과 맞물려 우리 사회의 중요한 화두가 되고 있다. 2018년 기준으로 시·도의 인구 10만 명당 표준화 사망률을 보면, 서울, 경기 등 수도권이

표 2. 시·도(세종 제외)의 연도별 인구 10만 명당 표준화 사망률

	2000	2005	2010	2011	2012	2013	2014	2015	2016	2017	2018
서울	527.0	435.7	357.3	344.8	339.7	328.3	314.3	306.6	298.4	280.7	283.3
부산	646.3	548.1	454.7	433.6	429.7	401.0	383.8	375.1	362.9	350.0	350.8
인천	627.0	518.5	429.2	420.0	397.4	382.0	365.8	360.5	354.6	339.2	332.7
대구	617.0	515.4	422.0	413.9	401.3	382.0	371.5	351.6	348.8	332.9	339.4
광주	588.6	495.6	429.0	411.1	407.2	387.4	371.2	375.4	349.9	346.3	338.0
대전	600.8	477.4	406.9	389.2	382.0	363.6	341.0	346.4	329.4	315.3	316.2
울산	659.8	549.2	446.5	435.7	422.4	424.3	387.7	383.9	366.9	343.9	355.3
경기	605.5	487.3	398.0	380.5	376.7	356.3	339.5	328.7	321.8	310.1	306.8
강원	671.1	549.4	456.6	429.1	429.6	402.2	391.0	379.7	368.8	353.1	347.9
충북	690.9	550.4	446.3	442.8	432.0	409.2	383.6	381.8	372.5	359.7	352.6
충남	679.2	533.5	431.3	409.7	406.7	384.6	376.4	362.5	347.1	348.9	344.3
전북	660.9	530.7	435.3	416.2	412.8	387.9	374.3	359.5	350.1	341.7	330.0
전남	697.0	546.2	454.2	435.3	436.0	410.9	386.7	380.1	366.1	353.3	348.3
경북	686.5	549.0	452.6	438.0	424.7	399.2	380.4	377.7	360.0	348.9	348.5
경남	710.0	566.0	451.1	432.3	424.6	397.6	384.6	381.8	364.4	350.2	349.7
제주	583.2	472.6	390.1	372.6	383.3	370.6	348.6	331.4	331.5	327.8	326.1

자료: 통계청(2020).

낮고, 비수도권이 전반적으로 높다. 사망률이 높은 울산과 경남을 서울과 비교해 보면, 울산은 서울보다 건강 수준이 좋지 않아 매년 700명 이상의 초과 사망이 발생하고, 경남은 2000명 이상의 초과 사망이 발생하고 있다.

응급 의료 체계 구축 정도에 따라 사망률의 차이를 시·도별로 살펴보더라도 수도권과 비수도권의 차이를 현격하게 확인할 수 있다. 서울, 경기 등 수도권과 비수도권의 중증 외상 환자 응급 진료 사망률 간의 격차 역시 크게 발생하고 있다. 이런 경향은 심근경색 환자 및 뇌혈관 질환 응급 진료 사망률에서도 동일하게 나타나고

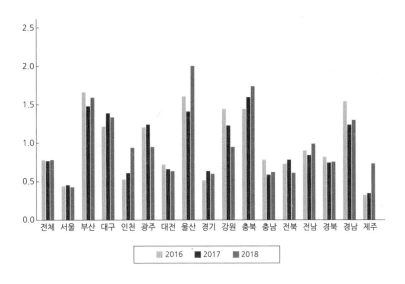

그림 3. 시·도의 연도별 중증 외상 환자(2015년 ICISS) 응급 진료 사망률

자료: 통계청(2020).

있다.

이런 격차는 시·도에만 있는 것이 아니라 그 내부에서도 나타나는데, 특히 도시지역의 격차가 더 크다. 구·시·군 간 사망률의 격차는 빠르게 줄어드는 양상을 보이지만, 구·시·군 지역 내 사망률의 격차는 그 정도로 줄어들지 않고 있을 뿐만 아니라 구와 시 지역의 사망률 격차가 군 지역보다 큰 상황이다. 결국 지역 간 건강 격차는 수도권과 비수도권, 광역시와 광역도 간의 차이뿐만 아니라 대도시 내의 격차 증가를 내포하고 있음을 확인할 수 있다.

응급·외상·심뇌혈관 질환에 따른 사망과 같이 보건의료 인프라

표 3. 구·시·군의 연도별 10만 명당 표준화 사망률

		2000	2005	2010	2011	2012	2013	2014	2015	2016	2017	2018
구	최대	751.3	604.4	532.7	493.6	502.9	471.1	452.9	446.7	427.3	405.4	397.0
	중위	592.0	500.4	420.5	402.5	397.0	375.3	359.2	351.8	342.2	330.0	330.8
	최소	427.6	342.1	274.8	254.5	257.1	255.1	242.2	236.1	238.0	227.4	223.2
시	최대	813.0	688.2	552.6	580.2	538.2	451.4	464.8	432.4	426.4	416.6	414.9
	중위	674.5	541.8	440.8	419.2	416.5	395.0	379.8	362.1	354.1	346.9	341.2
	최소	437.0	354.4	278.3	253.3	275.1	231.0	246.9	253.3	236.5	243.5	247.6
군	최대	887.0	667.9	549.2	537.6	540.5	520.7	477.3	501.7	470.9	425.8	417.1
	중위	734.3	578.2	477.1	456.4	452.0	417.5	402.9	396.7	380.1	363.1	358.1
	최소	613.5	408.1	391.4	357.4	292.6	288.0	339.2	299.1	269.7	281.9	304.9

자료: 통계청(2020).

의 부족으로 발생하는 사망, 즉 치료 가능 사망률의 격차는 줄지 않고 있다. 전국을 최소 15만 명 이상의 배후 진료권을 갖고 있고, 시, 도의 행정 단위를 유지하면서 의료 이용 양상이 유사한 시·군·구 지역을 묶어 70개 중진료권으로 구성하고 치료 가능 사망률을 분석해 보면, 그 격차가 오히려 증가하는 양상을 보이고 있다. OECD에서 정의하는 치료 가능 사망률의 범주에 암 질환이 포함되어 있고 암 질환의 경우 빠르게 격차가 줄어들고 있음을 감안할 때, 적정한 치료가 중요한 응급 질환에 의한 사망률은 격차는 오히려 더 커지고 있다고 할 수 있다.

지역 간 건강 불평등은 성과 연령을 표준화한 유병률에서도 확인할 수 있는데, 국민건강영양조사 자료에 근거해 고혈압·당뇨병·고지혈증의 동 지역과 읍·면 지역 간 유병률 차이를 분석해 보면, 읍·면 지역의 유병률이 동 지역에 비해 높을 뿐만 아니라 그 차이가

그림 4. 중진료권의 연도별 10만 명당 치료 가능 표준화 사망률

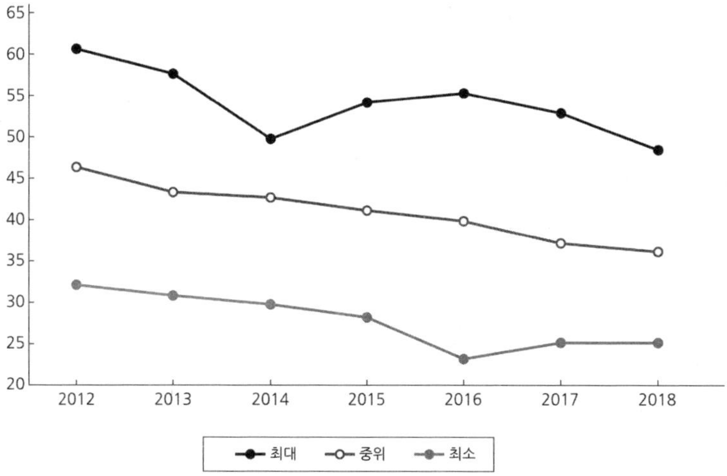

자료: 통계청(2020).

지속적으로 증가하는 양상을 보이고 있다.

(2) 계층 간 건강 불평등과 빈곤의 악순환

지역의 건강 격차가 발생하는 데에는 보건의료 자원의 불균등 분포와 의료 이용의 격차라는 보건의료 요인만 존재하는 것이 아니다. 이는 사회경제적 요인을 포함한 다양한 요인이 중층적으로 작용한 결과라 할 수 있다. 따라서 지역의 건강 격차가 발생하는 데에 지역 내 계층 간 불평등에 의한 건강 격차 문제를 함께 살펴볼 필요가 있다. 또한 지역의 의료 이용을 결정하는 요인으로 의료 자원의

표 4. 동, 읍·면의 연도별 만성질환 유병률(성, 연령 표준화)

		2008	2009	2010	2011	2012	2013	2014	2015	2016	2017	2018
고혈압	동	26.1	26.9	27.4	28.5	29.0	27.3	25.6	27.4	29.1	26.7	27.6
	읍·면	26.4	24.2	25.3	29.2	29.0	27.4	24.4	30.9	29.2	28.2	32.2
당뇨병	동	10.2	10.0	10.1	9.4	9.0	11.3	10.5	9.5	10.7	10.4	10.2
	읍·면	8.2	8.6	9.1	11.1	9.6	10.0	9.2	9.5	14.8	11.3	11.6
뇌졸중	동	1.8	1.5	1.4	1.8	1.5	2.1	1.7	1.8	1.7	1.8	1.7
	읍·면	2.0	2.0	1.1	1.4	0.7	2.6	1.5	1.2	1.6	2.1	2.5
만성 콩팥병	동	4.0	2.9	3.1	3.3	3.2	4.0	3.1	3.4	3.6	2.8	2.3
	읍·면	2.9	2.2	2.3	3.3	2.8	3.5	2.4	3.3	4.2	3.5	2.6
비만	동	30.7	31.2	30.7	31.1	31.5	31.3	30.5	32.4	33.5	33.6	34.2
	읍·면	31.6	33.3	31.8	34.3	37.6	33.5	33.3	37.4	42.9	38.8	37.2
천식	동	2.8	2.7	3.4	3.0	2.9	2.8	3.1	3.1	2.3	2.9	3.1
	읍·면	2.5	2.9	1.9	2.6	2.1	2.9	1.9	2.7	3.7	4.6	4.5

자료: 통계청(2020).

접근성뿐만 아니라 건강 결정 요인이 영향을 미친다는 점에서 함께 분석할 필요가 있다. 한국건강형평성학회(2019)에서 분석한 결과를 보면, 광역시·도 내 상위 20%와 하위 20% 간 기대 수명의 격차가 많게는 7.6년까지 나는 것을 알 수 있다. 또한 전반적으로 서울 및 광역시가 광역도에 비해 계층 간 기대 수명의 차이가 작은 것으로 나타났다. 이런 차이의 발생은 물리적인 의료 자원의 접근성 차이뿐만 아니라 사회경제적 위치에 따른 건강 결정 요인의 차이 역시 원인으로 작용한다. 그리고 도 지역일수록 건강에 긍정적 영향을 미치는 제반 요인 등이 불충분하다는 것을 의미한다.

한국은 1997년 IMF 외환 위기와 2008년 글로벌 금융 위기를 겪으면서 사회 양극화 문제가 주요 정책 의제가 되었고, 이와 맞물려 건강 불평등에 대한 사회적 관심도 증대되었다. 건강 불평등에 관한 연구가 1997년과 2008년을 기준으로 양적인 증가를 보이고 있는 것도 이와 무관하지 않다. 그러나 이런 관심의 증가에도 불구하고 우리 사회의 건강 불평등 문제는 여전히 해결되지 않고 있다.

기존의 국외 연구들에서는 개인적인 요인뿐만 아니라 지역의 사회경제적 상황이 개인의 건강 격차에 영향을 미친다는 것이 여러 차례 증명되었다(Wilkinson 1992; Kennedy et al. 1996; Kawachi et al. 1997; Adler and Ostrove 1999; Robert 1999; Cohen et al. 2003). 그에 비해 국내 연구는 주로 개인에게 초점을 맞춰 성별, 연령 등의 인구학적 요인이나 사회경제적 요인을 중심으로 진행되었다(이미숙 2007; 고수정 2010; 정혜주·Carles 2011). 이런 국내 연구들은 직업·교육·소득수준으로 측정한 사회경제적 위치가 낮을수록 사망 수준이 높다는 결과를 일관되게 보고하고 있다. 노동 패널 자료를 이용한 연구에 따르면, 성인기의 사회경제적 위치를 보정하고도 아버지의 학력 수준으로 측정한 아동기의 사회경제적 위치에 따라 뚜렷한 사망률의 기울기를 관찰할 수 있다(Kang 2006). 김동진 외(2017)의 연구에 의하면, 학력에 따라 자살에 의한 사망 위험도가 큰 것으로 나타났고, 건강 행태와 만성질환의 진단 경험률 등에서 유의미한 차이가 발생하고 있다.

한편 만성질환의 주요 원인으로 지목받고 있는 건강 생활 습관에서도 사회경제적 위치에 따른 불평등을 확인할 수 있다. 대표적 건강 행태라 할 수 있는 흡연만 보더라도 학력 수준에 따라 일관된 역관계를 보이고 있고, 젊은 연령층에서 더 격차가 벌어지고 있음을 확인할 수 있다. 개인뿐만 아니라 지역의 사회경제적 위치에 따른 사망 수준의 격차도 확인되고 있는데, 어린이가 출생한 지역(시·군·구)이 빈곤할수록 농촌 지역일수록 어린이의 손상 사망률이 높았고, 읍·면·동 기준의 소지역별 표준 사망비를 산출해 보면 서울시의 소지역별 표준 사망비 평균이 가장 낮은 반면 경남이 가장 높은 것으로 나타났다(김명희 외 2007).

2) 자원의 지역 간 불균형

(1) 보건의료 인프라의 지역 간 불균형 심화

서비스의 공급이 필요가 아닌 구매력에 의해 결정되는 사익 추구적 보건의료 체계에서 보건의료 자원의 지역 간 불균형은 당연한 귀결일 것이다. 특히, 건강보험 재정의 상당 부분을 점유하고 있는 상급 종합병원일수록 수도권과 대도시 쏠림 현상이 크다. 시·도별 인구 10만 명당 상급 종합병원 병상 수 분포를 보면, 서울이 가장 많고, 대구, 인천, 대전 순서로 많은 것을 확인할 수 있다. 반면, 도 지역의 경우는 제주와 경북에 상급 종합병원이 없고, 경기, 전남이 다른 지역에 비해 적다. 물론 울산도 상급 종합병원이 없지만, 이는 상급 종합병원의 자격 조건을 충족하지 못해 탈락한 결과이므로 예외적인 상황이라고 할 수 있다. 그렇지만 상급 종합병원을 포함한 종합병원 이상의 병상 수를 보면 지역적 격차가 크지 않음을 알 수 있다. 도 지역의 경우에는 대형 병원보다 중소 병원의 비중이 크기

표 5. 시·도(세종 제외)의 연도별 10만 명당 상급 종합병원 및 종합병원 이상 병상 수

	2015		2016		2017		2018		2019	
	상급 종합	종합 이상	상급 종합	종합 이상	상급 종합	종합 이상	상급 종합	종합 이상	상급 종합	종합 이상
서울	159.6	295.3	162.3	298.4	163.2	301.6	157.3	306.6	157.3	309.3
부산	101.7	340.0	102.1	343.1	104.0	348.2	96.3	340.5	100.9	349.9
인천	109.9	295.8	110.9	288.8	110.1	296.0	113.5	300.2	115.6	303.9
대구	107.3	208.8	107.7	209.5	108.7	208.1	127.6	225.7	128.0	231.9
광주	100.9	460.0	99.6	460.8	107.5	468.6	110.1	476.1	110.6	492.1
대전	78.8	334.7	79.4	334.1	79.1	335.5	79.6	328.2	80.3	326.2
울산	68.6	224.2	70.5	225.5	73.0	242.0	0.0	245.7	0.0	250.2
경기	35.3	175.6	34.7	177.8	34.2	176.0	34.1	180.6	33.7	175.9
강원	45.5	290.3	44.8	298.8	44.8	295.5	44.9	300.3	44.6	296.6
충북	34.9	254.7	37.6	254.4	42.7	256.8	41.9	266.1	41.3	259.2
충남	71.4	206.0	70.5	204.6	70.7	209.5	70.0	211.1	70.0	222.7
전북	86.5	257.6	89.3	286.4	90.3	289.2	89.1	292.6	92.1	300.6
전남	33.7	343.8	33.7	363.7	33.5	346.6	33.8	366.4	34.0	361.5
경북	0.0	235.8	0.0	227.7	0.0	243.7	0.0	243.1	0.0	244.1
경남	54.4	248.0	55.4	256.2	54.9	257.7	54.5	258.2	54.4	263.9
제주	0.0	335.8	0.0	312.9	0.0	304.0	0.0	307.2	0.0	297.7

주: 종합 이상은 상급 종합병원과 종합병원 병상 수를 합친 병상 수.
자료: 통계청(2020).

때문이라고 할 수 있는데, 특징적인 것은 서울의 병상 수보다 많은 시·도가 적지 않다는 것이다.

그런데 300병상 이상의 종합병원 이상 병상 수를 보면 상급 종합 병상 수 분포와 유사함을 알 수 있다. 대전과 부산을 제외하면 서울이 타 시·도에 비해 많음을 확인할 수 있다. 이를 통해 종합병원의 경우도 광역도는 300병상이 채 되지 않은 작은 규모의 병원이 주를 이루고 있음을 유추할 수 있다. 일반적으로 병상 규모가 작은

표 6. 시·도(세종 제외)의 연도별 10만 명당 300병상 이상 종합병원 이상 병상 수

	2015	2016	2017	2018	2019
서울	243.3	241.1	242.2	240.9	255.5
부산	264.3	260.4	262.6	245.6	271.2
인천	215.5	213.5	214.2	203.6	194.2
대구	178.0	178.6	177.8	174.6	174.0
광주	235.5	233.4	242.4	245.3	246.1
대전	272.3	270.0	269.0	261.4	274.8
울산	116.0	118.2	120.7	118.3	119.0
경기	127.3	120.6	122.1	123.9	123.4
강원	192.4	198.1	180.1	180.9	178.7
충북	183.4	183.4	187.9	165.4	158.7
충남	106.8	105.1	120.1	106.7	126.2
전북	142.9	173.3	175.2	174.0	179.4
전남	162.0	180.5	161.7	165.8	168.6
경북	145.0	137.4	155.4	138.6	128.3
경남	123.6	133.1	134.3	135.9	134.5
제주	168.0	163.2	158.7	157.5	197.6

주: 상급 종합병원과 종합병원 병상 수를 합친 병상 수.
자료: 통계청(2020).

병원은 충분한 의사, 간호사 등의 의료 인력을 확보하지 못한 경우가 많아 중증도가 높은 진료를 수행하지 못하는 경우가 일반적이다. 결국 적정 규모의 종합병원을 확보하지 못한 지역은 지역 내에서 자체 충족적인 진료를 수행하기 어려워 환자들이 타 지역으로 빠져나가게 된다. 그 과정에서 시간 의존성이 강한 질환이나 이동의 제약이 존재하는 계층의 경우 적시에 의료 서비스를 이용하지 못해 건강 격차가 벌어지게 된다. 실제 앞서 살펴본 바와 같이 300병상 이상 종합병원 이상이 없는 지역의 치료 가능 사망률과 입원

표 7. 구·시·군 중진료권의 연도별 10만 명당 300병상 이상 종합병원 이상 병상 수

		2015	2016	2017	2018	2019
구	최대	753.0	754.3	747.9	787.5	813.2
	중위	180.0	185.2	192.5	203.3	185.5
	최소	65.0	58.8	55.0	79.7	71.4
시	최대	962.1	928.4	830.5	829.3	831.5
	중위	166.9	181.7	158.0	160.7	146.3
	최소	48.5	61.5	61.7	68.7	45.2
군	최대	438.4	933.2	944.0	975.0	987.5
	중위	0.0	0.0	0.0	0.0	0.0
	최소	0.0	0.0	313.1	0.0	0.0
진료권	최대	962.1	933.2	944.0	975.0	987.5
	중위	191.7	213.4	212.8	200.9	195.3
	최소	68.8	77.5	76.0	76.7	73.0

자료: 통계청(2020).

사망비가 높다. 더욱이 이런 경향이 점차 강화되고 있어 심각한 문제이다. 제주를 제외하면 대부분의 광역도는 병상 수가 늘지 않고 오히려 줄어드는 양상을 보이는 반면, 서울 등 광역시는 증가하는 경향을 보인다.

구·시·군 중진료권 지역의 300병상 이상 종합병원 이상의 병상 수 현황을 보면 그 격차가 더 확연하게 나타난다. 군의 300병상 이상 종합병원 병상 수 중위 지역은 해당하는 병원이 없는 것으로 나타났다. 이는 인구수가 적은 군 지역은 구매력이 크지 않아서 규모가 큰 민간 병원이 들어오지 않을 뿐만 아니라 공공 부문조차도 적자가 발생한다는 이유로 규모가 큰 공공 병원이 설립되지 않기 때문일 것이다. 그 결과 규모가 작은 민간 병원이나 공공 병원만 존재

표 8. 시·도(세종 제외)의 연도별 10만 명당 의사 및 간호사 수

	2015		2016		2017		2018		2019	
	의사 수	간호사 수	의사 수	간호사 수	의사 수	간호사 수	의사 수	간호사 수	의사 수	간호사 수
서울	169.8	319.8	171.3	375.0	172.4	383.3	175.5	400.0	178.7	447.5
부산	117.2	306.9	118.1	346.2	118.1	357.2	121.0	373.8	123.4	422.2
인천	91.7	238.1	93.5	288.3	98.0	311.6	103.0	341.2	105.8	386.3
대구	104.9	247.1	106.1	271.7	104.2	273.2	106.8	283.0	108.1	347.8
광주	130.2	343.4	136.6	365.3	135.3	379.0	137.4	398.1	141.5	460.9
대전	117.6	248.1	118.9	291.2	124.2	306.0	129.1	317.9	133.2	378.0
울산	67.8	210.4	71.9	243.2	73.3	252.2	73.6	257.7	75.8	312.1
경기	72.7	158.1	74.1	193.5	74.1	196.4	75.0	205.0	75.7	219.5
강원	93.3	231.6	95.0	250.1	97.0	260.7	99.2	271.8	101.0	302.0
충북	68.0	162.3	69.2	174.2	67.6	175.6	69.0	183.0	69.5	206.6
충남	57.0	132.6	59.7	151.2	59.9	148.6	59.8	150.2	60.7	177.3
전북	84.8	208.5	86.0	238.0	87.8	248.0	88.4	264.0	90.7	279.3
전남	71.7	255.9	74.9	275.7	73.5	266.2	73.8	283.0	75.2	307.7
경북	50.9	173.9	52.3	198.1	52.4	202.1	53.3	204.3	53.5	227.2
경남	73.1	210.1	78.6	251.9	77.2	252.0	78.3	263.8	80.4	291.0
제주	84.7	260.2	81.4	270.4	81.4	273.9	80.3	279.0	82.4	294.7

자료: 통계청(2020).

하게 되는데, 그 과정에서 중등도 이상의 질환에 대한 대응이 불가
능하게 된다. 결국 환자들은 타 지역으로 빠져나가게 되고 건강 격
차가 발생한다.

자원의 불균형은 의료 인력에서도 확인할 수 있다. 특히, 의사
인력의 서울 쏠림 현상이 매우 크다는 것을 확인할 수 있다. 서울의
의사 인력은 가장 적은 경북 지역에 비해 3배 이상 많았다. 그리고
시간이 갈수록 그 격차는 점차 커지는 것으로 나타났다. 간호사 역
시 마찬가지인데, 서울 등 광역시가 광역도에 비해 2배 이상 많고,
시간이 갈수록 광역시와 광역도 간 격차가 커지고 있는 것으로 나

표 9. 구·시·군 중진료권 지역의 연도별 10만 명당 의사 및 간호사 수

		2015		2016		2017		2018		2019	
		의사 수	간호사 수	의사 수	간호사 수	의사 수	간호사 수	의사 수	간호사 수	의사 수	간호사 수
구	최대	1341.9	2227.4	1352.4	2780.3	1365.9	2906.7	1358.9	3008.1	1285.1	3350.1
	중위	79.3	225.3	81.8	258.6	85.2	273.5	89.6	286.8	90.7	317.5
	최소	4.1	18.1	3.9	18.4	5.0	20.9	6.4	23.2	6.1	18.4
시	최대	161.1	491.0	163.9	511.6	164.3	525.7	170.7	540.5	175.0	591.8
	중위	42.8	133.8	44.3	152.3	45.0	146.9	47.2	158.1	47.1	159.6
	최소	2.8	2.4	2.5	2.9	1.9	2.3	10.6	18.9	0.0	13.7
군	최대	341.7	826.1	408.9	833.0	427.6	836.7	425.4	904.1	428.6	1144.9
	중위	24.1	55.6	23.8	50.8	24.1	50.4	27.4	65.6	25.4	60.1
	최소	0.0	0.0	0.0	0.0	0.0	0.0	3.3	9.3	0.0	0.0
중진료권	최대	259.5	453.4	255.5	528.3	246.7	540.5	244.5	564.6	253.2	625.1
	중위	68.0	183.0	67.8	210.9	70.0	225.9	70.5	213.4	71.8	246.5
	최소	2.8	2.4	2.5	2.9	1.9	2.3	19.3	47.6	5.1	18.5

자료: 통계청(2020).

타났다.

구·시·군 지역의 의사 및 간호사 분포를 보면 그 격차를 확연하게 확인할 수 있다. 구·시·군의 인력 수 중위 지역만 보더라도 구 지역은 군 지역에 비해 3배 이상 의사 수가 많고, 간호사는 5배 이상 많으며, 그 격차가 커지고 있다.

(2) 공공 보건의료 인프라 부족

2019년 12월 말 기준으로 공공 의료 기관은 국립중앙의료원 1개소, 국립대학 병원 및 분원 23개소, 지방 의료원 및 분원 36개소 등 일반 진료 중심의 공공 병원은 63개소이고, 국립암센터 1개소, 국립결핵병원 2개소, 국립정신병원 5개소 등 특수 질환 중심의 공

표 10. 시·도(세종 제외)별 공공 의료 기관 현황 및 비율
: 2019년 12월 31일 기준

단위: 개, %

구분	병원급 이상 의료 기관 수			병상 수			인구 1,000명당 병상 수
	전체	공공	공공 비율	전체	공공	공공 비율	
전국	4,034	221	5.5	640,746	61,779	9.6	1.19
서울	527	21	4.0	76,964	7,952	10.3	0.82
부산	395	10	2.5	65,632	3,957	6.0	1.16
대구	213	9	4.2	35,220	3,640	10.3	1.49
인천	194	8	4.1	29,898	1,338	4.5	0.45
광주	269	8	3.0	37,786	2,678	7.1	1.84
대전	125	7	6.4	20,699	2,958	14.3	2.01
울산	100	1	1.0	14,308	–	–	–
경기	791	30	3.5	118,856	8,504	7.2	0.64
강원	99	20	19.2	15,467	3,618	23.4	2.35
충북	110	10	9.1	18,858	2,815	14.9	1.76
충남	169	14	7.1	25,467	3,451	13.6	1.62
전북	208	12	6.3	36,223	3,458	9.5	1.90
전남	225	22	9.8	39,281	5,159	13.1	2.76
경북	232	24	10.3	41,328	4,481	10.8	1.68
경남	343	22	6.4	59,235	6,340	10.7	1.89
제주	24	5	20.8	4,452	1,430	32.1	2.13

자료: 국립중앙의료원(2020).

공 병원이 39개소, 경찰병원, 국군 병원 등 특수 대상 중심의 공공 병원이 36개소, 시·도립 노인 병원 83개소 등 총 221개 기관이 존재한다(통계청 2020). 공공 보건의료 기관의 비중은 기관 수로 5.5%, 병상 수로 9.6%에 불과한 실정이다.

　만약 민간 의료 기관 중 공공적 역할을 수행하는 병원이 존재한다면 공공 의료 기관의 비중이 낮다고 하더라도 공공 의료의 역할을 충분히 수행할 수 있겠지만, 실제로 민간 의료 기관 중 공공적 역할을 수행하는 기관은 극히 드물다는 점에서 문제의 심각성이 존재한다. 일부 사립대학 병원을 중심으로 외상·심뇌혈관 질환·암 등 국가 지정 권역 센터를 운영하고 있지만, 기관의 민주적 거버넌스 체계가 없고, 사익 추구적인 경향을 강하게 띠고 있다. 그나마 대학 병원에는 재정 투입 등 공공적 역할 유도를 위한 정부의 노력이 이루어지고 있으나, 지역 거점 역할의 종합병원은 사정이 더 좋지 않다. 지역 거점 역할을 유도하기 위한 정부 차원의 노력이 거의 없고 특별한 정책 수단도 없어서 대다수 종합병원은 수익성 위주의 진료 서비스 제공에 집중하고 있다. 병원급 의료 기관은 더욱더 그런 경향이 크다(김명희 외 2010). OECD 국가들과 비교해 보면 한국의 공공 병상 비율이 얼마나 낮은 수준임을 알 수 있다(OECD 2020).

보건소 등과 같은 공중 보건 기관을 살펴보면, 공중 보건의 특성상 공중 보건의 업무를 정부 등 공공 부문에서 담당해야 한다는 당위성과 공공 의료 기관을 포함한 대다수 의료 기관에서 공중 보건의 역할을 거의 수행하지 않고 있다는 점 등이 더해져, 인구 집단 전체의 예방 및 건강 증진 업무의 대부분은 보건소 등 공중 보건 기관에서 담당하고 있다. 그런데 현재 공중 보건 체계 및 공중 보건 기관은 과거 감염성 질환의 예방 관리 및 모자보건 사업 등 특화된 정부 정책을 수행하기 위한 조직 체계이고, 대부분 시군구에 위치한 보건소 조직이 전부라서 실제 만성질환 중심의 질병 구조 변화, 건강 증진의 필요성 증대 및 건강에 대한 시민적 권리 의식의 성장이라는 시대적 변화를 담지하기 어려운 구조를 갖고 있다. 즉, 인구 집단 전체를 대상으로 한 예방 및 건강 증진을 가능케 하는 실행 단

표 11. OECD 국가(헝가리 제외)의 공공 병상 비중

단위: %

	2009	2010	2011	2012	2013	2014	2015	2016	2017	2018
오스트레일리아	69.5	69.5	69.2	68.4	67.7	67.8	67.1	66.6	–	–
오스트리아	71.5	70.9	70.4	69.7	69.5	69.2	69.2	69.3	69.8	69.5
벨기에	28.9	27.2	27.2	27.1	27.2	26.8	26.2	26.0	25.8	25.9
캐나다	99.3	99.4	99.4	99.4	99.3	99.3	99.3	99.3	99.3	99.3
칠레	78.9	80.6	72.5	76.2	75.4	75.9	74.2	74.0	73.8	76.3
체코	88.0	85.9	85.5	85.3	85.2	85.1	85.1	85.0	84.9	84.7
덴마크	94.9	95.5	94.0		94.6	93.8	93.3	93.6	93.7	93.5
에스토니아	90.2	90.0	89.3	88.0	91.5	92.8	92.6	92.5	92.5	92.3
핀란드	96.0	95.6	95.1	95.4	95.8	96.2	94.5	95.3	95.5	94.8
프랑스	63.7	62.5	62.4	62.2	62.2	62.4	62.1	61.9	61.6	61.5
독일	40.7	40.6	40.6	40.4	40.7	40.7	40.8	40.5	40.7	–
그리스	69.7	68.8	67.2	66.8	65.2	65.3	65.0	65.2	65.2	65.6
아이슬란드	100	100	100	100	100	100	100	100	100	100
이스라엘	71.2	71.1	70.2	70.6	70.1	70.4	70.2	70.1	67.9	67.9
이탈리아	68.2	68.4	68.4	68.5	68.0	67.5	67.6	67.1	66.7	66.6
일본	26.5	26.4	26.3	26.3	26.2	27.2	27.2	27.1	27.2	27.2
한국		13.0	12.4	11.7	10.8	10.7	10.4	10.3	10.2	10.0
라트비아	94.0	93.6	91.3	91.1	90.8	90.2	90.1	90.0	89.9	89.9
리투아니아	99.5	99.2	99.5	99.0	98.9	99.4	99.1	99.2	99.2	99.0
멕시코	69.7	70.8	71.1	71.3	71.7	72.3	72.1	72.5	72.4	72.7
뉴질랜드	81.4	83.2	83.7	83.9	83.7	84.6	84.4	85.5	85.3	84.4
노르웨이	77.1	76.9	79.0	78.6	77.6	76.7	76.6	76.3	76.0	76.0
폴란드	78.7	75.6	73.2	–	–	–	–	–	80.5	80.1
포르투갈	73.2	73.1	72.5	72.0	70.5	70.1	68.9	68.7	68.8	68.1
슬로베니아		98.9	98.9	98.9	98.9	98.9	98.9	98.9	98.9	98.9
스페인	66.5	68.7	68.6	69.0	68.7	68.6	68.7	68.6	68.6	68.2
터키	84.8	84.2	82.1	80.5	79.5	78.7	77.3	76.7	76.3	76.4
영국	100	100	100	100	100	100	100	100	100	100
미국	24.9	24.5	23.6	23.1	22.7	22.5	22.7	22.1	21.5	–

자료: OECD Health Statistics(2020).

위를 갖추지 못했다. 인구 집단 전체의 만성질환 예방 및 건강 증진을 지원하고 관리하기 위해서는 마을 단위, 생활터 단위에서 건강 안전망 역할을 수행할 수 있는 조직이 필요하다.

이런 문제의식 속에서 참여정부에서 도시 보건지소 설치가 제기되어 왔으나 예산 및 인력 문제가 해결되지 않아서 제대로 확충되지 못했다. 지금은 유사한 문제의식의 건강생활지원센터 설치로 이어지고 있으나 그것마저도 별반 확충되지 못한 채 현 상황에 이른다. 이렇듯 시·군·구에 설치·운영되어 있는 보건소 조직으로는 지역사회 요구를 반영하기 어렵고 과거부터 수행해 온 진단 및 기획 업무, 규제 및 행정 업무, 캠페인 및 홍보 활동, 보건소 인근의 일부 주민만 내소해 이루어지는 보건 사업 등에 국한될 수밖에 없고 관할 인구 집단 전체의 생애 주기별·생활터별 요구에 대응한 건강 지원 서비스 등을 제공하기 어렵다. 또한 예방 및 건강 증진 활동은 병원 등과 같은 시설 중심이 아니라 읍·면·동 단위에서 활동하는 공중 보건 인력에 의해 주도적으로 이루어진다는 점에서 현행 공중 보건 체계로 지역사회 요구를 반영한 건강 안전망의 역할을 수행하기가 쉽지 않은 것이 현실이다. 특히, 일차의료기관에서 예방 서비스가 제공되지 않고 치료 중심의 의료 체계로 보건소에 과부하가 걸려 있는 상황이므로 근본적인 변화가 요구된다.

4. 보건의료 패러다임의 전환과 개혁 방향

1) 보건의료 패러다임의 전환

(1) 보건의료 공공성과 공공 보건의료의 개념 재구성

① 시장 실패 대응으로서 공공성

보건의료는 다른 재화나 서비스와 달리 시장 원리가 원활하게 작동하지 않아서 시장 실패가 발생할 가능성이 큰 영역이다. 보건의료에서 시장 실패가 발생하는 원인은 경쟁의 불완전성, 공공재적인 재화의 성격, 외부 효과, 수요 예측의 불확실성, 정보의 비대칭성 등 보건의료의 특성과 관련이 있다(양봉민 외 2015).

먼저, 보건의료 분야는 면허 제도, 의료 기관 개설 허가 등 시장 진입이 자유롭지 못한 특성을 갖고 있다. 또한 보건의료 서비스는 소비를 통해 국민 개인뿐만 아니라 국가 전체에 장기적 편익을 가져다주고 인권을 구성하는 중요한 요소라는 점에서 국가의 책임하에 서비스 제공이 이루어질 필요가 있는 공공재적 특성을 갖고 있는 재화다. 건강-질병 현상의 불확실성 내지 보건의료 수요의 불확실성도 시장을 통한 효율적 자원 배분을 어렵게 만든다. 정보의 비대칭성은 보건의료에서 시장 원리가 제대로 작동하지 않는 가장 근본적 이유에 해당한다.

이런 특성들 때문에 보건의료 서비스를 이용하는 사람들은 자신의 정확한 필요를 알기 어렵다. 보건의료 공급자에 대한 소비자 주권이 성립하기 어려운 이유가 여기에 있다. 따라서 보건의료는 공공적 규제나 조정을 통해 자원의 배분이 이루어지는 것이 당연하게 받아들여지고 보건의료의 공공성 강화를 위한 정부의 개입이 중요하게 다루어지는 영역이다(신영수 외 2017). 지금까지 보건의료 부문에서 사용된 공공성 개념은 이런 시장 실패 영역에 대한 국가 개입을 의미했다고 할 수 있다. 보건의료가 시장 실패가 존재하는 영역이라는 것은 다른 의미로 이야기하면 기본적으로 보건의료의 수요와 공급을 시장에서 해결하고 실패 영역은 국가가 공공 보건의료 기관 등을 통해 해결해야 한다는 것을 의미한다. 민간과 시장 원리로 작동하는 사익 추구적 보건의료 체계에서 발생하는 시장 실패 영역, 즉 취약 계층과 취약 지역에 대해서는 공공 보건의료 기관을 설치해 문제를 해결하자는 것이다. 물론, 그조차도 공공 보건의료의 취약성으로 제대로 실현되지 못하고 있지만, 시장 실패에 대한 공적 개입은 공공 보건의료가 존재하는 이유라고 할 수 있다.

② 보편적 가치와 권리로서 보건의료 공공성의 재구성

보건의료의 경제학적 측면을 넘어서서 사회적 총체로서 보건의료의 가치를 살펴보면, 보건의료는 사회 전체에 관한 공통의 관심사로서 규범적 의미의 공공성을 갖는다(윤수재 외 2008). 이미 서구에서는 오래전부터 건강할 권리를 누구나 누려야 할 보편적 권리로 인정하고 있다. 그중에서 보건의료의 접근권은 당연하게 국가가 보장해야 할 의무이고, 한 사회 구성원이라면 누구나 사회적으로 감당할 적정 수준의 보건의료 서비스에 대해 물리적·경제적 장벽 없이 접근 가능해야 한다는 원칙을 갖고 있다. 그리고 이런 원칙에 입각해 의료보장 제도와 공공 보건의료 체계를 구축하고 있다. 1948년 유엔의 사회권 선언도 이런 건강권을 핵심적인 가치로 다루고 있고, 국제노동기구도 건강권을 모든 회원국이 보장해야 할 사회적 권리로 다루고 있다. 1978년 세계보건기구의 알마아타 선언에서 제창된 '모든 인류의 건강 달성'Health for All도 건강권의 가치를 기본 이념으로 하고 있다(WHO 1978).

물론, 보건의료가 공공성을 갖는다고 하더라도 보건의료 전체를 공공의 범주에 포함하는 데에는 무리가 따른다. 미용 목적의 성형과 같은 재화를 사회 전체의 공통 관심사로 보기 어려울 것이다. 이런 관점에서 보건의료 전체를 공공의 영역으로 규정하지 않고, 공공성이 강한 부분을 공공 보건의료의 영역으로 규정할 수 있다. 보건복지부는 2018년 10월『공공보건의료 발전종합대책』에서 응급·외상·중환자, 심뇌혈관 질환, 감염, 산모와 신생아, 지역사회 건강관리 등 국민의 생명과 안전에 관한 필수 의료를 공공 보건의료 영역으로 규정한다(보건복지부 2018).

이때 공공 보건의료는 관리 운영 측면이 아닌 기능 측면과 거버넌스 측면에서 정의된다. 정부가 관리 운영의 주체인 공공 병원이 아니더라도 민간 병원이 국민의 생명과 안전에 관한 필수 의료를 제공하고 거버넌스 측면에서 공익적인 의료 기관이라고 한다면 공공 보건의료의 범주에 포함할 수 있다. 당연하게 공공 보건의료의 역할은 취약 계층 또는 민간이 다루지 않는 미충족 영역에 국한하도서출판 후마니타스지 않고 전체 인구 집단의 보편적인 필수 의료 서비스 영역의 보장으로 확장된다. 물론 이런 기능과 역할의 확장을 위해서는 기존 공공 의료 기관의 강화가 전제되어야 한다. 사익 추구적 성격이 강한 민간 의료 기관이 진료권 내에서 전체 지역 주민의 필수 의료보장을 위한 공익적 역할을 수행하려면 재정적 지원도 필요하겠지만, 이를 선도하고 견제와 조정 역할을 담당할 공공 병원의 역할 강화가 필연적으로 전제될 수밖에 없다.

공공 보건의료 발전 종합 대책이 수립되기 전까지는 정부의 공공 보건의료 추진 계획 역시 매우 제한적인 분야와 대상에 국한되어 있었다. 2016년 1차 공공 보건의료 기본 계획을 보면, 공공 보건의료는 필요는 높으나 수요가 없어서 민간 부문의 공급이 제대로 이루어지지 않는 취약한 지역이나 취약한 계층을 대상으로 한 서비스의 제공에 맞춰져 있었다(보건복지부 2016). 그런데 이런 전략과 과제로는 상위 비전으로 제시한 '모든 국민이 건강한 삶을 보장받는 사회'를 달성하기란 불가능한 것이었다. 대부분의 지역 주민이 민간 부문의 의료 서비스를 제공받고 있는 상황에서 이를 포괄하는 공공 보건의료에 대한 관점과 이에 걸맞은 정책 수단을 제시하지 않고서 비전을 달성하겠다는 것은 가당치 않은 일이었다.

모든 국민의 건강한 삶을 보장하려면 의료의 공공성에 대한 확고한 시각에 입각해 이를 달성할 전략을 짜야 했다. 무엇보다 취약 지역이나 취약 계층에 초점을 맞추는 방식이 아니라 어떤 지역에 거주하든 양질의 필수 의료 서비스를 적정하게 제공받을 수 있는 보편적 공공 보건의료 체계의 구축을 위한 내용이 제시되어야 했

표 12. 공공 보건의료 발전 종합 대책에서 제시된 공공 보건의료 개념의 재구성

구분	현재	개선
공공 의료 정의	시장 실패로 보건의료 서비스 제공이 취약한 분야	국민의 생명·안전 및 기본적 삶의 질을 보장하는 필수 의료 분야
	보완적	선제적·기본적
제공 기관	지역 내 분절적 의료 수행 권역-지역-기초 협력 체계 부재	권역·지역 책임 의료 기관 지정 권역-지역-기초 전달 체계 수립
대상	취약 계층 중심	모든 국민
필수 의료 범위	① 취약지 ② 취약 계층 ③ 취약 분야: 응급, 분만 ④ 신종 감염병 등	① 필수 중증 의료(응급, 외상, 심뇌혈관 등) ② 산모(모성·분만), 어린이 의료 ③ 장애인, 재활 ④ 지역사회 건강관리 ⑤ 감염 및 환자 안전

자료: 보건복지부(2018).

다. 당연하게 공공 의료 기관의 확충과 민간 의료 기관에 대한 공공적인 책임성 강화와 공공적 투자에 대한 계획이 제시되어야 했다. 그러나 1차 기본계획은 그런 내용을 전혀 담고 있지 않았다는 점에서 목표 달성이 불가능한 계획이었다.

이렇듯 과거 공공 보건의료 개념에 대한 비판적 성찰에 기초해 2018년 10월 보건복지부는 보편적 가치이자 권리로서 보건의료의 공공성 개념을 재구성했고, 이에 기초해 공공 보건의료 발전 종합 대책을 수립했다. 공공 보건의료 발전 종합 대책에서 정부는 국민의 생명과 안전에 관한 필수 의료를 보편적으로 보장하는 권리로서의 공공성 개념을 재구성했고, 모든 국민을 대상으로 공익적 민간과 함께 기능적 개념으로서 공공 보건의료를 실현하자고 제안했다.

(2) 보건의료 개혁 패러다임

이런 관점에 기초한 보건의료 개혁은 첫째로, 보편적 권리로서 보건의료의 공공성을 규정하고 필수 보건의료의 보편적 보장이라는 관점으로 공공 보건의료 개념을 재구성한 가운데 보건의료보장의 한계를 뛰어넘는 건강 보장의 패러다임에 근거해 추진되어야 한다. 건강은 신체적·정신적·사회적으로 안녕한 상태를 의미하는 포괄적인 개념이지만, 보건의료는 의사·약사·간호사 등의 보건의료 전문가들에 의해 제공되는 서비스에 주로 적용되는 개념이다. 보건의료는 건강이라는 목표를 달성하기 위한 수단 또는 하부 구성 요소 중 하나라고 할 수 있다. 따라서 보건의료 서비스가 완벽하게 제공된다고 해서 건강 문제가 해결되지 않고, 사회경제적 위치에 따라 차이가 발생하게 된다. 전체 국민의 건강 수준 향상이 단지 보건의료 서비스 정책만으로 해결될 수 없다는 것이다. 그러나 지금까지 추진되어 온 건강 관련 정책은 대부분 보건의료 서비스와 관련된 정책이었고, 건강에 영향을 미치는 제반 요인을 포괄하는 건강 정책이라 보기 어려웠던 것이 현실이다. 건강을 보건의료와 동일시하는 협소한 관점이 주류를 이루고 있었기 때문이다. 건강 보장이 의료 서비스에 집중될 경우 질병 예방과 건강 증진, 그리고 재활 영역이 간과되는 결과를 초래한다. 특히, 국민을 서비스의 수동적 대상자로 생각하는 경향이 강해진다. 의료 서비스 이용에서 경제적 장애 요인을 줄이는 데에 초점이 맞추어진 기존의 의료 서비스 보장 개념은, 국민이 지금보다 건강하게 생활하면서 질병이나 사고가 발생하지 않도록 예방하는 개념, 국민이 경제적 부담 없이 양질의 치료를 적절히 받으면서 조기에 정상적인 직업 및 사회생활을 할 수 있도록 하는 개념, 국민이 질병이나 사고의 후유증으로 건강이 더 악화하지 않도록 재활 및 사회복지 시스템을 구축하는 개념, 죽음을 맞이하는 국민이 존엄한 죽음을 맞이할 수 있도록 하는 개념이 포함된 새로운 건강 보장 개념으로의 전환이 이루어질 필요가 있다.

둘째로, 보건의료 개혁은 시설 중심성을 탈피한 지역사회 패러다임에 기초해 추진되어야 한다. 사익 추구적 보건의료 체계를 극복한다는 것은 기존의 시설 중심, 병원 중심의 보건의료에서 일차 보건의료를 강화하는 방향으로 전환한다는 것을 의미한다. 시설 중심의 보건의료는 의료 전문가들에 대한 의존성을 벗어나기 어렵고, 구조적으로 주민이 건강에 대한 통제력을 강화하기 어렵다. 일차보건의료와 지역사회는 주민이 일상적인 삶 속에서 건강을 유지하고 건강한 활동을 실천할 수 있는 단계이자 공간으로서 의미를 가진다. 특히, 초고령 사회에서 시설 중심의 보건의료는 실효성을 찾기 어려운 방안이다. 지역사회 패러다임에 기초할 경우 보건의료 개혁은 중앙집권적인 방식보다 지방분권적인 방식으로 추진하는 것이 바람직하다. 건강 보장은 주민들의 지역공동체 활동을 강화하는 수단인 동시에 지역공동체 활동의 주요한 목표가 되어야 한다.

셋째로, 보건의료 개혁은 보건의료 전문가 중심성에서 탈피해 사람 중심성, 사회 구성원 중심성을 담고 있어야 한다. 건강 보장을 위해서는 보건의료 전문가에 의존하고 보건의료 체계 내부를 중심으로 사고하는 것이 아니라, 건강의 주체로서 시민 또는 주민의 능동적 역할을 중요시하면서 건강에 영향을 미치는 보건의료 체계 외부의 요인들을 더욱 중요하게 다루어야 한다. 그러므로 사회경제적 불평등, 빈곤, 불평등한 교육 기회, 고용 불안정, 실업, 열악한 주거 환경, 불건강한 행동, 의료 이용의 불평등과 같은 건강의 결정 요인을 해결하는 것에 주목할 필요가 있다.

마지막으로, 보건의료 개혁은 잔여적 시각에서 비례적 보편주의 시각으로의 패러다임 전환을 전제해야 한다. 건강 보장은 건강 불평등의 해결을 목표로 하면서 건강 수준의 하향 평준화가 아니라 상향 평준화를 지향하는 비례적 보편주의 접근 원칙을 견지해야 한다. 이를 위해 건강할 기회를 구조적으로 박탈당하고 있는 노동자·농민·서민의 건강 수준을 끌어올리는 것이 가장 우선적인 달성 과제로 설정되어야 한다. 현재 모든 사람이 동등한 건강 수준을 유지하고 있지 않은 만큼 모든 사람의 건강한 삶을 실현하기 위해서는 모든 사람에게 동등한 자원을 배분할 것이 아니라, 건강 수준이 낮은 계층에 지금보다 더 많은 자원이 투입되어야 한다.

2) 보건의료 개혁의 방향

(1) 건강 보장 실현 목적으로 한 개혁 추진

건강 보장의 목적은 모든 사회 구성원이 평등하게 육체적·정신적·사회적으로 더 나은 건강한 삶을 누리는 것이다(김창엽 2018). 이런 목적에 비추어 볼 때 건강 보장에서 핵심적 문제는 모든 국민이 건강한 삶을 공평하게 누리지 못하고 있다는 점에 있다. 특히 노동자, 농민 등 서민들은 다른 계층과 비교해 더 불건강하다. 또한 지역 간에도 건강 격차가 매우 크다. 국민 모두를 더 나은 건강 수준으로 끌어올리기 위해서는 불건강한 상태에 있는 서민들의 건강 수준을 올리고, 불건강한 상태에 있는 지역의 건강 수준을 올리는 것이 무엇보다도 중요하다.

그런데 서민들이 건강하기 싫어서 불건강하거나 건강하지 않은 행동을 하는 것이 아니다. 물질적 박탈과 사회적 소외, 그리고 불건강한 행동을 선택할 수밖에 없는 사회경제적 조건[1]에 끊임없이 노출되기 때문에 그렇게 될 수밖에 없다. 예컨대, 서민의 대다수가 흡연이 건강에 나쁘다는 것을 알면서도 금연하지 못하고 있다는 사실만으로 서민들이 건강에 관심이 없기 때문이라 단정 짓고 그 책임을 개인에게 돌리는 것은 그들의 사회경제적 조건을 제대로 이해하지 못하는 것이다. 따라서 건강 보장은 바로 노동자, 농민 등 서민들이 처해 있는 사회경제적 조건을 중요하게 인식하고 이를 해결하는 것으로부터 출발해야 한다.

건강 보장은 인권에 기초한 평등주의, 사회적 연대에 기초한 보편주의를 핵심 가치로 두어야 한다. 모든 국민은 사회경제적 조건과 무관하게 자신이 누릴 수 있는 최고의 건강 수준을 유지할 권리가 있다. 또한 보건의료 서비스의 평등한 이용이라는 소극적 건강

1_불안전한 고용, 실업, 가족 간의 갈등 등.

권에서 벗어나 실제로 건강한 삶을 살아갈 수 있는 적극적인 건강권의 보장을 지향해야 한다. 건강은 사회경제적 조건과 동떨어져 존재하는 특별한 무엇이 아니라 우리 사회의 사회경제적 조건과 밀접하게 관련되어 있다. 따라서 건강 불평등 해소를 위해 건강 보장을 사회경제적 맥락에서 해석해야 하고, 다양한 부문에서의 긴밀한 협력 또한 요구된다. 이를 위해 보건의료 전문가에게 위탁되어 온 건강권을 전체 사회 구성원의 품으로 되돌려 놓아야 한다. 건강은 보건의료 전문가의 전유물이 될 수 없다. 이를 위해 전체 사회 구성원이 건강의 주체로 나서야 한다. 이때 사회 구성원은 국민의 범주를 뛰어넘어야 한다. 이주 노동자·유학생·난민 등 국민의 범주에 들어 있지 않더라도 사회 구성원이라면 누구나 동등한 권리를 가져야 하고, 그것은 건강에서도 예외가 될 수 없다. 건강은 모든 사회 구성원이 인간으로서 누려야 할 기본권이기 때문에 사회가 건강 문제를 가장 우선적 가치로 삼고, 건강을 둘러싼 차별적인 관련 제도, 문화, 인프라의 문제를 근본적으로 개선해 나가야 한다.

(2) 의료보장 체계의 개혁 전략

① 정책 현황과 문제점

2017년 7월 9일 문재인 대통령은 국민의 건강권 보장을 위한 건강보험 보장성 강화 대책, 이른바 문재인 케어를 발표했다. 그동안 건강보험 보장성 확대를 추진해 왔지만, 보장률이 최근 10년간 60%대에서 정체되어 있었다. 또한 의료비가 가계 소득수준의 40%

를 상회하는 경우를 재난적 의료비라고 하는데, 이런 재난적 의료비가 발생하는 가구의 비율이 증가했다. 문재인 케어는 건강보험의 보장률을 높이기 위한 획기적인 개선안으로서 의료비로 말미암은 가계 부담을 경감하기 위한 정부의 의지를 반영한 것으로 평가되고 있다. 문재인 케어는 2022년까지 건강보험 보장률을 70%까지 높여 병원비 걱정 없는 나라를 만들겠다는 목표 속에서 일부 미용 목적의 비급여 항목을 제외하고 모든 의학적 필요가 있는 비급여 항목을 급여 항목으로 전환한다는 내용을 담고 있다(김윤 외 2017).

그동안 급여 목록을 엄격하게 제한하면서 급여 수가를 통제해 온 건강보험의 급여 설계 결함은 비급여 양산과 민간 의료보험 확대의 근거로 작용했고, 가계 부담 증가, 보장률 정체, 의료비의 폭발적인 증가를 가져왔다. 이런 상황에서도 원가 이하의 급여 수가에 대한 의료 공급자들의 지속적인 비판에 대해 정부는 뚜렷한 대안을 제시하지 못했다(강길원 2011).

문재인 케어 이전의 건강보험 보장성 강화 정책은 비급여의 점진적 축소를 목적으로 했다. 그러나 급여 목록을 제한하는 구조를 바꾸지 않은 상황에서 비급여를 축소한다는 전략은 현실에서 작동하기 어려웠다. 이런 문제를 극복하기 위해 문재인 케어는 건강보험 보장성 강화 정책의 목표를 의학적으로 필요한 비급여를 완전히 해소하는 데에 두고 있다. 문재인 케어의 일환으로 2018년 1월부터 선택 진료비가 전면 폐지되었고, 최근 지속적으로 늘고 있는 신의료 기술도 새로운 비급여 대상으로 진입해 이용자의 부담을 증가시키지 못하도록 급여 또는 예비 급여로 편입해 관리하게 하는 계획이 수립되었다. 현재 MRI, 초음파와 같은 비급여 항목을 급여화하는 등 문재인 케어가 단계적으로 시행되고 있다(김영삼 2018).

비급여 가운데 급여로 전환 대상이 되는 의과 항목은 2017년 10월 기준으로 3600여 개이며, 이 중 등재 비급여는 3200여 개,[2] 기준 급여는 400여 개[3]에 이르고 있다. 등재 비급여는 안전성과 유효성은 입증되었으나 비용 효과성이 입증되지 않은 비급여를 의미한다. 기준 비급여는 항목 자체는 급여 항목이나 횟수 등의 제한이 있어 기준을 초과하는 비급여를 의미한다. 이 중에서 치료 재료는 대부분 등재 비급여에 해당한다. 정부는 체감도 및 사회적 요구를 고려한 우선순위를 선정해 2022년까지 단계적으로 급여화할 계획을 제시하고 있다(신현웅 2018).

국민건강보험공단에서 제시한 연구 결과를 보면, 2018년 건강보험 보장률은 63.8%로 전년 대비 1.1%포인트 증가했고, 특히 중증 질환 중심 보장성 강화 정책의 효과로 종합병원급 이상의 보장률이 64.4%에서 67.1%로 크게 개선된 것으로 나타났다. 반면, 병원급 이하의 보장률은 크게 개선되지 못했고, 의원급의 경우는 오히려 보장률이 떨어진 것으로 나타났다(국민건강보험공단 2019b). 이와 같은 결과를 볼 때에 정부의 지속적인 비급여 관리 노력과 정책적 의지로 건강보험의 보장률이 개선되고 있는 것은 사실이지만, 건강보험의 보장성 강화 정책이 중증 질환 위주로 이루어져서 병·

2_의료 행위 400여 개, 치료 재료 2800여 개.

3_의료 행위 300여 개, 치료 재료 100여 개.

의원급의 보장률이 정체되어 있는 것으로 보인다. 그런데 중증 질환의 보장성마저도 정책 목표를 충분히 달성하고 있다고 보기는 어렵다. 종합병원 이상의 보장률이 병의원에 비해 높은 것은 맞지만, 전체 보장성 목표인 70%를 달성하고 가계 부담을 획기적으로 줄이기 위해서는 중증 질환의 보장률이 훨씬 더 높아져야 하는데, 아직 부족한 실정이다. 또한 정부는 의학적 필요가 있는 모든 비급여 항목을 예비 급여로 전환해 비용의 일부를 건강보험에서 부담하도록 했지만, 본인부담상한제도는 적용받지 않도록 함으로써 가계의 진료비 부담을 줄이는 데는 제한적이었다고 할 수 있다. 특히, 중증 환자 등과 같이 고액 진료비가 발생한 경우는 본인부담상한제도가 중요한데, 그런 효과가 발생하지 않아 가계의 부담을 줄이지 못했고, 이는 재난적 의료비가 발생하는 가계를 줄이지 못하는 결과로 나타났다.

② 단기 및 중장기 개혁 방향

단기적으로는 건강보험의 보장성 강화와 민영 의료보험법 등과 같은 제도의 합리적 정비가 이루어져야 한다. 먼저, 예비 급여도 본인부담상한제도에 포함하고, GDP 대비 의료비 비중을 10% 내외로 유지하면서 건강보험의 최소 입원 보장률을 90% 이상, 연 소득의 1% 이내로 본인 부담을 제한하는 본인부담상한제를 시행함으로써 실질적인 무상 의료Free Healthcare를 달성할 수 있도록 보장성 강화가 추진되어야 한다. 건강보험 보장률이 획기적으로 개선되었을 때에 정부 정책이 미칠 수 있는 범위가 확대되어 공급자에 대한 견제 기능이 강화될 수 있고, 의료비의 적정화도 가능해진다. 또한 공급자 행태도 투명해지고, 전문가의 자율적인 규제도 촉진할 수 있을 것이다.

다음으로, 민간 의료보험법을 제정해 민간 의료보험의 공적 성격을 강화해야 한다. 특히, 실손형 민간 의료보험은 건강보험 급여의 본인 부담을 보장하고 있어 본인 부담을 통한 의료 이용의 합리성을 높이려는 정부의 정책 수단을 무력화하는 심각한 문제를 안고 있다. 실손형 민간 의료보험을 구매한 건강보험 가입자는 건강보험의 보장성 확대에 대한 필요성을 느끼지 못하고 부정적인 생각을 하게 된다. 또한 실손형 민간 의료보험의 활성화는 민간 의료보험의 구매 여부에 따라 의료 이용의 접근성에서 큰 차이를 발생시켜 불형평성이 확대되는 기전으로 작용하고, 의료비를 불필요하게 증대하는 결과를 파생한다. 민간 의료보험 상품의 평균 지급률도 매우 낮은 상황이다. 따라서 국민의 경제적 부담을 가중하고, 국민 건강의 불형평성을 심화하며, 건강보험의 보장성 확대를 가로막고 있는 현행 실손형 민간 의료보험에 대한 규제를 강화해야 한다(김종명 2012).

건강보험의 재정 안정성과 보험료 부과의 공정성을 높이기 위한 노력도 지속적으로 요구된다. 건강보험 보장성 확대에 따른 건강보험 재정 증가에 대해 사업주·정부·국민의 고통 분담을 전제로 보험료 인상을 추진하되, 보험료 상한을 폐지하고 보험료를 총소득에 연동할 필요가 있다.

중기적으로는 상병수당 제도의 도입과 관리 운영 체계의 개혁이 적극 모색되어야 한다. 문재인 케어 이후 질병에 따른 의료비 부담은 줄어들고 있으나 노동 손실 비용, 즉 일을 중단해 발생하는 소득 상실 문제는 사회적 해결 수단을 확보하지 못하고 있다. 그 결과 코로나-19 등 질병에 따른 소득 상실은 개인과 가계, 그리고 사회 전체에 심각한 위협으로 작용하고 있다. 이와 같이 상병수당 제도와 같은 사회적 수단을 통해 질병에 따른 소득 상실 문제를 해결하지 못하므로 상당수 국민들은 민간 의료보험과 같은 사적 방식으로 문제를 해결한다. 그 과정에서 민간 의료보험에 가입해 소득 상실을 보전할 수 있는 계층과 그렇지 못한 계층 간에 소득 격차가 발생하게 된다(임준·김종명 2015). 또한 소득 상실에 대한 사회적 보장 기능이 존재하지 않을 경우, 소득 상실은 가계를 경제적으로 위태롭게 할 뿐만 아니라 당사자의 건강을 치명적으로 위협할 수도 있다. 일반적으로 급성기 치료 이후 충분한 재활 서비스를 받아야 하는데, 상병수당 제도와 같은 소득 상실을 보장할 제도적 장치가 없는 상황에서는 재활 서비스를 제대로 받지 못한 채 치료를 중단하고 다시 경제활동을 이어갈 가능성이 커진다. 그 과정에서 건강 악화가 발생할 가능성이 크고, 결국 질병이 악화되어 더 많은 의료비가 발생할 가능성이 크다. 특히, 저소득 근로 취약 계층의 경우 질병에 따른 소득 손실의 문제가 심각한 상황이다(김명희 외 2010).

코로나-19와 같은 공중 보건 위기에 대한 대응을 위해서도 아프면 일하지 않고 쉴 수 있는 상병수당 제도가 필수적으로 도입되어야 한다. 상병수당 제도가 제도화되기 이전에라도 코로나-19 등으로 소득 상실이 발생한 주민들에 대한 사회 안전망이 확보되어야 한다. 포스트 코로나 시대에서 보건의료의 '뉴 노멀'New Normal은 더는 시장이 아니라 권리이자 공공을 의미하는 것이어야 한다. 우리 국민의 건강이 항상적으로 위협받는 현실에서 보건의료는 구매력에 따라 접근성이 달라지는 게 아니라 누구나 보장받고 누릴 수 있는 재화여야 한다.

이런 의료보장 체계의 개혁을 위해서는 관리 운영 체계의 개혁이 함께 이루어질 필요가 있다. 건강 보장을 사회 구성원이 누려야 할 보편적 권리라 할 때 소득, 발생원인 등에 따라 자격과 급여 수준 등에 차이를 두는 제도의 틀은 바뀌어야 한다. 1차적으로 의료급여 제도와 건강보험 제도를 통합하고, 건강보험 제도와 산재보험 요양 제도의 통합을 단계적으로 추진해 완전하고 단일한 건강 보장 기구를 설립하는 방향을 고려할 필요가 있다. 건강보험에 우선 상병수당 제도를 도입하고, 이를 산재보험의 휴업급여 제도와 단계적으로 통합해 건강 보장 기구와 별도의 보편적인 상병수당 제도를 도입하는 방안을 생각해 볼 수 있다. 건강보험공단은 건강 보장 기구로 전환하고, 근로복지공단은 상병수당 제도를 전담하는 기구로 전환하는 방안도 생각해 볼 수 있다. 최종적으로 산재보험은 건강 보장 기구와 독립적으로 존재하는 제도가 아닌 보편적인 통합 건강 보장 제도로 통합되고 유족 급여 등과 같이 통합 건강 보장 제도에서 제공되기 어려운 급여를 보충하는 성격의 사회보험으로 전환하는 방안이 타당할 것으로 판단된다.

이런 개혁을 위해 우선적으로 산재보험 제도 개혁이 필요하다. 현재 산업재해를 입은 노동자가 산재보험의 적용을 받아 치료를 받기 위해서는 본인 또는 보호자가 산재보험 업무를 취급하고 있는 근로복지공단에 산재를 신청해 승인 절차를 밟아야 하고, 인과관계가 명확해야 산재보험으로 치료 및 보상을 받을 수 있다. 이런 이유로 많은 산재 환자가 산재보험의 적용을 받지 못하고 있다. 업무상 재해 및 질병으로 인정되는 기준이 제한적이고 엄격하다는 점도 문제다. 그 결과 산재보험의 혜택을 받아야 할 산재 환자가 건강보험으로 요양 급여를 받거나 자기 부담으로 치료를 받는 경우가 빈번하다. 이처럼 건강보험의 급여 수준이 낮고 산재 발생 후 재취업 및 온전한 사회 복귀가 불가능한 상황에서 업무상 재해 및 질병의 문턱이 높다는 것은 재해 노동자에게 심각한 사회경제적 위협이 될 수밖에 없고, 이는 산재 이후 긴급하고 적절한 치료 및 재활 서비스를 받아야 할 권리를 침해하는 결과로 작용한다. 또한 이는 사업주 측면에서 산재 은폐를 유인하는 기전으로 작동한다. 단기적으로는 산재보험 재정을 아낄 수 있을지 모르겠지만, 산재보험이 노동자의 건강 안전망의 기능을 하지 못함으로써 장기적으로는 사회 전체적으로 질병 부담을 증가시키고 보험 재정에 부정적 영향을 끼치게 된다. 따라서 산재 요양을 받기 위해 근로복지공단으로부터 승인을 받는 사전 승인 절차를 없애고 별도의 절차 없이 재해 노동자가 산재보험으로 치료를 받을 수 있도록 해야 한다(좌혜경 외 2013). 이를 위해 재해 노동자가 신청하는 절차가 아니라 의사에게 산재 신고 의무를 부과하는 것이 필요하다. 의사가 재해 노동자를 만나는 최초의 시점에서 산재보험과 건강보험을 구분할 수 있도록 합리적 기준을 개발하고 이에 따라 산재보험 적용을 받을 수 있도록 한다. 일단 산재보험으로 적용되어야 한다고 분류되면 선보장이 이루어질 수 있도록 하고, 만약 담당 의사에 의한 분류가 어려운 경우 직업 환경 의학 전문의에 평가를 의뢰해 그 결과에 따라 급여가 제공될 수 있도록 한다면, 이런 분류 과정에서 발생할 수 있는 부작용을 최소화할 수 있다.

장기적으로는 모든 사회 구성원에게 보편적 의료 서비스를 제공하기 위해 완전한 통합 건강 보장 제도를 구축해야 한다. 모든 사회 구성원에게 동등한 보건의료 서비스의 접근권을 보장하고 모든 사회 구성원이 보건의료 및 건강 보장 정책 결정의 주체로 참여할 수 있도록 제도화가 이루어져야 한다. 또한 모든 사회 구성원의 자기 결정권에 기초한 거버넌스 체계가 구축되어야 한다. 더 나아가서는 공공 보건의료 체계의 구축과 함께 공익 지향적인 보건의료 체계를 확립하고, 모든 사회 구성원이 사회경제적 위치 등 건강 결정 요인 등의 차이에 따른 건강 격차가 발생하지 않도록 인지 가능한 모든 차별이 해소될 수 있는 방향의 보건의료 개혁이 지속적으로 추진되어야 한다.

(3) 공공 보건의료 체계의 개혁 방향

① 정책 현황과 문제점

보건복지부는 2018년 10월 공공 보건의료 발전 종합 대책을 통해 지역 격차 해소를 위한 공공 보건의료의 책임성 강화, 필수 의료 전 국민 보장 강화, 공공 보건의료 인력의 양성 및 역량 제고, 공공 보건의료 거버넌스의 구축이라는 4대 분야별 12대 과제를 발표하고, 필수 보건의료의 지역 격차 없는 포용 국가를 실현하겠다는 비전을 제시했다. 전 국민 필수 보건의료보장과 서비스의 효과적 전달을 위한 공공 보건의료의 역할과 기능 확대를 위해 공공 의료 기관 간 협력적 전달 체계를 구축하고, 의료 공급의 90% 이상을 담당하는 민간 의료 기관도 적극적 역할을 담당할 수 있도록 하겠다는 기본 방향을 설정했다(보건복지부 2018).

보건복지부는 공공 보건의료 발전 종합 대책에서 먼저, 공공 의료 기관 또는 체계의 책임성을 강화하기 위한 정책 방안을 제시했다. 구체적으로 권역과 지역의 책임 의료 기관을 지정 또는 육성하고, 권역 책임 의료 기관과 지역 책임 의료 기관 간 연계 및 협력을 강화하며, 지역 책임 의료 기관의 필수 의료 인프라의 구축을 지원하고, 의료 취약지에 건강보험 수가 가산 체계를 도입하는 등 책임 의료 기관을 중심으로 한 정책 지원 방안을 제시했다. 또한 권역-지역-기초 간 공공 보건의료 협력 체계를 구축하고, 표준 진료 지침 Critical Path, CP 개발 및 보건의료-복지 서비스 연계 및 사례 관리를 실시하는 등의 내용도 포함했다. 지역공동체 중심의 건강관리를 위해 건강생활지원센터 인프라를 구축하고, 일차의료기관의 역할을 강화하며, 보건소가 지역 보건의 컨트롤 타워 역할을 강화할 수 있는 방안도 제시했다.

다음으로 필수 의료 전 국민 보장 강화를 위한 정책 방안을 제시했다. 응급·외상·심뇌혈관 등 생명과 직결된 필수 중증 의료를 강화하고, 산모·어린이·장애인 등 건강 취약 계층 의료 서비스를 확대하며, 감염병 및 공중 보건 위기 대응 등 안전 체계의 구축을 추진한다는 내용을 포함했다.

세 번째로 인력의 양성 및 역량 제고에 대한 계획을 제시했다. 공공 의료 핵심 인력 양성을 위한 국립공공의료대학원 설립을 추진하고, 공중보건장학제도를 통해 취약지 등에 근무하는 의료 인력을 양성하고, 현행 파견 의료 인력에 대한 인건비 지원 사업을 권역 책임 의료 기관 중심으로 재편하며, 국립중앙의료원 내 공공보건의료교육훈련센터의 기능을 확대하고, 지방 의료원의 역량을 높이기 위한 정책 방안 등을 포함했다.

마지막으로 공공 보건의료 거버넌스 구축에 관한 계획을 밝혔다. 지방정부의 역할 및 책임을 확대하기 위해 시·도 공공보건의료위원회를 설치하고, 시·도의 정책 역량 및 전문성 제고를 위해 시·도 공공보건의료지원단의 설치를 확대해야 한다는 제안을 했다. 중앙정부 내 수평적 거버넌스를 구축하기 위해 국립대학교 병원에 대한 교육부-보건복지부의 공동 경영 평가를 실시하고, 중앙의 공공보건의료 정책 심의 기구인 공공보건의료위원회를 설치하며, 국무조정실에 공공 병원 협의체를 구성한다는 내용도 제시했다. 또한 국립중앙의료원의 역할을 강화하기 위해 국가 중앙 센터[4]로서의 기능을 강화하고, 공공보건의료지원센터와 공공보건의료교육훈련센터를 전문 기관으로 확대하겠다는 내용도 포함했다.

4_중앙 감염병 병원, 중앙 응급 의료 센터, 중앙 외상 센터, 중앙 모자 의료 센터 운영 등.

보건복지부는 이와 같은 내용의 공공 보건의료 발전 종합 대책을 발표한 후 제안된 정책을 추진했고, 2021년에 이르러 이런 내용이 담긴 제2차 공공보건의료기본계획을 발표했다. 그렇지만 일부 공공 병원에 대한 책임 의료 기관의 지정, 시·도 공공보건의료지원단의 설치, 지방 의료원 기능 보강 사업에 대한 예산 증액, 코로나-19 대응을 위한 감염병 진료 관련 인프라의 지원 등을 제외하면 가장 중요한 공공 병원 확충 방안과 대규모 재정 투입, 그리고 인력 확충 등에 대한 전향적인 정책과 관련 법규의 개정이 전혀 이루어지지 않았다. 만약 코로나-19가 발생하지 않았다면 감염병 등 공중 보건 위기 상황 대처에 필요한 기본적인 정책조차도 상당 부분 사장되었을지도 모르겠다.

보건복지부가 규정한 필수 의료보장을 위한 보편적 개념으로 공공 보건의료를 재구성하기 위해서는 민간 부문의 공공성 강화가 매우 중요한데, 이를 위해서도 공공 보건의료 기관의 확충과 역할 강화가 전제되어야 한다. 그렇지 않을 경우 필수 의료보장을 위한 공공 보건의료 체계 구축이라는 논리는 점차 공공 보건의료 기관의 규모와 역할이 축소되고 있는 현실을 무마하려는 것으로 오해될 여지가 충분하다. 따라서 공공 보건의료 기관의 확장과 필수 보건의료보장을 위한 공공 보건의료 전반에 걸친 인프라의 구축에 관한 계획과 실행이 이루어져야 하겠다.

② 단기 및 중장기 개혁 방향

단기적으로 공공 보건의료 발전 종합 대책에서 제안된 내용이 실현될 수 있도록 재정 확보와 인프라의 확충, 그리고 관련 법률의 개정이 이루어져야 한다. 사익 추구적 보건의료 체계의 폐해를 극복하고 지역 소멸이 이야기될 정도의 극단적 보건의료 격차를 해소하려면 공공 보건의료에 대한 재정 확충과 인력을 포함한 공공 보건의료 인프라의 확충이 전제되어야 한다. 또한 〈공공 보건의료에 관한 법률〉과 〈국립중앙의료원의 설립 및 운영에 관한 법률〉 등 관련 법률의 개정과 정부 예산의 투입 및 이와 맞물려 지역의 공평한 의료 이용이 보장될 수 있는 방향으로 건강보험 지불 제도 및 수가 체계의 개편이 이루어져야 한다. 그래야만 정책의 현실화가 가능할 것이다. 또한 보건의료 체계의 공공성을 높이기 위한 의료 전달 체계의 개편이 함께 다루어져야 한다.

중기적으로는 공공 보건의료에 대한 좀 더 적극적인 관점의 전환이 요구된다. 잔여적 시각에서 벗어나 보편적 시각에서 공공 보건의료를 다루고, 대상을 취약한 지역이나 집단에 한정할 것이 아니라 전체 인구 집단으로 확장한다는 문제의식을 강화하는 동시에 기울어진 운동장의 기울기를 낮추기 위한 방향 설정이 필요하다. 보편적 접근과 함께 취약한 집단과 지역에 대한 비례적 접근을 강화함으로써 건강 불평등의 해소를 선도할 수 있는 방향으로 공공 보건의료 체계가 구축되어야 한다. 그렇게 되었을 때 사익 추구적 보건의료 체계의 폐해를 극복하면서 계층별·지역별 보건의료 접근성 및 건강 격차를 해소할 수 있는 적극적인 대안으로서 공공 보건의료 개혁이 자리매김할 수 있을 것이다. 더 나아가 신종 감염병, 재난, 지구온난화 및 세계화 등으로 점차적으로 발생 가능성이 높아지고 있는 공중 보건 위기 상황에서 의료 체계 내에서 실질적인 컨트롤 타워 기능을 수행할 수 있는 공공 보건의료 체계가 구축되도록 개혁 방향 설정이 요구된다. 주체 측면에서는 국민 또는 지역 주민이 관리 대상이 아니라 실질적인 의사 결정의 주체가 될 수 있도록 참여 기반의 공공 보건의료 체계가 구축될 수 있는 개혁 방향이 설정되어야 한다(김창엽 2019).

공공 보건의료 체계의 중장기 개혁 방향에 따라 먼저, 공중 보건 체계에 대한 전면적인 개혁이 요구된다. 현재와 같이 중앙 행정과 유리된 방역 중심의 질병관리청이 아니라 보건의료 전반에 대한 컨트롤 타워 기능을 수행할 수 있는 정부 부처의 설립이 필요하다. 구체적으로 질병관리청을 포괄해 보건부로 독립하는 것이 차기 정부의 중요한 국정 과제로 자리 잡아야 한다. 시·도의 경우도 서울시처럼 보건 정책과 수준을 뛰어 넘어 건강국을 신설하고, 보건소 하부 조직으로 소생활권별로 건강생활지원센터를 설치·운영하거나, 보건지소와 보건 진료소의 인적 자원을 확충하고 기능의 전면적인 개편이 이루어져야 한다. 보건부에서 건강생활지원센터에 이르기까지 관리 행정 체계를 포함한 공중 보건 체계를 튼튼하게 구축하는 방향으로 개혁이 이루어져야 할 것이다(임준 2017).

공공 의료 체계의 경우는 국립중앙의료원-지방 의료원 간 단일한 공공 의료 기관 전달 체계 구축이 전제될 필요가 있다. 지역 책임 의료 기관과 권역 책임 의료 기관 간 필수 의료보장을 위한 협력 체계가 잘 작동하려면, 그 중심에서 공공 보건의료의 표준을 제시하고 방향을 제시할 수 있는 국립중앙의료원과 지역 책임 의료 기관이 될 지방 의료원의 단일한 체계 구축이 요구된다. 병원 정보 체계의 통합과 의료 인력의 통합 운영 및 환자 의뢰 체계의 확립 등이 가능한 방향으로 시스템을 구축해야 한다. 이런 단일한 공공 의료 기관 전달 체계가 구축되어야 책임 의료 기관 중심의 권역별·지역별 협력 체계와 함께 공공 보건의료 체계 내에서 민간과 함께 공익적 기능을 중심으로 한 선의의 경쟁 관계를 형성할 수 있고, 공공 병원이 공익성을 선도할 수 있을 것이다. 이를 위해 우선적으로, 세계 최고 수준으로 국립중앙의료원의 인프라를 확충하고 국립암센터, 국립재활원 등을 포괄해 국립의료공단을 설립한 후, 필수 의료에서 국가 수준의 컨트롤 타워 기능을 수행할 수 있어야 한다. 단일한 조직이 만들어지기 전이라도 국립중앙의료원에 지방 의료원에 대한 예산, 인력 편성 및 평가 권한을 부여하고, 국립중앙의료원과 지방 의료원 간에 단일한 병원 정보시스템을 구축하는 등 실질적으로 단일한 공공 의료 기관 전달 체계를 구축할 수 있는 조건을 확보할 필요가 있다. 이런 힘에 근거해 공공 보건의료 체계를 확립해 나가야 한다.

장기적으로는 모든 사회 구성원에게 사회가 제공할 수 있는 최고 수준의 필수 보건의료 서비스를 제공할 수 있도록 완전하고 단일한 공공 보건의료 체계를 구축하고, 공공 보건의료 체계가 보건의료 전반의 공공성을 주도하고 사익 추구적 보건의료 체계에서 공익 지향적인 보건의료 체계로 전환할 수 있도록 지속적인 개혁이 추진되어야 하겠다. 모든 사회 구성원의 자기 결정권에 기초한 거버넌스 체계가 시스템 차원에서뿐만 아니라 기관의 운영 차원에서도 작동될 수 있도록 개혁 방향이 설정될 필요가 있다.

(4) 일차보건의료의 개혁 전략

① 정책 현황과 문제점

우리나라는 급속한 고령화에 따른 만성질환의 증가로 사회 전체에 걸친 부담이 심각한 상태에 이른다. 만성질환자는 2017년 기준으로 전체 인구의 33.6%인 약 1730만 명에 달하고, 만성질환 진료비는 28조 2000억 원으로 전체 진료비 69조 원의 41%라는 높은 비중을 차지한다. 특히 생활환경의 변화로 말미암은 비만율 증가로 만성질환의 비중이 가파르게 증가하고 있고, 향후 더 증가할 것으로 전망된다. 이런 상황에서 대형 병원 중심의 사익 추구적 보건의료 체계는 문제를 더욱 심각하게 만드는데, 만성질환자의 증가 속도보다 진료비 증가 속도가 더 가파르게 증가하고 있다(일차의료만성질환관리추진단 2019).

이렇듯 고혈압과 당뇨병과 같은 만성질환자의 수와 진료비는 급증하는 반면 관리 수준은 매우 저조해, 30~49세 젊은 고혈압 환자의 경우 고혈압의 인지율, 치료율, 조절률 모두 50% 미만에 불과하고, 당화 혈색소 8.0% 이상의 적극적 치료가 필요한 당뇨병 환자 중 혈당이 조절된 환자는 20.9%에 불과한 실정이다(김희선 외 2018). 특히, 만성질환 관리에 대한 일차의료의 역할이 미흡해, 경증 만성질환자의 상당수가 의원급이 아닌 대형 병원을 이용하고 있는 실정인데, 비용 측면뿐만 아니라 관리 측면에서 질 저하가 우려되는 실정이다.[5] OECD 평균과 비교해 보면, 한국이 고혈압·당뇨병 환자의 입원 비중이 매우 높고 당뇨병 환자의 입원 기간이 길어서, 일차의료 체계의 개선과 질 향상에 대한 필요성이 강조되고 있다. 이에 동네 의원 중심의 포괄적인 만성질환 관리 체계를 마련하고, 경증 만성질환자의 동네 의원 이용을 활성화함으로써 효율적인 의료 전달 체계를 구축할 수 있는 기반을 마련할 필요가 있다.

정부는 인구 고령화와 사회 결정 요인에 의한 부담 증가로 만성질환 관리에서 일차보건의료의 역량을 높이기 위해 국가적 차원에서 고혈압·당뇨병 중심의 만성 질환 관리 사업을 운영하거나 지원해 왔다. 고혈압·당뇨병 등록 관리 사업, 의원급 만성질환 관리제, 지역사회 일차의료 시범 사업 및 만성 질환 관리 수가 시범 사업 등이 정부가 시행한 대표적인 사업이다(김남희 2018). 이 사업들은 일차의료기관 이용률, 지속 치료율 등 다양한 지표에서 긍정적인 성과를 보인 반면, 각 사업들의 배경과 기간, 사업 주체를 비롯해 구체적 서비스 내용과 정책적 수단 등이 달라 국가 차원의 체계적이고 포괄적인 사업 수행이 어렵다는 문제점이 제기되어 왔다(김희선 외 2018). 또한 만성질환 관리에서 일차의료기관 또는 의사에 요구되는 포괄적인 역할을 규정하지 못한 채 소극적인 등록 업무에 국한하고 있다는 비판도 대두되었다. 이에 그동안의 성과를 잇고 한계를 극복하기 위한 만성질환 통합 모형을 개발하고 이를 적용하려

5_외래 만성질환 진료비 중 의원급 비중 감소 추세는 다음과 같다. 41.6%(2007) → 38.3%(2014) → 37.8% (2016).

는 노력이 전개되고 있다. 특히, 지역사회 일차의료 시범 사업을 통해 케어 플랜 수립과 케어 조정자 역할에 대한 의의가 확인되면서 제반 시범 사업을 통합해 일차의료 만성 질환 관리 시범 사업이 추진되고 있다.

정부는 고혈압 및 당뇨병 발병 초기부터 동네 의원 중심의 지속적이고 포괄적인 관리 체계를 구축해 환자 만족도 증가 및 의료 전달 체계 효율화에 기여하고, 근거 기반 진료 지침에 따른 치료를 통해 조절률을 향상하며, 합병증 발생을 지연하거나 예방하기 위한 목적으로 일차의료 만성 질환 관리 시범 사업을 추진 중이다. 이에 기존 만성 질환 관리 시범 사업의 장단점을 파악해 개선 방안을 마련했고, 시범 사업 모델을 개발했으며, 그 서비스 프로세스는 '환자 등록 – 케어 플랜 수립 – 환자 관리 – 점검 및 평가' 순서로 이루어져 있다.

이런 일차의료 기반 만성 질환 관리 사업을 작동하기 위해서는 보건소 등 보건 기관의 기능 개편이 필요하다. 특히, 주민들이 생활하는 소지역을 중심으로 주민 참여에 기반한 건강관리 체계 구축을 위한 보건 기관의 기능 개편과 인프라의 확충 필요성이 커지고 있다. 또한 공공 보건의료 강화, 지역사회 통합 돌봄(커뮤니티 케어) 등 다양한 공공 정책이 실행되고 있는데, 이들 정책이 실질적으로 지역사회에서 작동하기 위해서는 의료와 요양 복지 간 연계 및 각각의 서비스 연계 등을 담당할 보건 기관의 역할 강화가 필수적이다. 현재 정부가 추진하고 있는 건강생활지원센터는 소생활권 중심으로 주민의 건강한 생활을 관리하고 지원하는 지역 보건 기관이다.

주민들의 접근이 용이한 소생활권에서 전문가에게 건강 상담과 통합 건강 증진 서비스를 받을 수 있는 건강 증진 전담 기관으로서, 주민들 스스로 건강 정보를 공유하고 건강 증진 프로그램을 직접 만들면서 건강 문제를 해결하도록 건강 조직을 구성하고 운영하도록 독려하고 있다.

도시지역은 농어촌에 비해 취약 인구가 집중되어 있으나, 대부분 보건소 1개소만으로 공공 보건 사업을 운영함에 따라 도시 취약지역 주민에 대한 질병 예방, 건강 증진 등에서 필요가 충족되지 못하고 있다. 이에 정부는 2007년부터 도시지역에 보건지소 확충 사업을 수행했으나, 소생활권의 다소 큰 사업 규모($825m^2$)로 대지 확보가 어렵고, 인력 투입(15명)이 많아 지자체의 사업 참여가 저조했다. 여기에 진료 기능 유인이 존재해 민간 의료 기관과 지역 내 갈등을 유발하는 등 전국적인 사업의 확산 속도가 미미했다. 그러나 여전히 소생활권 중심의 지역 보건 기관에 대한 필요성과 요구도가 높아서 지자체의 참여를 높이면서 민간 의원과의 갈등을 불식하기 위해 인력·설치 규모·설치 방식 등을 효율화하고 관할 지역의 건강 증진 사업에 집중하는 건강생활지원센터 모형으로 전환하게 되었다. 2013년 시범적으로 대상 기관을 선정한 결과 지자체 수요 및 요구도가 높아서 2014년부터 건강생활지원센터로 본격 개편을 추진했고, 2015년에는 〈지역보건법〉 개정을 통해 건강생활지원센터 설치 근거를 마련했다.[6]

이와 같은 일차의료 만성 질환 관리 시범 사업과 보건 기관 기능 개편 및 건강생활지원센터 운영 등과 같은 정부의 정책 추진은 현실적인 지역 보건의 필요를 해소하고 있다는 점에서 긍정적인 성과를 보이지만, 아직 많은 문제점을 안고 있다. 일차의료 만성 질환 관리 시범 사업은 의료계와 갈등 관계가 지속되면서 초기 수가 모형이 후퇴했고, 케어 코디네이터 인력 확충이 빠르게 이루어질 수 있는 정책 환경 조성에 실패했다. 그 과정에서 시범 사업의 성과가 충분히 나타나지 못했고, 본 사업으로 전환이 가능한가에 대한 비판에 직면하고 있다. 더욱이 보건소 주도로 이루어지는 고혈압·당뇨병 등록 관리 사업과 통합을 이루어 내지 못하면서 정부 정책의 일관성에 대한 의문과 보건소의 역할에 대한 비판이 제기되고 있다. 주민 및 지역사회의 자가 관리 역량을 높이기 위한 정책 방안이 미비하다는 문제점도 안고 있다.

현재 시·군·구에 설치·운영되고 있는 보건소는 집단 대상의 공중 보건 기능과 대인 서비스 위주의 건강관리 기능이 혼재되어 있어서 어느 것 하나 제대로 된 기능을 수행하기 어렵다. 그뿐만 아니라 인프라와 접근성 측면에서 지역 주민 전체를 대상으로 한 보편적 서비스를 제공하지 못한 채 특정 계층 및 지역에 한정된 잔여적 접근에 그치고 있다. 이처럼 생활터별 포괄적인 서비스를 제공하지 못한 채 특정 사업 위주의 분절적인 서비스만 제공하기 때문에 보건 환경의 변화에 능동적으로 대응하기 어려운 한계가 있다(임준 외 2018).

6_<지역보건법> 제14조(건강생활지원센터의 설치), <지역보건법> 제24조(비용의 보조).

건강생활지원센터가 소생활권 내에서 지역 주민의 만성질환 관리 및 건강관리를 지원할 수 있을 정도로 정규 인력 확대 및 인프라가 확충되지 않음에 따라 지역 보건을 강화하려는 의지가 정부에게 실제로 있는가에 대해 의문을 낳고 있다. 특히, 보건소의 역량 강화와 함께 지역 보건의 컨트롤 타워 기능 강화 및 전체 보건 기관 간에 기능 개편이 추진되지 못하는 현실은, 인구 고령화라는 우리 사회의 절대 절명의 변화에 대해 당국이 전혀 위기의식을 갖고 있지 못하고 있음을 보여 준다.

② 단기 및 중장기 개혁 방향

단기적으로 일차의료 만성질환 관리 시범 사업은 성과 평가에 기초해 본 사업으로 확대 강화해 나가야 한다. 또한 보건소 기반의 고혈압·당뇨병 등록 관리 사업과 일차의료 만성 질환 관리 시범 사업이 통합 운영될 필요가 있다. 케어 플랜 수립과 케어 코디네이터에 따른 질환 관리를 강화하는 일차의료 만성질환 관리 모형으로 고혈압·당뇨병 등록 관리 사업이 통합되고 이에 근거해 일차의료기관에 포괄적인 방식으로 지불 보상이 이루어져야 한다. 반면, 보건소에 고혈압 당뇨병 등록 교육 센터를 설치해 행태 개선을 위한 적극적인 교육, 상담 서비스를 제공해 온 고혈압 당뇨병 등록 관리 사업 모형은 보건소 인프라를 구축 강화하는 방향으로 전환될 필요가 있다. 또한 환자의 자가 관리 역량을 높이면서 치료 순응도를 높이기 위한 건강 인센티브제를 모형에 포함해 고혈압 당뇨병 등록 관리 사업에서 지급하고 있는 65세 이상 노인의 본인 부담 경감 비용을 건강 인센티브로 전환하고 고혈압·당뇨병 환자가 적용될 수 있도록 해야 한다.

중장기적으로 일차의료 만성 질환 관리 사업은 본 사업으로 전환한 이후 만성질환의 범위를 확대하고, 성과 기반의 지불 제도가 결합되는 방향으로 발전할 필요가 있다. 현재 천식·만성폐쇄성폐질환Chronic Obstructive Pulmonary Disease, COPD 등을 대상으로 한 만성질환관리 시범사업이 수행되고 있는데, 일차의료기관에서 효과적인 관리가 가능한 만성질환의 범위가 점차 확대될 필요가 있다. 또한 등록 규모와 진료 프로세스의 실행 여부에 따른 지불 보상은 유지되어야 하겠지만, 등록한 환자 집단의 관리 수준 및 건강 결과, 더 나아가 지역사회 해당 주민의 건강 결과를 지불 보상에 반영함으로써 기관 수준, 더 나아가 지역사회 수준에서 관리 수준을 높이기 위한 전략이 필요할 것으로 보인다. 특히, 의료 전달 체계 개편과 맞물려 일차의료기관이 의료 전달 체계에서 문지기 역할을 수행하면서 포괄적인 건강관리 주체 역할을 수행하는 주치의 모형으로 발전할 필요가 있다.

보건 기관의 경우는 우선적으로 보건소의 기능 개편과 역할 강화가 전제되어야 한다. 보건소는 시·군·구 단위의 기획 및 질병 관리를 총괄하는 컨트롤 타워 역할을 수행하도록 규제와 행정 기능, 소규모 보건 기관에서 수행하기 어려운 집단 대상의 보건 사업, 데이케어 센터Day Care Center 운영 등의 기능만을 남기도록 보건 기능 개편이 필요하다. 또한 건강생활지원센터 및 건강 증진형 보건지소의 인프라 확충이 필요하다. 임준 외(2018)는 건강생활지원센터를

동 지역에 설치할 때 대중교통을 통해 30분 이내에 접근 가능한 위치에 배치한다는 원칙으로 노인 인구 1만 명당 1개소를 설치해야 한다는 확충 방안을 마련했다. 단, 읍·면 지역의 경우는 노인 인구 1만 명당 1개소로 건강 증진형 보건지소를 설치할 경우 30분 이내에 접근하지 못하는 주민이 상당수를 차지하는 지역이 많아 접근 취약성 30%를 기준으로 추가 설치할 것을 제안하고 있다.

건강생활지원센터의 현재 기능 측면에서는 기본 사업과 특화 사업으로 분류해 제시하고 있다. 건강생활지원센터에서 필수적으로 수행해야 할 기본 사업으로, 노인과 장애인 전체를 대상으로 한 포괄적이고 보편적인 건강관리에 기반한 허약 노인 및 필요 장애인에 대한 보편 방문 서비스의 제공, 일차의료기관과 연계한 일차의료 만성 질환 관리 사업의 지원, 건강보험공단과 연계한 건강검진 유소견자 건강관리 지원 등 세 가지를 제시했다. 선택(특화)사업의 경우 지역사회 역량, 지역 요구도, 주민 건강 역량 등을 고려해야 하므로 특정 사업에 국한하는 것은 바람직하지 않다. 따라서 지역 사회 통합 건강 증진 사업 13개 분야에서 지역 수요 및 여건을 반영해 사업을 선정하고 수행할 것을 제안했다. 단, 지역 특성을 고려한 생애 주기별·생활터별 건강 증진 사업을 추진하고, 지역사회 역량에 따른 주민 참여 방식의 특화 사업을 단계별로 제안하며, 영유아 대상 보편 방문 서비스는 중·장기적으로 기본 기능이 될 수 있도록 전환할 필요가 있음을 제안한다.

이에 따라 정부는 2019년 사업 추진 방향에서 보건소 하부 기관이 없는 도시지역 시·구당 생활권 중심으로 1개소 이상씩 건강생활지원센터를 단계적으로 확충하겠다는 목표를 설정했다. 건강생활지원센터 사업의 안정적 정착 및 내실화를 추진하고, 건강생활지원센터사업 관리 및 모니터링 체계를 강화하고자 정부-지자체 간 정책 공유 및 소통의 장을 마련하고, 핵심 운영 원리 위주의 성과 평가 체계를 운영하도록 했다. 또한 기획 단계부터 건강 문제를 해결하는 주체로서 지역 주민의 참여를 통한 센터 운영을 독려하고 있으며, 민간 의료 기관, 사회복지 기관, 학교, 산업체 등의 관할 지역 및 인근 가용 자원과 연계·협력 체계를 구축해 적극적 사업 동반자로 육성하도록 권장하고 있다. 보건소와 건강생활지원센터 간 효율적인 기능 분담을 통해 보건소는 전체 지역을 관할하면서 사업 총괄 조정, 기획 기능을 강화하고, 건강생활지원센터는 해당 '동' 지역을 관할하며 지역 특화형 건강증진사업을 발굴하고 수행할 수 있도록 했다. 또한 기존에 운영 중인 도시 보건지소의 건강생활지원센터 전환 지원(개·보수, 장비 지원)을 통해 지역 보건 기관으로서 법적 근거 확립 및 건강증진사업 활성화를 유도하고 있다. 그런데 도시 외 지역의 경우 민간 의료 기관이 부재한 상황에서 보건소의 진료 기능을 없애는 것은 불가능하다. 따라서 이 경우 보건소의 기존 기능을 유지한 채, 건강생활지원센터의 건강 증진 기능을 더해 건강생활지원센터를 확충하는 방안을 고려해 볼 수 있다.

중·장기적으로는 지역, 계층을 떠나 모든 사회 구성원에게 필수 보건의료 서비스에 대한 동등한 접근권을 보장하기 위해 지역의 일차보건의료가 결합된 단일한 공공 보건의료 체계를 구축해야 한다. 단일한 공공 보건의료 체계는 보건의료 서비스 및 건강 관련 서비스가 시장의 흥정에 따라 달라지지 않고, 사회적 필요에 따라 예방·치료·재활 서비스가 연속적으로 제공되며, 1차부터 3차까지 서비스의 연계와 조정이 이루어지는 체계를 의미한다. 또한 의료 기관의 운영비는 건강보험 급여비를 통해 조달하지만, 시설, 장비 등 자본 비용은 일반회계 또는 별도의 건강보험 필수 의료 기금을 통해 조달하는 체계를 의미한다. 소유·지배 구조를 제외하면 공공 보건의료 체계 내의 공공 의료 기관과 민간 의료 기관이 공공적 기능 측면과 재원 조달 측면에서 동등함을 의미한다.

주치의 역할을 맡은 일차의료기관과 소생활권 단위의 주민 건강 센터(건강생활지원센터, 건강 증진형 보건지소 등)는 결합해 일차보건의료 네트워크를 구축하고, 등록제 기반의 일차 진료를 비롯한 포괄적인 일차보건의료 서비스와 돌봄 및 복지와 연계된 커뮤니티 케어 서비스를 통합적으로 제공해야 한다. 또한 일차의료기관의 의뢰에 근거해 통원 전문 진료 센터와 지역 책임 의료 기관 그리고 권역 책임 의료 기관에서 급성기 및 회복기 서비스와 지역 기반의 교육 및 연구가 함께 진행될 수 있도록 해야 한다. 보건의료 종사자의 건강권을 보장하기 위해 보건의료 인력 기준을 북유럽의 복지국가 수준 이상으로 확대하고, 기관의 예산을 인력 기준과 연동해 편성 지급함으로써 인력 양성 및 관리에서 정부의 책임성을 높여 나가야 한다.

5. 건강 정치 운동 주체의 재구성

1) 시민사회의 분화

의료보험 통합 일원화, 의약분업, 건강보험의 보장성 강화, 무상 의료 등 시민사회는 건강 연대 등과 같은 연대 조직을 만들어 보건의료 운동을 전개했다. 이런 단일한 연대 조직은 2010년 '건강보험 하나로 시민회의'(이하 시민회의)가 출범하면서 새로운 변화를 맞게 되었다. 시민회의는 건강보험의 보장성 확대만을 요구한 것이 아니라 보장성 확대에 필요한 재원을 건강 보험료의 인상과 같은 사회적 연대 방식으로 마련하자는 구체적인 대안을 제시했다. 즉, 건강 보험료 인상을 지렛대로 국가와 기업의 책임성을 강화하는 새로운 운동 방식을 제안했다. 민주노동당의 일부 그룹과 복지국가소사이어티, 사회보험노조, 보건의료노조 등이 시민회의를 구성하며 무상 의료 운동의 정체와 의료 민영화의 진전 속에서 건강보험 하나로 운동을 새로운 무상 의료 전략으로 추진했다. 이런 건강보험 하나로 범국민 캠페인이 본격화되면서 시민사회 내부 논쟁이 격화되었고, 급기야 건강 연대가 해체하는 일이 발생했다. 시민회의에서 민주노총 및 그간 보건의료 운동을 주도해 온 그룹에 대한 설득이 실패하면서 시민회의와 대별되는 '의료민영화 저지 범국민운동본부'(이하 범국본)이 조직되었고, 보험료 인상이 아닌 국고 지원 확대와 사업주 부담 강화를 통한 재원 확보라는 기존 입장을 고수했다.

이렇듯 보건의료 개혁에 대한 보건의료 부문의 입장 차이가 발생하는 데에는 시민회의의 출범이 계기가 되었지만, 이는 더 본질적으로 보건의료 부문의 물적 토대가 변화하면서 갈등 양상이 변화하고 복잡해진 것과 무관하지 않다. 또한 의료 민영화 정책의 추진이 정치적 의제로 형성되는 상황에서 반대에 머무르지 않고 의료 민영화의 토대가 되는 보건의료의 개혁을 달성하기 위한 노력이 정치적 관심사로 부각되었지만, 여전히 시민사회의 대부분은 과거 시민 사회운동의 영역에서 정치권의 개별적인 인사에 대한 로비 또는 협력을 통해 문제를 해결하려는 경향이 지배적이었다는 것이 보건의료에서 시민사회의 균열을 설명하는 요소라 할 수 있다. 특히, 시민회의의 활동이 상당 부분 정치적 의제화에 초점이 맞추어지면서 시민사회의 분화가 더욱더 커졌다고 할 수 있다. 정의당에서 건강보험 하나로 운동을 전폭 수용하고, 민주당 역시 재원 방안에 대해서는 소극적 태도를 보였지만 건강보험 하나로 운동의 목표를 수용하는 등 시민회의에 기반한 정치 활동이 활성화되면 될수록 이런 분화는 필연적이고 자연적인 과정이라고 할 수 있다. 문제는 보건의료 운동의 분화에 있는 것이 아니라, 시민회의 역시 시민이 주도하는 건강 정치의 주체로 나서기보다는 기존 정당에 대한 조직화 및 영향력 확대에 초점을 맞추었던 과거 보건의료 운동의 한계를 여전히 극복하지 못했다는 데에 있다. 시민사회의 분화를 자연적인 것으로 이해하고 건강의 의제를 시민 사회운동의 영역에 국한하는 것이 아니라 정치의 의제로 끌어올리는 노력, 더 나아가 시민이 건강 정치의 중심이 될 수 있는 조직화 과정이 충분하지 않았기 때문에 오히려 혼란을 가중한 것이 아니었는지에 대한 성찰이 필요하다.

20세기 초 대의 민주주의에 기반한 정치제도가 선진 민주국가에 확립된 이래로 정당은 민주적 정치과정에서 핵심적 역할을 담당해 왔다. 근대적 의미의 시민사회가 형성된 이래로 시민사회는 다양한 이해관계에 따른 균열이 존재했고, 이를 대변하는 정치 세력 중 다수의 지지를 받는 정치 세력이 권력을 위임받아 국가를 운영하는 대의 민주주의 제도를 기본적인 정치 질서로 형성해 왔다. 최근 들어 대의제의 한계를 지적하고 직접적인 참여의 중요성과 제도화를 달성하기 위한 노력이 커지고 있고, 향후 더욱더 그런 경향이 커질 것이 예상된다. 그렇지만 대의 민주주의 제도에 기반한 정치체제가 일정 기간 중심적인 위치에 있으리라는 점은 부인하기 어렵다. 시민사회의 균열을 당사자가 직접 정치적으로 담아낼 수 있는 정치체제가 형성되기 전까지는 대의제하에서 정당이 시민사회 균열의 정치적 담지자라 할 수 있을 것이다(김수진 2008).

전통적으로 서구의 정당은 19세기까지 특정 인물 또는 소수의 엘리트에 의해 운영되는 특성을 보이다가 20세기 들어와서 시민사회의 계급적 균열에 기반한 주요 계급 또는 계층의 이해를 대변하는 대중정당으로 발전해 왔다. 이런 계급적 기반, 특히 노동자계급에 기반한 대중정당의 성장이 1950~60년대 사회보장의 급속한 확대와 안정적 경제성장을 이루게 된 주요한 동력이 되었다. 계급에 기반한 대중정당은 1970년대를 거치면서 이념성과 당원의 역할이 약화되고 특정 사회 세력에 대한 의존도가 감소하는 양상을 보이게 되었다. 더 나아가 레이거노믹스로 대표되는 신보수주의 및 신자유주의의 영향으로 정당의 계급적 기반이 약화되고 특정 이익집단과의 유대가 강화되는 현상이 발생했다. 그 결과로 대중정당은 노동자계급의 이해를 대변하는 정치적 담지자로서의 정당보다는 선거에 의존하고 이해 집단과 담합하는 성격이 강화된 정당으로 변모하게 되었다. 이런 흐름 한편에서는 시민사회의 계급적 균열과 함께 생태, 지역, 도농 등 다양한 시민사회의 균열을 담아낼 수 있는 정당의 면모를 갖추는 등 탈근대 의제를 담아내는 정당으로도 발전하는 모습을 보이고 있다.

이에 반해 한국 사회는 1980년대까지 독재 정권하에서 정당이 시민사회의 요구를 반영하지 못했고, 특정 지역에 기반하면서 민주-반민주의 대립 구도에 기초한 정당정치가 일반적인 모습이었다. 정당이 시민사회 계급에 기반한 대중정당으로 발전하지 못하면서 시민사회가 정당을 통해 계급적 이해를 실현하는 것이 아니라 반대 운동과 같은 직접적인 행동을 통해 시민사회의 이해를 실현해 나가는 것이 일반적인 현상이었다고 할 수 있다. 물론 최근 들어 시민사회의 균열을 반영한 정당이 나타나고는 있지만, 여전히 지역에 기반한 담합 정당의 모습을 보이고 있다. 더욱이 최근에는 계급적 기반의 대중정당이 채 성장하기도 전에 생태 등 탈근대 의제에 기초한 정당이 등장하고 있다(김수진 2008).

특히 한국 사회에서 성장해 온 정당의 특성을 보면, 민주 이행기 정치의 보편적 특성과 다른 양상을 보이고 있다. 일반적인 민주 이행기 정치의 보편적 특성을 보면, 민주/반민주의 대립 구도가 해체되고, 정치 공간이 팽창하면서 다양한 정치사회 조직이 폭발적으로 증가하는 양상을 보이고, 계급과 같은 핵심적 균열이 성장하고 정치 전선이 단순화·고정화되는 경향을 보인다. 그러나 한국은 민주화 이후에 여전히 시민사회의 요구가 봉쇄되고 특정 인물 및 지역에 기대는 양상이 바뀌지 않고 있다. 또한 민주/반민주의 대립 구도가 소멸되고는 있으나 권위적인 정부에 의해 반복되는 일들이 벌어지고 있고, 계급 및 계층에 기반한 대립 구도가 성장하지 못한 채 여전히 지역적 기반에 기초한 시민사회의 균열이 지속적으로 유지되고 있다(김수진 2008).

2) 시민사회의 균열과 정당정치

서구의 진보 정당은 노동운동의 정치적 성장과 맥락을 같이한다. 급속한 산업화로 노동자의 단결 및 조직화가 강화되고 계급의식이 성장하게 되면서 노동자의 이해를 대변할 진보 정당에 대한 요구가 커지게 되었고, 양차 세계대전을 경험하며 노동자의 계급적 이해관계가 모든 시민의 보편적 권리 및 민주주의에 대한 열망을 대변하는 정치적 리더십을 발휘하면서 대중정당으로 발전하는 계기가 되었다. 케인스주의와 포디즘 생산 조직의 결합으로 대표되는 사회경제 구조의 변화는 이런 대중적인 진보 정당 성장의 물질적 토대라 할 수 있다. 그런데 이런 물적 토대의 변화는 진보 정당의 대중적 성장 기반이 됨과 동시에 급격한 제도화를 통해 계급의식이 약화되고 노동운동과의 결속력을 약화하는 이유가 되기도 했다. 또한 노동운동이 다양한 시민사회의 균열, 즉 일반 민주주의 과제에 결합하면서 탈계급적 의제가 확산되었고, 1960년대부터 형성되어 온 신사회운동의 성장과 맞물려 전통적인 계급 및 계층에 기반한 계급정당의 성격이 약화되는 상황이 발생하게 되었다. 특히, 1970년대 세계 자본주의의 위기가 찾아오고 신보수주의 및 신자유주의 체제가 30년 이상을 지배하면서 서구에서 노동운동에 기반한 진보 정당의 성격이 점차 약화되는 상황이 발생하고 있다. 그리고 그 빈자리에 다양한 시민사회의 균열을 반영한 탈근대 의제가 차지하고 있다(김수진 2008).

서구와 달리 한국에서는 계급 및 계층에 기반한 정당이 강력한 대중적 기반을 형성하는 데에 실패했다. 서구와 달리 1987년 민주화 이후 노동운동의 정치 세력화가 지체되었고, 2000년에 들어와서야 민주노동당이 출범했다. 민주노동당의 중요한 기반이 노동운동이라는 점을 부정할 수는 없지만, 이념적으로 추상적이고 낭만적인 1980년대 학생운동의 유산이 강한 중산층 중심의 성격이 강했다. 그 결과로 노동문제보다 통일 문제에 더 주력하는 모습을 띠는 등 민주노동당은 노동운동에 기반한 진보 정당의 면모를 완전히 갖추었다고 보기 힘들다(김수진 2008). 이런 한계는 결국 2004년 의회에 진출하는 성과를 이루게 되었으나 정치적 노동운동의 성장으로 이어지지 못하는 장애로 작용했고, 여전히 지역에 기반한 정치사회의 대립 구도와 민주-반민주 대립 구도를 재생산한 권위주의 정부의 등장 속에서 정치적 실패를 맞는 중요한 이유가 되었다.

이렇듯 노동운동에 기반한 진보 정당이 제대로 성장하지 못하게 된 이유는 한국 사회의 역사적 맥락 및 구조적 조건 등과 밀접하게 관련되어 있다. 해방 후 근대적 정치 질서가 확립되기도 전에 오랜 기간 독재 정권에 의한 정치적 억압을 받았다는 점을 들 수 있다. 이런 역사적 경험은 1987년 민주화 이후에도 정치적 유산으로 이어져 근대적 정당정치를 발전시키기 위한 제도 개혁을 가로막는 요인으로 작용하고 있다. 또한 초기 독재 정권과 직접적인 대립 구도를 형성한 노동운동이 시민사회의 계급적·계층적 균열에 대한 정치적 리더십을 발휘할 정도로 정치적 역량이 충분하지 못했다는 점도 진보 정당의 성장을 더디게 만든 이유가 되었다고 할 수 있다. 이렇게 시민사회의 계급 및 계층적 균열에 기반한 진보 정당, 즉 노동운동에 기반한 진보 정당의 성장이 더딘 상황에서 인간의 보편적 삶과 인권, 또는 일반 민주주의 문제에 기초한 시민사회의 균열 구조가 한국 사회에 등장하게 된다. 근대의 중심적 주제인 노동과 복지의 의제와 관련이 있으면서도 독립적인 성격을 갖는 인권, 생태, 건강 등의 탈근대 의제가 한국 사회의 중요한 화두로 등장하게 된 것이다. 결국 한국의 시민사회는 민주-반민주의 균열이 존재하면서 여전히 물적 기반을 갖고 있는 지역 균열이 강력한 힘을 발휘하고 있는 전근대적 정치 질서에 기반을 두고 있다. 특히, 계급 및 계층의 균열에 기반한 노동운동의 정치 세력화가 충분하게 성장하지 못한 결과로 보수 세력이 지배적인 영향력을 행사하는 근대적 정치 질서가 공존하고 있다고 할 수 있다. 그리고 인권, 복지, 생태에 기반한 신사회운동이 급성장했지만 이를 대변할 수 있는 정치 세력은 충분하게 성장하지 못한 탈근대의 정치 질서가 중첩 결정되어 있는 양상을 띠고 있다.

이런 시민사회의 균열 구조 및 정치사회의 특성을 고려할 때 한국 사회의 진보 정당은 여전히 중요한 시민사회 균열의 핵심 주체이고 신자유주의 체제에서 더욱더 중요성이 커지고 있는 노동에 기반하는 것이 타당할 것으로 보인다. 그렇지만 서구의 진보 정당과 달리 정치적 노동운동의 물적 기반이 충분하지 않은 상황임에도 불구하고 다른 계층까지 포괄하는 대중적 진보 정당의 위상을 갖는 정당으로 조직화할 필요가 있다. 또한 시민사회의 다양한 갈등 구조, 특히 복지, 생태, 건강에 대한 의제를 노동의 의제와 결합하고 정당의 핵심적인 이념적 가치와 과제로 설정하는 진보 정당의 전망을 가져 나가야 한다. 이런 정당정치의 관점을 가질 때에 환자와 보편적 건강권의 주체인 시민의 요구가 단지 진보 정당의 공약에 담기는 정도로 끝나는 것이 아니라 진보 정당의 이념과 활동 전반에 각인될 수 있을 것이다.

3) 건강 정책의 특성과 건강 정치의 가능성

일반적으로 건강 관련 정책은 시장경제 원리의 적용이 어려운 보건의료의 특성을 반영한다. 먼저, 공급이 면허 및 설립 인허가 등으로 특정 공급자에게 구조적으로 독점되어 있고, 코로나-19와 같이 광범위한 외부 효과가 발생하기 때문에 국민 건강 측면에서 강제적인 규제 조치가 빈번하게 발생할 수밖에 없다는 점 등이 건강

정책의 특성을 보여 주는 대표적 사례라 할 수 있다. 인력 양성을 포함해 수요에 따른 공급을 조정하기 어려운 구조적 문제 등으로 시장에 보건의료 문제를 맡길 경우 심각한 문제가 발생하기 때문에 적극적인 개입 정책이 당연하게 받아들여진다는 점도 특징적이다. 이런 이유로 자유주의 시장경제 질서를 금과옥조로 삼는 미국조차도 보건의료에 대한 규제를 강화하고 있다. 특히, 보건의료 및 건강이 가장 보편적인 인권이라는 인식이 커지고 있고 국제법상 보건의료를 기본권으로 보장하고 있다는 점도 건강상의 필요가 아닌 구매력에 따라 자원의 배분이 결정되는 시장의 원리가 보건의료와 양립하기 어려운 지점이다(김창엽 2019).

다음으로, 건강 관련 정책은 국가 경제력과 밀접하게 관련되어 있다. 실제 국민들의 소득이 증가하고 국가의 경제적 기반이 일정 수준에 도달할 경우 건강에 관한 수요도 증가하고 정부의 예산 및 국가의 전략 방향이 건강 향상 및 건강 불형평성에 강조점을 두는 경향이 크다. 물론 각 국가의 정치체제 및 정치적 역관계, 인권적 가치 등 다양한 영향 요소에 의해 경제 수준과 무관하게 건강 관련 정책이 매우 중요한 우선순위가 되는 경우도 많지만, 최소 1인당 국민소득이 5000달러에 이를 정도까지는 국가의 경제적 역량이 건강 수준 및 관련 정책에 영향을 미친다는 점을 부정하기 힘들다. 한국의 경우도 국민소득의 증가와 함께 건강에 대한 관심과 더 많은 자원이 배분되어야 한다는 국민적 요구가 커지고 있는 실정이다.

세 번째로, 건강 관련 정책은 정책 파급효과가 다른 어떤 분야보다 광범위하고 다른 어떤 분야보다 형평성에 대한 관심이 크다.

대표적인 정책으로 건강보험 정책을 들 수 있다. 건강보험의 등장 이후 보건의료 공급량이 급격하게 증가하면서 보건의료 및 건강에 대한 국민의 관심이 획기적으로 증가했고 보편적 보장에 대한 인식이 확대되었다. 또한 보건의료에 대한 접근권을 포함한 건강권을 인권의 핵심적 분야로 인식하는 담론이 확산하면서 다른 어떤 분야보다 형평성에 대한 강조점이 커졌다.

마지막으로, 소득수준의 향상과 저출생·고령화로 표현되는 인구구조의 변화로 건강에 대한 국민의 욕구가 폭발적으로 증가하고 있고, 다양한 이해관계자의 요구가 복합적으로 정책에 영향을 미친다는 점도 중요한 특성으로 설명할 수 있다. 면허 제도로 공급이 전문가에게 독점되어 있어서 전문가에 의한 주도성이 강하고, 대형 병원 자본, 제약 자본, 보험 자본 등 다양한 이해 집단의 이해가 정책 결정 과정에 직접적인 영향을 미치고 있다.

이렇게 구조적으로 복잡하고 중요한 건강 관련 정책은 직접적 이해 당사자라 할 수 있는 환자나 국민의 건강 욕구가 정책으로 결정되는 과정에서 이해 집단이 가진 힘의 크기에 따라 정책이 불공정하게 결정되는 경향이 크다. 공급자, 공급자와 연계되어 있는 보험 및 제약 자본은 정부의 각종 위원회나 의회 등에 대한 로비 활동 등을 통해 정책에 직간접적인 영향을 행사하고 있다. 정부와 보수 정당이 이런 이해 집단의 이해를 대변해 실제 국민의 이해에 반하는 정책이 결정되는 사례를 의료 민영화 정책에서 확인할 수 있다. 반면 직접적인 건강 문제의 담지자라 할 수 있는 환자나 국민은 정책 결정 과정에 참여할 기회가 많지 않아 일부 여론이나 의회를 압박하는 방법으로 영향력을 행사하고 있다. 만약 의회 내에 환자나 국민의 건강권을 대변할 수 있는 진보 정당이 충분하게 성장했다면 진보 정당의 직접적 참여를 통해 정치적 의제화를 시도했겠지만, 그렇지 못한 상황에서 환자나 국민은 매우 제한된 방법으로 정책에 참여할 수밖에 없는 실정이다.

이렇게 권력의 크기에 따라 정책 과정의 참여가 불균등하게 이루어지기 때문에 최초 정책 의제를 형성하는 단계에서는 정책이 필요한 환자나 국민의 이해가 반영되는 것처럼 보이지만, 구체적인 정책이 채택되는 과정에서는 서비스를 공급하는 대형 병원, 이와 관련되어 있는 제약 회사나 민간 의료보험 회사 등의 이해가 공공적인 이해를 압도하는 일이 발생하게 된다. 결국 정부가 다양한 민주적 절차를 확립하고 다양한 위원회나 간담회를 통해 시민의 이해를 반영한다고 하지만, 실제 건강의 직접적 이해 당사자인 환자나 국민의 이해를 대변할 수 있는 정치 세력이 충분하게 성장하지 못해 결국 형식적 절차만 지킨 채 내용적으로는 건강 불형평성을 악화시키는 방향으로 정책이 결정되는 경우가 대부분이다.

이처럼 정책 과정을 통해서는 건강과 관련해 존재하는 시민사회의 균열, 또는 환자 또는 국민의 건강의 필요를 충분하게 담아내기 어렵다. 특히, 건강 불평등 문제가 더는 은폐할 수 없는 심각한 사회문제가 되고 있는 상황과 이를 해결할 수 있는 정치 세력이 충분하게 성장하지 못한 상황에서 정책 수준에서의 참여를 넘어서는 건강 정치의 필요성이 제기된다고 하겠다. 과거와 같이 건강권의 의제를 정부나 국회에 청원하는 방식으로는 실제 정책에 반영하기 어렵다는 점에서 건강권의 주체로서 환자와 시민의 독자적인 정치 세력화가 요구된다.

그러나 이런 건강과 관련한 시민사회의 욕구를 직접적으로 반영할 수 있는 정당이 독자적으로 세력화하는 것은 쉽지 않아 보인다. 노동·생태·복지와 함께 건강을 중심적인 가치로 삼고 건강과 관련한 시민사회의 균열을 정치적 의제로 형성하는 것을 자신의 과제로 삼는 진보 정당의 역량을 키워 내는 것이 한 방법일 수 있다. 과거와 같이 선거 때에 공약을 제시하는 수준의 정책 활동이 아니라 진보 정당의 중요한 구성 주체로 환자·보건의료인·보건의료 시민단체 등이 참여하고 지자체 선거와 국회의원 선거 등에 건강 정치의 주체로 직접 참여할 필요가 있다.

4) 건강 정치의 과제

현재 보건의료 및 건강 문제를 둘러싼 대립의 성격은 사익 추구적 보건의료 체계를 지향하는 신자유주의 세력과 보건의료 체계를 공공적으로 개혁하려는 시민사회 진영 간의 정치투쟁이라고 규정해도 무방할 것이다. 신자유주의 패러다임에 기초한 자본의 공세는 경제 위기 국면을 거쳐서도 전혀 흔들림 없이 시장의 패권을 강화하는 방향으로 가고 있고, 보건의료도 그런 경향에서 벗어나 있지 않아 보인다. 사익 추구적 보건의료 체계의 구축에 이해를 같이하는 경제 관료, 보험 자본과 병원 자본, 제약 자본, 일부 전문직 의료 공급자, 각종 협회 등으로 대표되는 관련 이해관계자들은 합종연횡을 통해 의료 이용자이자 보험 가입자인 국민들, 그리고 이를 대변하는 시민사회 진영과 대립 전선을 형성하고 있다.

특히, 보험 자본은 끊임없이 의료 민영화의 논리와 정책을 재생산하면서 사익 추구적 보건의료 체계를 더욱 공고화하기 위한 정치 활동을 강화하고 있다. 정부의 의료 민영화 정책이 관철되어 미국식의 사익 추구적 보건의료 체계가 전면화될 경우 최대 수혜자가 될 보험 자본은 의료 민영화의 핵심 집단이라고 해도 과언이 아닐 정도로 정부의 의료 민영화 정책에 깊숙이 개입하고 결합해 있다. 문재인 케어를 도입했어도 건강보험의 보장률이 획기적으로 증가하지 않는 이유도 실손형 민간 의료보험 등 민영 의료보험의 저항에 기인한 바가 크다. 수십조 원이 넘는 민간 의료보험 시장은 의료 민영화의 중요한 물적 기반이 되고 있다. 건강보험 당연지정제도, 〈의료법〉상 유인 알선 금지 조항 등 몇 가지 제도적 장치만 입맛에 맞게 조정한다면, 보험 자본 입장에서 황금알을 낳는 국면이 조성될 수 있는 것이다(김종명 2012).

그런데 이런 민간 의료보험 시장의 증가와 사익 추구적 보건의료 체계가 강화되는 현실은 환자 및 국민에게 심각한 고통일 수밖에 없다. 민영 의료보험의 성장은 결국 가계에서 보험료 부담의 증가로 이어져 고스란히 가계의 고통으로 남게 된다. 더욱이 정작 민영 의료보험이 필요한 환자는 가입이 어려운 반면 의료 필요도가 크지 않은 계층과 집단만 민영 의료보험 가입이 이루어지기 때문에 실질적인 효용은 크지 않은 채 가계의 불필요한 의료비 지출만 증가하고 있다. 결국 전체적인 건강 수준 향상에는 별다른 도움이 되지 않으면서 국민 의료비만 폭발적으로 증가해 국민 경제 측면에서도 매우 비효율적인 문제가 발생하게 된다.

현재 보건의료 및 건강 문제를 둘러싼 대립의 성격은 다양한 이해 집단의 이합집산과 구조적 갈등을 내포하고 있지만, 그 속에서 건강보험을 에워싼 보험 자본과 기획재정부를 주축으로 한 정부를 한편으로 하고, 환자와 국민 그리고 보건의료 단체를 주축으로 한 시민사회 진영 등이 다른 한편으로 하는 대립 축이 형성되어 있다. 그런 측면에서 건강보험 하나로 운동은 이런 대립 전선에서 벌어지고 있는 핵심적인 갈등 구조를 정치 프로그램으로 현실화했다는 점에서 의의가 매우 큰 운동이었다. 그렇지만 이런 활동은 광범위한 시민의 공감대를 끌어내고 건강보험 보장성 문제를 정치적 의제로 부각하는 데에는 성공했지만, 주도적인 정치 세력에 의해 핵심적 과제로 채택되지는 못했다. 이런 노력은 특정 정치인에게 로비 또는 협력을 끌어낸다고 해결될 수 있는 성격이 아니기에, 보건의료와 건강 문제에 이해를 갖고 있는 세력이 시민 사회운동에 머물러 있는 것이 아니라 직접적으로 정치 활동에 참여하고 개입하는 노력이 함께 전개되었을 때에 실현 가능하다. 이를 위해서는 지역 수준에서 더 나아가 중앙정부 수준에서 건강 문제를 중심적 의제로 삼아 활동을 펼칠 정치적 대리인을 양성하고 의회에 파견하는 노력과 함께 직접적인 의사 결정 과정에 시민의 참여를 이루어 내기 위한 다양한 노력이 전개되어야 한다.

6. 결론

선진 외국에 비해 코로나-19 확진자 수가 비교할 수 없을 정도로 적은 것은 한국의 방역 체계가 우수하다는 것을 의미한다. 빠른 검사, 접촉자에 대한 추적 조사와 선제적 격리 조치, 철저한 개인 빙역 수칙 준수 등이 K-방역의 성과로 나타났다. 그러나 선진 외국의 10분의 1 수준의 확진자가 발생하자 한국 보건의료의 실태가 드러났다. 중증 환자를 치료할 병원이 없어서 이송을 기다리다 사망하는 사태가 발생했다. 이에 감염병 의료 대응 역량이 부족하기 때문에 봉쇄 수준으로 방역을 강화해야 한다는 주장이 설득력을 갖게 되었고, 지금까지 사회적 거리 두기를 강화하는 정책이 이어지고 있다. 최근 사회적 거리 두기에 대한 국민적 피로감과 영세 자영업자의 몰락, 그리고 기울어진 운동장이 더욱 급속히 기울어진 현실 속에서 문재인 정부 정책에 대한 문제 제기가 커지고 있다. 더욱이 모든 확진자와 접촉자를 격리하는 방식의 방역 조치는 코로나-19에 대해 아는 것이 별로 많지 않던 초기에나 어울리는 조치이고, 이런 방식은 전혀 과학적 근거도 없고 효과적이지도 않다는 주장이 설득력을 얻고 있다. 더욱이 백신 접종으로 고위험군의 발생률과 치명률이 크지 않고 감염원을 모르는 지역사회 감염이 광범위하게 존재하는 상황에서, 엄청난 사회적 비용이 발생하는 전면적인 격리 방식의 방역 조치는 더는 실효적이지 않다는 문제 제기는 타당하다고 할 수 있다. 국민들에게 충분한 정보 제공과 소통, 그리고 유행 양상에 대한 충분한 분석에 기초해 적절한 방역 조치를 강구할 필요가 있다.

그런데 방역 조치의 변경에 앞서서 진료 대응 역량을 강화하는 것은 치료 가능한 사망을 줄이는 데에 우선적으로 갖추어야 할 일이다. 일단, 고위험군의 확진자 발생이 크게 늘지 않는다면 추가적인 인프라를 갖추지 않더라도 중증 환자의 진료 대응은 가능할 것으로 보인다. 그렇지만 확진자가 급증하는 상황에서 중등도 환자를 대상으로 한 진료 역량을 높일 필요가 있다. 그렇지만 지금까지 중등도 코로나-19 환자에 대한 진료 대응을 공공 병원 중심으로 진행해 온 관계로 현재는 급증하는 중등도 환자를 감당하기 어렵다. 중등도 환자를 잘 치료하면 중증으로의 진행을 막을 수 있고 합병증 없이 치료할 수 있는데, 이 부분에 대한 역량이 부족한 상황이다. 따라서 공공 병원뿐만 아니라 민간 병원도 중등도 환자에 대한 진료를 함께 수행할 수 있도록 감염병 진료 체계를 재구축할 필요가 있다.

우리 국민들은 코로나-19 팬데믹으로 소중한 생명이 부질없이 쓰러져 가는 현실을 목도하면서 보건의료 체계의 공공성을 확보하는 것이 얼마나 중요한지를 매순간 확인하고 있다. 그렇지만 아직까지도 과거의 담론 지형에서 헤어 나오지 못하면서 현실의 고통을 외면하는 주장이 변화의 발목을 잡고 있다. 팬데믹 초기 공공 의료에 전폭적인 재정 투입을 할 것처럼 요란을 떨었던 기재부 등 재정 당국이 2022년 공공 의료 확충 예산을 대폭 삭감하고 있는 모습에서 암울한 미래를 본다. 이제 공공 병원의 확충과 민간 병원의 공공성 강화, 그리고 이에 기반한 보건의료 체계의 공공성 강화는 위드 코로나 시대를 슬기롭게 살아가기 위한 필수적인 국가 어젠다임을 잊지 말아야겠다. 변죽만 울리기엔 국민들의 고통이 이미 임계점을 넘은 지 오래되었다.

지금까지 한국 사회에서 보건의료에 대한 정부의 역할이 시장 실패를 보완하는 데에 그쳤다면, 한국 보건의료의 미래 비전은 정부가 국민이 누려야 할 건강할 권리를 보장하기 위해 적극적인 역할을 수행해야 한다는 전제에서 출발해야 한다. 보건의료의 공공성을 시장 실패라는 협소한 틀에서 가두지 않고, 서구 사회에서 당연하게 받아들이는 건강할 권리의 보장이라는 관점에서 해석하고 이를 제도화할 때, 초고령 사회를 앞둔 한국 사회가 지속 가능하면서도 한 단계 진일보하고 모든 구성원의 밝은 미래를 보장하는 사회로 나아갈 수 있을 것이다. 더욱이 공공 의료 강화를 포함한 보건의료의 개혁은 위드 코로나 시대를 살아가기 위한 하나의 선택지가 아님을 각인할 필요가 있다. 국민의 건강권 보장을 위한 보건의료 개혁은 이제 선택지가 아니라 필수적인 과제이다.

4장

정치사회적 균열의 변화와
진보 정치의 조건

신진욱

1. 서론

한국 사회는 1970년대 이래 성공적인 산업화를 달성했을 뿐만 아니라 오늘날까지도 경제성장률, 수출 증가율, 1인당 소득과 구매력 등 여러 총량적·평균적 지표의 관점에서 봤을 때 대단히 성공적인 나라에 속한다. 하지만 1997년 아시아 금융 위기, 2009년 세계 금융 위기 등 몇 차례 전환점을 거치면서 소득·자산 불평등, 정규·비정규직 격차, 종사 기업 규모에 따른 격차 등의 분배적 지표에서 우려스러운 상태가 계속되고 있다. 물론 격차 심화의 경향은 직선적이지 않아서 소득·자산·고용 등 여러 면에서 격차가 증감하는 추이를 보이지만, 1980~90년대에 비해 계층 간 격차와 경쟁 압력이 전반적으로 심해졌다는 기본 사실은 지속되고 있다.

이런 상황에서 한국의 복지국가는 2000년대 들어 빠르게 성장하긴 했지만 여전히 경제 규모 대비 사회 지출 규모나 제도의 포괄성 측면에서 점증하는 복지 수요에 부응하기엔 대단히 미약한 수준이다. 더구나 2000년대 들어 금융자본주의 세계경제 체제의 지배력과 부의 불평등한 분배가 커진 상태에서, 최근에는 코로나-19 바이러스의 세계적 대유행에 따른 재난의 불평등이라는 외적 충격까지 가해짐에 따라, 새로운 사회문제와 갈등을 예방하고 해결하기 위한 복지국가와 진보 정치의 역할이 더욱 긴급해졌다.

세계의 현대사에서 복지국가 발전을 촉진한 사회적 압력을 높였던 구조적인 조건은 자본주의 발전에 따른 노동계급의 성장과 계급적 적대의 심화였지만, 자본주의적 근대화 과정이 복지 정치와 복지국가 발전으로 이어지지 않을 수도 있다는 사실을 뚜렷하게 보여 준 사례가 바로 한국이다. 한국은 급속한 자본주의 발전에도 불구하고 노동자 정치와 복지국가 성장은 극도로 지체된 채 남아 있었다. 이런 자본주의 경제 발전과 노동·복지 정치의 저발전이라는 대비가 지속되고 있는 현실의 사회적인 맥락을 이해하는 것이 중요하다.

이 연구는 복지국가 발전 또는 저발전을 설명하기 위해서는 산업화와 자본주의 발전이라는 경제구조적 요인뿐만 아니라, 그 사회의 계급적 분할 구조, 시민사회 조직들의 세력 구도, 그리고 정치적 균열 구조의 특성과 같은 거시적 행위자 배열constellation of actors의 요인들을 입체적으로 고찰해야 한다는 관점에서 한국 사회 현황과 역사를 분석하고, 최종적으로는 오늘날 한국의 복지 정치 환경에 어떤 기회와 장애가 존재하는지를 정리해 보고자 한다.

2. 개념 체계와 분석 틀

거시적 행위자 배열을 분석하는 데 특별히 중요한 것이 바로 균열cleavages이라는 개념이다. 현대 사회과학에서 균열은 더욱 일반적 의미인 갈등conflict의 특수한 형태이지만 국지적·일시적인 갈등들과 구분되는 의미에서, 거시적이고 지속적이며 구조적인 성격을 띠는 집단적 갈등을 의미한다. 그런 의미의 균열이 형성되는 과정과 균열 구조의 다양한 가능성들을 〈그림 1〉과 〈그림 2〉를 통해 이해해 보자(신진욱 2017, 90, 92).

〈그림 1〉에서 ⒜ 소득, 자산, 고용 등 여러 측면에서 불평등한 분할division의 구조는 종종 명시적 갈등으로 표출되지만, 그런 갈등이 ⒝ 국지적인 갈등들에 그칠 때에는 불평등 현실이 사회적 이슈, 정치적 의제로 부상해 정책과 제도의 변화를 가져오기는 어렵다. 그런 변화를 위해서는 ⒞ 불평등 구조의 주축을 이루는 계급·계층들이 집단화·조직화·정치 세력화되어 각기 다른 진단과 대안을 제시하며 경쟁하고 협상하는 데까지 나아갈 수 있어야 한다.

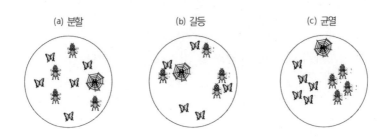

그림 1. 사회적 분할, 국지적 갈등, 거시적 균열

(a) 분할   (b) 갈등   (c) 균열

그림 2. 동일한 사회적 분할 구조, 상이한 정치적 균열 구조

균열(x)   균열(y)   균열(z)

그렇게 형성된 균열의 성격에 따라서 사회는 다양한 형태로 나뉜다. 〈그림 2〉에서 볼 수 있는 것처럼 똑같이 거미 한 마리, 벌 네 마리, 나비 다섯 마리가 있는 사회라 해도, 균열이 어떤 형태로 형성되느냐에 따라서 균열 (x)처럼 거미와 벌이 한편이 되어 나비들과 대치할 수도 있고, 균열 (y)처럼 거미와 나비가 한편이 되어 벌들과 대치할 수도 있으며, 균열 (z)처럼 벌과 나비들이 단결해 거미에 맞설 수도 있다. 말하자면 균열 구조의 특성에 따라 '우리'와 '그들',

그림 3. 균열 형성의 삼각형

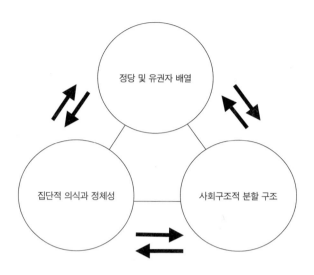

혹은 심지어 '아'我와 '적'敵이 각기 다르게 묶이고 나뉘는 것이다.

따라서 우리가 개인이나 가구 단위로 분석하는 사회구조적 분할 구조 위에서 다양한 형태의 정치사회적 균열 구조가 형성될 수 있다. 〈그림 3〉과 같이 한 사회의 거시적 균열의 양상은 ① 사회구조적 분할 구조, ② 집단적 의식 및 정체성 형성, ③ 정당 체계와 유권자 배열로 구성된 삼각형의 상호 영향 관계에 의해 결정된다(신진욱 2017, 94).

앞부분과 같은 이론 틀과 개념 체계에 기초해서, 이 연구는 ① 한국 사회의 계급적 분할 구조(3절), ② 주관적 의식과 성향(4절), ③ 시민사회 단체 및 집합행동과 ④ 정당·선거 정치(5절)라는 네 가지 차원을 구분해 분석한다.

3. 계급 구조의 변화와 계급 동맹의 조건

1) 한국 사회 계급 구조의 변화

한국 사회의 장기적인 계급 구조 변화를 추적하기 위해 몇 개의 중요한 선행 연구에서 출발하기로 한다. 먼저 조은·강정구·신광영 (1992)의 초기 연구를 보자. 여기서는 프롤레타리아와 숙련노동자를 합쳐서 '노동계급'으로 규정하고 나머지 비소유 계급을 '중간계급'으로 보았다. 이 연구의 결과로 나타난 전체적인 계급 구조의 특징은, 한편으로 선진 산업국들과 유사하게 노동계급의 비중이 높지만, 다른 한편으로 산업국들과 달리 프티부르주아의 비율이 매우 높고 신중간계급의 비중이 낮은 이중구조를 띤다는 점이다. 조직재를 보유한 경영자 및 감독자, 기술재를 보유한 전문가의 비율이 모두 선진 산업국들보다 낮은 것으로 나타났다.

산업별, 직업별로 계급 구성을 좀 더 자세히 들여다보면, 먼저 산업별로 광업·제조업, 전기·가스·건설, 운수, 금융 부문에서는 노동계급 비중이 50%를 상회했고, 그중에서 특히 앞의 세 부문에서는 숙련노동자를 제외한 프롤레타리아의 비중이 40%가 넘었다. 농업과 판매 부문에선 프티부르주아가 압도적으로 많았으며, 금융과 사회 서비스 부문에서는 신중간계급의 비중이 각각 36.1%와 29.9%로 다른 산업 부문에 비해 상당히 높은 것으로 나타났다. 직업별로 보면, 생산직에서 노동계급이, 사무직에서는 신중간계급과 숙련노동자 비중이 높았고, 서비스직은 프티부르주아와 노동계급으로 양분화되는 경향이 있었다.

여기서 우리는 1990년대 초반 한국에서는 선진 산업국들에 비해 프티부르주아가 크고 신중간계급이 약했다는 저자들의 해석에 동의하면서도, 산업별로 몇몇 부문에서 강한 노동계급화가 진행되면서 또 다른 부문에서는 신중간계급이 성장하는 경향, 또 직업적으로도 사무직의 신중간계급화와 서비스직의 노동계급화가 동시에 진행되는 경향을 볼 수 있다.

조돈문(1994)은 1960~90년 사이에 산업구조상으로 농업 부문이 축소하면서 농촌 프티부르주아가 급감하는 과정에서 중간계급과 노동계급의 확대가 진행되어 온 추이를 발견했다. 한편으로 중간계급(경영인, 감독인, 전문 노동자층)이 증대했고, 다른 한편으로 전체 계급 구조에서 프롤레타리아의 비중도 증가했다. 하지만 중간계급의 확대로 프롤레타리아가 비소유 계급 내에서 차지하는 비중은 감소 추세였다. 1990년도에 프롤레타리아는 전체의 27.46%를 차지했지만 비소유 계급 내에서 46%, 그에 반해 경영인·감독자·전문 노동자층으로 구성되는 중간계급이 54%를 차지해 노동력 고급화가 진행되고 있다고 해석했다.

조은·강정구·신광영은 중간계급의 미약함을 부각한 데 반해, 조돈문은 비소유 계급 내에서 중간계급이 프롤레타리아 계급보다 더 많은 비중을 차지한다고 해석했다. 두 연구의 차이는 우선 범주화 전략에 있다. 조은·강정구·신광영은 프롤레타리아와 숙련노동자를 노동계급으로 범주화한 데 반해, 조돈문은 비소유 계급 중에 프롤레타리아를 제외한 모든 계급 위치를 '중간계급'으로 범주화했다. 더욱 근본적으로는 숙련노동자에 대한 주목도가 다르다. 조은·강정구·신광영에 따르면 숙련노동자는 전체의 14.9%, 비소유 계급 중 27.6%나 차지하기 때문에 이들의 성격을 어떻게 해석하느냐에 따라 해당 시기 한국 사회 계급 구조에 대한 판단이 달라질 수 있다.

조돈문(2005)이 1949~2003년 시기의 계급 구조 변동을 추적한 연구는 조은·강정구·신광영(1992)과 마찬가지로 숙련노동자와 프롤레타리아를 '노동계급'으로, 경영인·감독자·전문가를 '중간계급'으로 범주화했고, 각 계급의 하위 범주까지 세분화해 분석했기 때문에 장기적인 계급 구조 변화 추이를 자세히 관찰할 수 있다.

우선 전체 계급 구조의 추이를 보면, ① 프티부르주아가 1980년대까지 크게 감소하고 1990년대 이후에는 감소 추이를 완만히 지속했다. ② 노동계급의 비중은 1960년대와 1980년대에 급등했다가 1990년대 이후로 유지되고 있다. 비숙련 노동에 종사하는 프롤레타리아의 비중은 1990년 이후 급감한 데 반해, 숙련노동자층은 1990년 이후 상당히 증가했다. ③ 중간계급은 1960년에 4.75%에 불과했으나 꾸준히 증가해 2003년에는 20.20%에 이르렀다(〈표 1〉).

산업별로 봤을 때는, 제조업 부문의 경우 산업화 시기 동안 노동계급의 비중이 증가해 1960년의 52.27%에서 1990년에 65.91%까지 증가했으나 2003년에 61.8%로 하락했는데, 그중 숙련노동자층은 1990년의 20.63%에서 2003년에 40.7%로 크게 늘어났다. 그에 반해 도소매·음식·숙박업 부문에서는 비숙련노동자층이 1960

표 1. 한국 사회 계급 구조의 변화: 1949~2003년

	1949	1960	1970	1980	1990	2003
1. 자본계급	2.32	3.90	3.84	5.33	4.90	7.40
2. 프티부르주아	81.66	74.11	56.98	51.25	35.40	27.60
3. 중간계급	3.53 (22)	4.75 (21)	8.64 (23)	12.77 (30)	17.38 (30)	20.20 (31)
4. 노동계급	12.49 (78)	17.23 (78)	30.54 (77)	30.66 (70)	42.33 (71)	44.80 (69)
① 숙련노동자	2.33 (15)	3.58 (17)	7.25 (20)	9.12 (21)	14.55 (25)	22.20 (34)
② 비숙련노동자	10.16 (63)	13.65 (61)	23.29 (57)	21.54 (49)	27.78 (46)	22.60 (35)
합계	100.00	100.00	100.00	100.00	100.00	100.00

자료: 조돈문(2005, 18, 21), 〈표 3〉, 〈표 4〉의 자료를 재구성.

년 11.82%, 1990년 25.11%, 2003년 31.7%로 지속적으로 증가해, 제조업의 숙련 증가와 대인 서비스 종사자의 프롤레타리아화가 동시에 진행되어 온 것으로 보인다.

백승호(2014)는 1999~2010년 시기의 계급 구조 변화를 분석한 결과를 제시하고 있어 2000년대의 추이가 이전 시기의 경향을 지속 또는 변형했는지를 볼 수 있다. 이 연구는 조은·강정구·신광영(1992)과 조돈문(1994, 2005)이 사용한 라이트의 계급 모형과 부분적으로 다른 분석 틀을 따르고 있으며, 또한 앞의 연구들이 센서스 자료를 사용한 것과 달리 이 연구는 노동 패널 자료를 사용했다. 하지만 이런 차이에도 불구하고 백승호는 라이트 모형의 선행 연구들과 비교를 가능케 하는 8계급 모형으로 분석 결과를 제시했다. 8계급은 ① 부르주아, ② 프티부르주아, ③ 기술 전문가, ④ 사회문화 전문직, ⑤ 관리직, ⑥ 사무직, ⑦ 서비스 노동자, ⑧ 생산직 노동자다.

그에 따르면, ① 지난 수십 년간 계속된 프티부르주아의 감소 추세가 이어지고 있긴 하지만 감소폭은 2000년대 들어 매우 작아져서 안정화되었고, ② 전문가·관리직·사무직은 1999년의 26.56%에서 2010년에 33.24%로 상당히 증가했으며, ③ 생산직 및 서비스 노동계급은 1999년 45.25%, 2010년에 43.56%로 거의 일정하게 유지되었는데 그중 생산직은 감소 추세, 서비스 노동자는 증가 추세에 있다.

이처럼 프티부르주아 규모가 일정한 수준에서 유지되고, 신중간계급이 꾸준히 증가하며, 생산직 노동자가 감소하는 반면에, 서비스 부문의 노동자가 증가하는 기본적 추이가 발견된다. 이것은 조돈문(2005)의 분석 결과가 보여 줬던 1990년대 이후의 경향이 2010년까지 대체로 지속되고 있음을 말해 주며, 또한 조돈문의 예견대로 1990년대 이후에 한국 사회 계급 구조가 어느 정도 공고화되어 큰 변동이 생기지 않음을 확인시켜 준다.

2) 2000년대 한국에서 계급 동맹의 가능한 옵션들

균열 형성의 관점에서 앞의 여러 계급 분석 결과가 뜻하는 바는, 1987년 민주화와 1988~89년까지 지속된 노동자 투쟁을 통해 노동 정치와 복지 정치를 위한 기회의 창이 역사상 처음으로 열린 바로 그 시점부터 한국 사회의 계급 구조는 반準주변부 탈산업·서비

표 2. 한국에서 계급 동맹의 잠재적 가능성들: 1949~2003년

단위: %

	계급 동맹의 조합 유형	1949	1960	1970	1980	1990	2003
합계A (1+2+3)	비노동계급들의 동맹	87.51	82.77	69.46	69.34	57.67	55.20
합계B (3+4)	신중간계급 + 노동계급	16.02	21.99	39.18	43.42	59.70	65.00
합계C (2+3)	신중간계급 + 프티부르주아	85.15	78.86	65.62	64.02	52.78	47.80
합계D (3+①)	신중간계급 + 숙련노동자	5.86	8.33	15.89	21.89	31.93	42.40
합계E (①+②)	숙련 + 비숙련 노동계급	12.49	17.23	30.54	30.66	42.33	44.80

주: 조돈문(2005)의 재구성; 각 칸의 값은 해당 시기의 전체 계급 구조 내 비중.

스 사회의 특성을 강하게 드러내기 시작해 2010년대까지 지속되어 왔다는 사실이다. 즉, 노동·복지 체제를 정립해야 하는 시기에, 한국 사회의 분할 구조는 서구 선진국에서 노동·복지 정치의 주력군이었던 산업 노동자층의 규모가 제한적인 가운데 프티부르주아, 신중간계급, 서비스 부문 프롤레타리아와 세력을 분점하는 양상을 띠고 있었다.

이처럼 다원적인 계급 구조는 다양한 조합의 계급 동맹이 생겨날 수 있는 불확실성을 낳는다. 19세기 후반~20세기 전반기 유럽에서 산업 노동자계급이 압도적 다수를 차지하고 있었던 것과 달리, 한국처럼 후진적 유산, 근대적 산업, 후기 근대적 탈산업 부문이 공존하는 곳에서는 에르네스토 라클라우Ernesto Laclau와 샹탈 무페Chantal Mouffe가 말한 '헤게모니적 접합'의 다양한 가능성이 존재하는 것이다. 이런 조건에서 각 시기의 계급 형성과 정치 지형의 의미를 독해하기 위한 유용한 방법론은, 해당 시기 계급 구조 위에서 계급 동맹이 이뤄질 수 있는 경우의 수를 도출한 다음에 그중 실현

표 3. 한국에서 객관적 계급 구조에 기초한 계급 동맹의
가능한 형태들: 1999~2010년

단위: %

	역사적 블록의 형태	1999	2005	2010
합계A (①~⑥)	비노동계급 동맹	54.75	55.88	56.44
합계B (③~⑧)	신중간계급 + 노동계급 동맹	71.81	72.90	76.80
합계C (②~⑥)	신중간계급 + 프티부르주아 동맹	50.73	49.95	50.33
합계D (⑦+⑧)	생산직 + 서비스 노동자 동맹	45.25	44.12	43.56

주: 각 칸의 값은 해당 시기의 전체 계급 구조 내 비중이며, 각 범주는 다음과 같음. ① 부르주아, ② 프티부르
주아, ③ 기술 전문가, ④ 사회문화 전문직, ⑤ 관리직, ⑥ 사무직, ⑦ 서비스 노동자, ⑧ 생산직 노동자.
자료: 백승호(2014)를 재구성.

되었어야 하는 경우와 실제로 실현된 경우를 비교하는 것이다. 조
돈문(2005)과 백승호(2014)의 분석을 토대로 각 시기에 생겨날 수
있었던 다양한 조합의 계급 동맹 규모를 추정해 보면 〈표 2〉, 〈표
3〉과 같다.

　여기서 분명해지는 사실은, 한국에서 지난 60여 년 동안 노동계
급을 고립시키는 계급 동맹의 규모가 현저히 작아진 반면 자본과
프티부르주아를 제외한 신중간계급-노동계급 동맹의 규모는 지속
적으로 확장되어 왔다는 것이다. 비노동계급 동맹은 1949년에
87.51%였으나 2010년에 56.44%로 축소되었고, 신중간계급과 노
동계급 동맹은 1949년에 16.02%, 1980년에도 43.42%로 절반에
못 미쳤으나 2010년에는 76.80%에 달했다. 친자본 최대 동맹은
이제 노동계급을 배제하는 것이 아니라 그 일부를 포섭해야만 압도
적 다수가 될 수 있고, 노동계급은 신중간계급과 손을 잡으면 압도
적 다수의 친노동 동맹을 형성하게 되었다.

　그런데 1990년대 이후 신중간계급과 제조업 숙련노동자층이

동시에 증가해 왔기 때문에, 이 둘이 누구와 동맹을 맺느냐에 따라서 계급적 동맹과 대립의 지형도가 달라질 수 있다. 신중간계급과 프티부르주아 동맹의 규모는 지속적으로 줄고 있다. 1949년에 거대 규모의 농촌 프티부르주아의 존재로 인해 그런 계급 동맹의 규모는 85.15%에 달했지만 2005년에 49.95%로 전체의 절반 아래로 떨어졌다. 그럼에도 불구하고 한국에선 도시 프티부르주아의 규모가 작지 않기 때문에, 이들이 신중간계급과 동맹한 규모는 각 연도에 노동계급 전체의 규모보다 크다. 또한 신중간계급이 노동계급 내의 안정적 집단인 숙련노동자들과 동맹을 맺을 경우 그 규모가 2003년도에 42.40%에 이른다. 이런 신·구 중간계급 동맹이나 신중간-숙련 동맹이 그 자체로 반드시 친자본 성격은 아니라 할지라도, 노동계급 또는 비숙련 노동계급의 이해관계를 중점적으로 추구하는 진보 정치의 힘을 상당 정도 제약할 수 있는 정도의 규모라는 사실은 노동계급과 여타 계급 간의 동맹 형성이 중요하다는 것을 시사하는 사회적 조건이다.

4. 계급·계층별 인식과 정책 태도

객관적인 계급 구조와 소득·자산·고용 등 경제적 상태의 분포는 그 자체로 사람들의 세계관과 사회의식, 정책 이슈들에 대한 태도를 결정짓지 않는다. 계급, 직업, 소득, 자산, 고용 상황, 젠더, 교육

수준 등 여러 불평등 지표에서 분포 구조가 동일하지 않을뿐더러, 주관적 의식과 태도는 그런 객관적 조건 외에도 경험과 담론, 이데올로기 등 다양한 영향에 의해 규정되기 때문이다. 그러므로 주관적인 의식과 태도가 객관적인 계급 분할과 어떤 관계에 있는지가 중요한 연구 관심사가 되며, 또한 정책과 개혁 전략을 판단하는 데서도 고려 대상이 되어야 한다.

2000년대에 계급·계층별 정치사회적 인식과 정책 태도에 관한 조사와 연구 논문이 상당히 있다. 하지만 자료, 문항, 변수, 조사 대상과 규모가 각각 달라서 일부 조사만으로 속단할 수 없고, 실제로 현실의 어떤 측면을 어떤 방식으로 조명했느냐에 따라서 상반된 결론이 도출되기도 한다. 그러므로 이런 여러 측면을 입체적으로 검토해 최종 판단이 필요하다. 일단 여기서는 가장 주목할 만한 최근 조사 결과들을 토대로 논의해 보기로 한다.

김용철·조영호·신정섭(2018)이 기업의 착취성과 정부의 계급성(계급 관계 인식), 노조 파업 및 정치 활동, 사회복지 확대(계급 정책 태도)에 관한 2016년 서베이 결과를 분석한 결과는 의식과 태도의 측면에서 계급 균열의 형세를 가늠하는 데 중요한 정보를 담고 있다. 그에 따르면, 종합적으로 친노동적 의식 성향을 보인 응답자가 71.2%, 친자본적 계급의식을 보인 응답자가 12.1%였고 분열적 계급의식을 보인 응답자는 16.7%에 불과했다. 그러나 노동자 파업과 정치 활동, 복지 확대 등 구체적 정책에 대해서는 52.7%가 친노동 태도를 보인 반면 35.5%는 모호한 태도를 보여서, 기업·정부에 대한 계급의식이 정책 태도로 온전히 이어지진 않았다.

계급별로 보면 고용주 프티부르주아의 일관되고 강한 보수성이 두드러진 데 반해, 생산노동 계급과 신중간계급은 유사하게 친노동 성향을 보였고, 고용주가 아닌 프티부르주아는 분열적 태도를 보였다. 계급 관계 인식에서 생산 노동계급의 72.7%, 신중간계급의 69.9%, 비고용주 프티부르주아의 63.2%가 기업은 노동자·소비자를 착취하며 정부는 기업과 부자의 편이라는 인식을 보인 반면, 고용주 프티부르주아의 45.9%만이 그런 견해에 동의했다. 노동자 파업과 정치 활동, 사회복지 확대에 대해서는 생산 노동계급과 신중간계급에 각각 65.4%, 63.9%의 지지자가 있었던 데 반해, 고용주 프티부르주아와 비고용주 프티부르주아는 각각 38.7%, 38.8%만이 동의했다. 이는 앞서 논한 계급 동맹의 여러 옵션 가운데 노동계급 + 신중간계급 동맹의 토대가 개인들의 의식의 수준에서는 어느 정도 존재한다는 것을 시사한다.

하지만 사람들의 경제생활에 직접적인 영향을 미치는 자산과 소득에 따른 인식의 분포를 보면 형세가 더욱 복잡하다. 우선 자산의 영향이 강력했는데, 이는 뒤에 서술할 2000년대의 여러 다른 조사에서 반복적으로 확인되었다. 기업이 착취적이며 정부가 기업·부자 편이라는 문항에 대해 저자산 계층은 그렇다는 응답이 매우 높은 데 반해 고자산 계층은 매우 낮았고, 정책 태도에서도 자산 수준과 친자본 성향이 비례하게 나타났다. 하지만 소득수준은 기업·정부에 대한 인식에 유의미한 영향이 없었고, 정책 태도에서는 심지어 계급 배반 경향이 나타났다. 즉, 소득이 높을수록 친노동 태도를 보이다가 최상층에 와서야 친노동 성향이 낮아지는데, 이는 여러 정치 성향 조사에서도 나타나는 흥미로운 패턴이다. 이갑윤·이지호·김세걸(2013) 역시 2011년 조사 자료를 분석해 '재산'이 불평등 의식, 분배 정책과 복지 정책에 대한 계급적 태도에 영향을 미친다는 결과를 얻었다.

그러나 다른 연구에서는 소득수준에 따른 계급적 정책 태도 역시 최근 들어 조금씩 형성되는 것으로 나타나기도 한다. 한 예로 김영순·여유진(2011)은 한국에서 복지 태도의 비계급성과 비일관성을 관찰한 중요한 연구 결과를 제시한 바 있는데, 더욱 최근에 여유진·김영순(2015)의 연구는 2007년과 2013년 한국복지패널 자료를 분석해 저소득층의 친복지 성향이 강화되고 중간층이 그와 유사한 태도를 보이는 반면 고소득층의 복지 지지가 약화되는 경향을 보고하고 있다. 이 연구에서 또 하나 흥미로운 것은 앞의 김용철 외(2018)의 연구와 마찬가지로 자산 수준이 2007년과 2013년 시점에 모두 복지 태도에 강력한 영향을 미쳤다는 사실이다.

매우 흥미로운 최근 경향은 주택 점유 형태나 보유 자산 규모와 같은 주거·자산 요인이 분배 정치에 관련된 정책 태도에 강한 영향을 보여 주고 있다는 사실이다. 안상훈·박종연·김수완(2013)의 연구는 주거와 관련된 이해관계가 소득·직업 등 전통적인 사회경제적 지위 변수와 독립적으로 복지 태도의 차이에 영향을 미친다는 결과를 얻었고, 김항기·권혁용(2017)은 자산 소유 여부나 총자산 가치보다 보유하고 있는 자산 가치 대비 부채비율이 높을수록 복지 선호가 강해진다는 점을 발견하기도 했다.

한편 증세 이슈에서도 한국은 증세 반대 여론이 대단히 강하다는 오래된 통념과 달리, 최근 조사들은 변화된 여론 지형을 보고하고 있다. 2013년 한국복지패널 조사 복지 인식 부가 조사 결과에 따르면 복지 예산 확대를 위해 세금을 더 걷어야 한다는 의견에 찬성한 응답자가 56.15%에 달했고 반대는 24.77%에 불과했다(박선경 2017, 12). 2016년도 한국종합사회조사 결과에서도 복지 확대 찬성이 53.71%에 반대는 34.22%였고, 증세도 찬성 비율이 52.09%에 반대는 23.95%로 나와서 응답자의 절반을 넘는 비슷한 비율로 증세와 복지 확대를 찬성했다(남윤민 2018, 22). '복지 확대와 증세에 모두 찬성한' 적극 재정론자는 전체 응답자의 31.5%, '복지 확대와 증세에 모두 반대한' 전형적인 보수파는 전체 응답자의 8.9%, '복지 확대에는 찬성하지만 증세에는 반대하는' 무임승차 희망자는 전체 응답자의 9.5%였다(남윤민 2018, 22~23; 분석 결과에서 재계산).

물론 복지와 조세에 대한 인식이 여전히 불안정하다는 증거를 어렵지 않게 찾을 수 있다. 한 예로 2014년에 서울대학교 행정대학원과 한국갤럽이 실시한 조사 결과에 따르면, 복지 확대에 대한 지지 여부만 물었을 때는 49.7%가 찬성했지만 '증세'라는 조건을 명시해 물었을 때는 찬성률이 27.1%로 추락했다. '증세'를 의식하게 되면 응답자의 객관적인 소득 변수나 '누진세 선호' 등 고차원적 가치의 영향력이 사라지고, '본인 세금 부담'의 인식 여부가 결정적으로 드러났다(금종예·금현섭 2017). 2013년 복지패널 자료를 분석한 이선정·김정석(2017)의 연구에 따르면 저임금 노동자일수록 조세의 공정성에 대한 인식에 따라 복지 확대를 위한 증세에 대한 태도에 큰 편차가 나타나기도 했다.

이상과 같은 최근의 여러 연구 결과를 종합해 보면, 우선 분명히 말할 수 있는 것은 한국에서도 2000년대 들어서 계급·소득·자산 등 사회경제적 위치에 따른 인식 차이와 더불어, 정책 태도의 측면에서도 계급·계층별 균열이 형성되고 있다는 사실이다. 그런 균열의 견고함과 지속성을 지금 단언할 수 없지만 이전 시기에 볼 수 없었던 추이가 여러 조사에서 나타나고 있다는 사실을 주목할 필요가 있다. 이는 물론 2000년대의 복지 정치와 불평등 담론의 확산에 영향을 받은 면도 있겠지만, 앞 절에서 서술한 객관적 계급 구조와 계급 동맹 조건의 변화와도 무관하지 않을 것이다.

보다 세부적으로는 계급 측면에서 노동계급과 신중간계급, 또는 소득 측면에서 하위 계층과 중간 계층 간의 가치 연대, 정책 연대의 가능성이 여러 지점에서 나타나고 있다는 점을 주목하게 된다. 이는 앞 절에서 서술한 친노동·친복지 최대 동맹의 옵션으로서 긍정적인 신호로 볼 수 있다. 그러나 프티부르주아의 보수성 또는 유동성, 소득 면에서 종종 하위 계층의 보수적 의식과 정책 선호가 나타난다는 점을 간과할 수 없다.

한편 자산 수준에 따른 정치사회적 인식 차이가 강력히 형성되고 있다는 점이 의미심장한데, 그럼에도 불구하고 부동산 정책이나 세입자 정책, 주택 체제의 개혁 방향에 대한 태도는 여전히 혼란스러운 것으로 보인다. 그뿐만 아니라 진보·노동 진영에서 이 문제에 대해 분명한 진단과 처방의 담론, 정책적 요구 사항을 만들어 내지 못한 채, 단지 자산·주거 불평등이 심각하다는 원론적 얘기만 반복하고 있는 한계를 직시해야 한다.

5. 시민사회 단체와 집합행동

이제까지 3절에서 객관적 계급 분할 구조, 4절에서 개인들의 의식과 태도를 보았다면 이 절에서는 집합적·조직적·정치적 차원으로 넘어가기로 한다. 시민사회를 결사체들과 집단행동의 장으로 이해한다면, 1987년 이후 한국 시민사회는 몇 가지 중요한 구조 변동을 겪어 왔다. 첫 번째는 권위주의 시기의 민주·민족·민중운동을 계승하는 시민사회 진영이 크게는 민중·시민운동으로, 나아가 각 부문 운동으로 '분화'되는 변화로서, 1980년대 후반~1990년대 중반에 집중적으로 진행되었다. 두 번째는 시민사회가 진보 진영과 보수 진영으로 '분절'되는 전환이다. 이 변화는 노무현 정부 중반기인 2004~05년에 뉴라이트 단체들과 다양한 스펙트럼의 극우·보수 단체들이 대거 결성되고 활발해지면서 본격화되었다. 세 번째는 2002년 미선·효순 추모 촛불 집회에서 시작되어 무엇보다 2008년 '쇠고기 촛불집회'를 결정적 전환점으로 본격화된 '분산'의 경향이다(신진욱 2019, 275).

그와 같은 한국 시민사회 변화 가운데서, 진보-보수 간 정치적 대결의 측면에서 가장 주목할 면은 '분절'의 차원이며 정치-시민 간의 관계 재정립이라는 측면에서 결정적인 전환점은 '분산'의 경향이다. 그런데 계급적 관점에서 중요한 부분은 바로 민주화 직후부터 빠르게 진행된 민중-시민운동의 '분화'다. 이 변화 안에는 상반된 두 흐름이 포함되어 있다. 그 하나는 서경석 목사가 대표하는 반노동·반좌파·반계급 시민운동의 성장이고, 다른 하나는 진보적 시민운동 및 그들과 노동·민중운동 간의 연대 네트워크의 성장이다. 이 양면성은 '시민운동', '시민단체'가 한국 노동·복지 정치에서 하는 역할의 양면성으로 이어진다.

현실에서 한국의 시민운동들은 진보적 가치와 의제, 정책 요구를 확산시키는 역할을 더 많이 해왔다. 민주화 이후 진보적 시민단체들은 민주노총 등 주요 노동단체와 협력 관계를 유지해 왔고, 시민운동 진영과 민중운동 진영 간의 연결 고리 역할을 해왔다. 또한 신중간계급의 진보성, 노동계급 이익 정의의 유사성 등은 진보적 시민운동의 확대와 무관하지 않다. 그러나 이런 시민운동들의 진보적 기여와는 별개로, 민주화 이후 노동·운동과 조직화가 별개의 독립적 힘으로 발전하는 데에 한계가 있었다는 사실이 남는다.

민주화 직후인 1990년대에, 그리고 무엇보다 2000년대 들어서 한국의 시민사회단체 수는 권위주의 시기와는 비교도 할 수 없을 정도로 폭발적으로 증가했다. 비록 2010년대 들어서 연간 증가율이 감소 추세로 접어들었지만, 그럼에도 불구하고 증가세는 지속되고 있고 특히 이제는 중앙행정 기관에 신규 등록된 시민사회단체의 수는 정체하는 반면 지역 단체 수가 증가했다.

이처럼 한국의 시민사회의 결사체적 층위는 물론 국제 비교 관점에서 보면 여전히 취약한 면이 있음에도, 역사적 관점에서 보면 21세기까지 계속 활발히 성장하고 있음을 긍정적으로 평가할 수 있다. 그런 변화 추이를 반영하듯 정치 민주화가 상당히 달성된 2000년대에 와서도 시민들의 정치 참여 욕구는 대단히 강해 집회·시위 등 집단적 저항 행동의 빈도가 높아지고 있다. 그뿐만 아니라

그림 4. 집회·시위와 불법·폭력 시위의 빈도 추이: 2006~18년

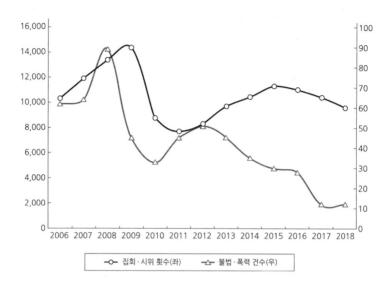

불법·폭력 시위의 빈도는 지난 10여 년 동안 현저히 낮아지면서, 집회·시위에 대한 사회적인 수용도와 정치적 정당성이 높아지는 경향도 있다(〈그림 4〉).

또한 한국의 중앙 일간지 매체에서 집회·시위를 보도하는 건수는 실제 집회·시위 빈도의 오르내림과 별개로 지난 10여 년간 꾸준히 증가해 왔다(〈그림 5〉). 미디어 사회에서 어떤 종류의 집단행동이든 미디어의 주목을 받지 않고서는 대중에게 알려질 수도 없고 정치사회적 영향을 미칠 수도 없다. 그런 의미에서 언론 보도 빈도 증가 추이는 시민 직접행동의 잠재적 영향력이 커졌음을 시사한다. 그런데 이상과 같은 시민사회의 전반적인 양적 증가와 참여 확대

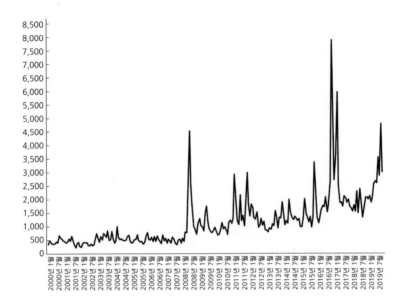

그림 5. 총 16개 중앙 일간지 월별 집회·시위 보도 건수 추이: 2000~19년

추이와 반대로, 노조 조직률은 1990년대 이래로 하락해 왔으며 최근 다소 증가하는 추이에도 불구하고 2022년 현재 여전히 14% 수준에 머무르고 있다. 그뿐만 아니라 노조 가입 여부는 종사 기업의 규모 및 정규·비정규직 차이와 더불어 노동시장을 분절하는 3대 핵심 기제의 하나가 되었다. 즉, 시민사회 전반의 성장 속에서, 노동계급의 조직 자원과 지지 기반은 약화되어 온 것이다.

　노조 조직률은 법적으로 노조 조직 대상자를 분모로 계산하기 때문에, 전체 취업자 가운데 노조 가입자 비율로 계산하면 훨씬 더 낮아진다. 한국행정연구원이 2018년에 수행한 "사회통합실태조사"

표 4. 한국 시민들의 단체 활동 참여율: 2018년

단위: %

	소속되어 적극적으로 활동한다	소속되어 가끔 활동한다	소속되어 있지만 활동은 안 한다	과거에 소속된 적이 있으나 현재는 아니다	소속된 적이 없다
노조, 사업자 단체, 직업 조합	0.5	1.3	3.5	3.9	90.8
시민단체	0.5	0.6	1.1	2.2	95.6
사회적 경제조직	0.6	1.1	1.2	1.9	95.2
지역사회 공공 모임	1.4	4.8	5	5.5	83.3
자원봉사, 기부 단체	1.7	4	2.9	6.1	85.3
종교 단체	5.7	8.7	5.5	6.9	73.2

에 따르면 노동조합이나 직업 조합에 소속되어 활동하고 있다는 응답자가 1.8%에 불과했고, 소속은 되어 있으나 활동은 하지 않는다는 응답자까지 합쳐도 5.3%에 불과했다. 이에 반해 같은 조사에서 지역사회 공공 모임에 속해 있다는 응답자는 11.2%에 달했고, 노동조합과 달리 소속된 자의 절반 이상이 실제로 활동을 하고 있다고 응답했다.

노동조합뿐만 아니라 다른 많은 시민사회 단체에 참여하는 비율 면에서도 사회경제적 불평등이 강하게 존재한다. 한국인의 단체 참여율을 조사한 2019년 통계청 "사회조사" 데이터에 따르면, 거의 모든 단체 유형에서 가구 소득수준과 단체 참여율이 비례 관계를 보인다. 즉, 가구 소득이 높을수록 시민사회 단체, 이익 단체, 정치 단체, 심지어 스포츠·취미·여가 단체까지도 더 많이 참여한다. 하나의 예외가 있는데 그것은 바로 종교 단체다. 월 가구 소득 100만 원 미만 계층의 무려 40.1%가 참여하는 데 반해, 200만 원 이상 모든 계층은 20%대 참여율을 보인다. 즉, 중·상위 계층은 공익, 사익, 정치 등 여러 목적으로 결사적 삶의 참여율이 높은 반면, 하층은 종교적 구원에 몰두하는 경향이 강한 것이다. 이와 같은 소득 계층 간 참여 단체 유형의 체계적 차이는 사회경제적인 불평등을 재생산하거나 더욱 심화하는 데 기여할 가능성이 있다.

이처럼 시민사회의 단체 활동은 미미한 편이고 소득 계층별 불평등이 존재하지만, 또 하나의 주목할 점은 정치사회 현안에 대한 의사 표현은 노동계급, 저소득·저학력 계층이 소극적이지만은 않다는 사실이다. 한국행정연구원의 「사회통합실태조사」 2019년도 조사 결과를 보면, 집회·시위, 탄원서·진정서·민원서 제출, 공무원·정치인에 민원 전달 등과 같은 적극적 의사 표현과 이익 추구 행동을 해본 사람의 비율이 가구 소득이나 학력이 낮은 계층일수록 더 높은 것으로 나타난다. 최근 정치의식 조사에서도 유사한 형태의 계급 균열이 관찰된다.

6. 계급 투표 양상의 등장

이 절에서는 제도 정치의 영역에서 복지 정치의 가능성을 가늠하기 위한 방법으로, 정치 성향과 투표 선택을 가르는 균열 구조가 오늘날 한국 사회에서 과연 얼마나 계급 균열의 성격을 띠고 있는가, 즉 노동계급, 저소득층, 저자산층 등과 같은 사회경제적 지위가 낮은 계층일수록 사회적 약자들을 보호하기 위한 정부의 개입과 적극적인 사회정책을 추구하는 정치 세력을 지지하는 경향이 있는가를 서술한다. 이 질문에 대한 주장을 미리 말하자면, 한국 정치에서는 오랫동안 계급 투표의 부재 또는 심지어 '계급 배반 투표'(강원택 2003, 2013; 김영순·여유진 2011)의 현상이 두드러졌으나 2010년대 들어 소득, 직업, 자산 등 넓은 의미의 계급 변수가 점점 더 두드러진 균열의 축으로 등장하고 있다는 것이다.

1950년대 이래로 수십 년 동안 한국 선거 정치의 가장 분명한 균열의 축은 도농都農 균열이었다. 산업화와 도시화가 급격히 이뤄지면서 도시 중산층과 노동자 집단이 대규모로 형성됨에 따라, 계급 간 균열보다는 도시 거주자와 농촌 공동체 구성원 간의 정치의식과 투표 행위의 차이가 부각되었다. 그러나 1987년 민주화 직후 10여 년 동안 한국 선거 정치의 결과에 가장 큰 영향을 미친 균열은 무엇보다 지역 균열, 더 정확히 말하자면 거주 지역이 아니라 출신 지역에 따른 정치 성향의 차이였다. 영남과 호남, 영남 출신과 호남 출신 간의 정치적 차이가 계급·이념·연령의 차이를 뛰어넘어 1990년대의 선거 정치와 정치 전략을 좌우했던 힘이었다(김만흠 1995; 조성대 2008; 최준영·조진만 2005).

지역주의 정치 성향과 투표 행태는 2017년 대선, 2018년 지선, 2020년 총선까지 계속 확인된다. 하지만 지역 균열의 상대적 위상이 크게 약화되었다는 점이 중요한데, 그 변화가 본격적으로 개시된 시점이 바로 노무현 대통령이 당선되었던 2002년 대통령 선거다. 이때 세대·이념·가치 균열이 유권자들의 투표 결정과 선거의 승패를 좌우한 가장 강력한 변수로 등장해 지역주의의 영향력을 크게 약화시켰을 뿐만 아니라, 세대·이념·가치가 대체로 조응하는 양상이 있어서, 예를 들어 연령이 젊을수록 진보주의자로서 이념적 정체성을 갖고 또 실제로 갈등적 쟁점에서 진보적 가치를 추구하는 경향이 나타났다(김욱 2007; 고원 2013; 성경륭 2015; 어수영 2007; 윤상철 2009).

이처럼 2000년대 들어서 한국 유권자와 선거 정치의 지형은 하나의 균열 축에 의해 두 동강이 나는 형태라기보다는 지역, 세대, 이념, 가치 등 다차원적인 균열의 축이 함께 작용하는 일종의 교차 균열cross-cutting cleavage의 양상을 띤다. 그런 변화 속에서도 여전히 지속된 한국 정치의 오래된 유산이 있었으니, 그것은 유권자들의 계급에 따른 정치 성향과 계급 투표 행태가 여전히 매우 약했다는 사실이다. 나아가 2000년대의 새로운 균열하에서도 '계급 배반적' 투표 양상이 나타났는데, 예를 들어 저소득층 비율이 높은 노년층에서 보수적 투표가 압도적이어서 마치 저소득층이 고소득층을 위한 정치를 지지하는 듯한 현상으로 나타났다. 그것은 엄밀히 말해 자기 계급의 이익에 반대한 것이 아니라, '노인층 = 보수적 가치'라는 세대 특성의 발현이었던 것이다(강원택 2017, 8).

그런데 2010년대에 들어 이상과 같은 비계급적 정치 균열의 오랜 특성이 최초로 깨지고 한국의 선거 정치와 유권자 의식에 계급 정치의 특성이 분명하게 나타나기 시작했다. 전병유·신진욱(2015)이 2000년대의 정치 성향을 분석한 결과에 따르면, 연령 변수를 통제하게 되면 2010년대 초반부터 이미 저소득층일수록 진보 성향이 강한 계급성이 약하게 나타나기 시작하는 것을 관찰할 수 있다. 즉, 청년층에서 노년층의 세대 특성을 상쇄할 만큼 강한 계급 특성이 생겨나기 시작한 것이다.

특히 주목할 점은, 자가 소유 여부와 보유 자산 규모가 정치 성향과 투표에 강한 영향을 미치기 시작했다는 사실이다. 김도균·최종호(2018)는 2007년·2012년·2017년 대선을 분석해 2007년의 경우 주택 소유가 직접적으로 보수 후보 투표에 유의미한 영향을 미쳤고, 2012년과 2017년의 경우 주택 소유가 지지 정당과 이념 성향을 매개로 투표 선택에 영향을 미쳤다는 것을 발견했다. 주택 소유가 아니라 자산 규모의 경우 2017년 대선에서도 직접적 영향을 미쳤다. 강원택(2017, 5)은 2017년 대선에서 동산·부동산을 포함한 보유 자산 규모가 후보 선택에 분명한 영향을 미쳤음을 발견했다. "자산의 유무에 따른 정치 갈등은 이제 한국 정치에서도 본격적으로 나타나기 시작했다."

2010년대의 유권자에서 계급 정치의 성격을 발견할 수 있는 또 다른 측면은 경제·노동·복지 이슈에 대한 태도가 정치적 선호와 투표 선택에 미치는 영향이 강해졌다는 점이다. 경제정책과 노동·사회정책에서 진보적 성향을 띠는 유권자가 상대적으로 더 진보적인 정당 또는 후보를 지지하는 경향이 강해진 것이다. 2017년 대선을 분석한 강원택·성예진(2018)은 고령층의 경우 여전히 안보 이슈가 결정적이었지만, 20~30대는 정부의 경제 개입, 비정규직 정책, 복지 정책, 공기업 민영화, 고소득자 증세 등 계급적 이슈가 진보-보수 투표 선택이 나뉘는 데 큰 영향을 미쳤음을 발견했다. 이런 정책 태도에 계급적 위치가 영향을 미친다.

그러나 2021년 서울·부산시장 보궐선거를 전후한 시점을 전환점으로 문재인 정부와 더불어민주당에 대한 여론이 급격히 악화되는 과정에서 20~30대 유권자를 중심으로 여권의 실망 지지층이 대폭 이반했고, 서울시장 보궐선거의 경우 소득수준이 높고 보수적 계급 투표를 하는 강남 3구가 가장 높은 투표율을 기록한 데 반해 소득수준이 낮은 구에서 가장 투표율이 낮게 나오는 등의 큰 변화가 일어났다. 이런 과정에서 만약 노인 저소득층은 보수 투표를 하고, 청장년 저소득층은 투표를 하지 않는 방향으로 전개되었다면 다시금 계급 배반 투표의 외양이 그려질 가능성이 있다. 요약하자면, 2010년대 이후 한국 정치에서 등장하기 시작한 계급 투표의 양상은, 민주당과 정의당이 얼마나 젊은 하층계급에게 신뢰를 주느냐에 따라서 앞으로 더욱 뚜렷해질 수도 있고 희미해질 수도 있는 양면적 잠재성을 갖고 있다.

7. 결론

이상의 서술 내용을 종합해 각 분석 차원 간의 연관 구조를 도출해 보면 다음과 같다. 우선 경제·노동·복지 개혁을 위한 계급 정치의 사회구조적 토대로서 한국 사회 계급 구조라는 측면에서, 2000년대 한국 사회에서 경제활동인구의 절반 가까이는 노동계급이며 여기에 신중간계급을 합하면 70퍼센트 이상에 이른다. 이와 같은 계급 구조는 기본적으로 1990년대를 경과하면서 안정화되어 현재까지 큰 틀에서 지속되고 있는 것으로 보인다. 이런 계급 구조로 오는 과정에서 자영업자 비중이 완만하게 감소된 반면 신중간계급이 성장했고, 노동계급 내에서 제조업 노동자 비중은 정체되거나 다소 감소하는 동안에 서비스 부문 노동자의 비중이 2000년대 들어 증가해 온 추이다.

서구 사회에서 노동계급은 구좌파 정치의 핵심 주체였고 신중간계급은 신좌파 정치의 핵심 주체였다는 점에서, 오늘날 한국 사회의 객관적 계급 구조는 진보적인 개혁 동맹을 형성할 수 있는 잠재성을 갖고 있다. 그러나 민주화 이후에도 노동계급 또는 저소득층의 계급의식, 조직 자원, 집합행동, 계급 정치는 대단히 약한 상태가 지속되어 왔다는 한계가 있다. 그런데 2000년대에 들어서 의미심장한 변화가 관찰된다. 노동자와 중산층의 다수가 불평등을 구조적 문제이자 부정의의 상황으로 인식하고 있고, 정부의 복지 확대와 노동자 보호를 요구하고 있다. 그에 반해 대자산가, 고소득층, 부유한 자영업자는 우파적 태도가 분명하다. 말하자면 21세기 한국에서 뒤늦게 계급 균열이 나타나고 있는 것이다.

그런데 이 글의 서두에서 도입했던 3차원적 균열 이론에 따르면, 개개인들의 계급적 의식이 집단적 정체성으로 발전하고 지속 가능한 견고함을 얻기 위해서는 조직적·정치적 측면에서도 변화가 일어나야 한다. 즉, 시민사회의 조직화된 부위가 두터워지고, 시민들의 집합행동이 활발하게 일어나야 하며, 계급적 이익에 부합하는 정치적 선호와 투표 행태가 확산되어야 한다. 이 측면에서 한국 사회는 지난 10여 년 동안에 계급 정치의 사회적 토대가 더 넓어지는 일정한 변화를 경험하고 있는 것으로 보인다.

먼저 시민사회와 집합행동의 영역에서 한편으론 노조 조직률이 1990년대에 급감한 이후 10퍼센트 수준에서 정체된 상태가 지속되고 있고, 시민사회의 단체 참여에서도 고소득층과 비교했을 때 저소득층으로 갈수록 이익 단체나 정치적 목적의 참여자 비율이 줄어드는 반면 종교 단체 참여율이 높아지는 경향이 있다. 하지만 다른 한편으로, 2000년대의 주목할 만한 또 다른 추이는 시민사회 단체의 설립 수 자체가 급속히 증가하고 있을 뿐만 아니라 시·도 단위의 지역 기반 단체들이 그런 양적 증가를 주도하고 있다는 점이다. 또한 집회·시위 등 집합행동의 빈도가 늘고 참여자가 확대되는 동시에 불법·폭력 시위의 빈도는 이제 무시해도 좋을 만큼 낮은 수준으로 줄어들어서 집회·시위에 대한 사회의 수용도가 높아지고 있는 점도 긍정적이다. 이처럼 현재 한국 시민사회의 현황은 양면적인 잠재성을 동시에 갖고 있다.

끝으로 정치 성향과 투표 선택의 측면에서 역시 2010년대에 중대한 변화가 일어나고 있다. 한국의 유권자들은 오랫동안 계급적 위치와 이해관계에 상응하는 정치적 선호와 선택을 하지 않는 경향이 강했다. 민주화 이후에 처음에는 출신 지역이, 2000년대에는 세대와 가치 등 마찬가지로 비계급적 변수가 정치 균열의 중요한 축이었다. 하지만 2010년대의 여러 의식조사와 선거 결과에서는 소득, 자산, 주택 소유 여부 등과 같은 사회경제적 차원에서 계급적 위치에 따른 정치 성향과 투표 행위가 점점 더 분명하게 나타난다는 것은 많은 연구에서 보고된 바다. 그중 특히 주택 점유 형태와 보유 자산 규모에 따른 정치 성향의 차이가 두드러진다.

이상의 내용들을 종합하자면, 2000년대 한국 사회는 노동계급과 신중간계급이 인구의 압도적 다수를 차지하는 객관적 계급 구조를 갖고 있고, 시민사회 단체 수와 참여 행동이 크게 증가했으며 노인층을 제외하면 계급적 위치에 따른 의식과 정치 성향이 나타나고 있는 등 노동·복지 정치를 활성화할 수 있는 사회적 기반이 성숙한 측면이 있다. 하지만 이 모든 변화에도 불구하고 한국에서는 여전히 노동조합이나 사민주의 정당과 같은 노동계급의 핵심 권력 자원은 확장되지 못했으며, 향후 한국에서 진보적 정치의 미래는 민주당이나 정의당과 같은 기존 정당들이 지난 10여 년간 조금씩 무르익어 온 계급 정치의 토양을 잘 일구어서 노동계급과 진보적 중간계급의 이익을 감지하고 대표하며 조정해 결집할 수 있을지에 달려있다. 즉, 낙관의 근거는 존재하되, 낙관의 실현은 보증되지 않는다.

| 5장 |

정치제도 개혁 방향과 개혁 방안

최태욱

1. 들어가며

상생과 연대를 위한 정치제도 개혁의 기본 방향이 선거제도의 비례성 확보와 다당제의 발전, 그리고 합의제형 권력 구조의 정착이어야 한다는 점에 대해서는 1차 연도 연구에서 밝힌 바 있다. 말하자면 합의제 민주주의를 지향해야 한다는 것인데, 그 방향으로의 정치제도 개혁이 성공할 경우 이는 상생과 연대를 위한 경제 및 사회 개혁에도 상당한 기여를 하게 된다. 이를테면 숙련 형성 체계의 확립, 협력적 노사 관계의 정착, 소·부·장(소재, 부품, 장비) 산업의 발전, 보편 복지 제도의 성숙 등은 모두 사회적 합의주의 혹은 사회적 대화 체제의 효율성과 지속성이 전제되지 않으면 실현이 어려운 개혁 과제인데, 합의제 민주주의는 바로 그 전제 조건의 형성에 커다란 도움을 줄 수 있다. 높은 수준의 경제민주화나 복지국가 발전을 이룬 나라들이 거의 모두 합의제 민주주의 국가라는 사실은 결코 우연이 아니다.

다행히 문재인 정부는 합의제 민주주의의 발전을 위해 나름대로 상당한 노력을 기울였다. 대통령 스스로가 비례성이 보장되는 방향으로의 선거제도 개혁 필요성을 누차 강조했고, 선거제도를 제대로 개혁하면 (그렇게 국회가 민의를 제대로 반영한다면) 그에 맞추어 권력 구조도 개편할 수 있으리라고 했다. 2019년 12월 12일 대통령직속 정책기획위원회가 발표한 『광복 100주년을 향한 새로운 대한민국: 혁신적 포용국가 미래비전 2045』를 보면 문재인 정부의 정치 개혁 비전 혹은 목표가 무엇인지를 가늠해 볼 수 있다.[1] 요컨대, 정치·경제·사회·문화 등의 제 영역에서 첨예해질 대로 첨예해진 작금의 심각한 갈등 문제를 민주적으로 관리하고 조정할 수 있어야 혁신 성장과 공정 분배의 선진 포용 국가로 갈 수 있는바, 그런 '혁신적 포용 국가'로 발전해 가기 위해서는 협치와 분권의 민주주의, 즉 권력 공유의 합의제 민주주의 체제 확립이 중요하다는 것이었다.

그러나 불행히, 합의제 민주주의 국가로 가기 위한 첫 번째 과제인 선거제도 개혁은 소기의 목적을 달성하기 어려운 상태에서 일

---

[1] 전문은 정책기획위원회 홈페이지에서 내려받을 수 있다.

단락되고 말았다. 말하자면, 1차 연도 연구에서 밝힌 바와 같이, 2019년 12월의 선거법 개정으로 도입된 소위 '준연동형 비례대표제'가 충분히 높은 비례성을 보장하고, 따라서 다양한 유력 정당의 부상이라는 정치적 효과를 낳을 가능성은 그리 높아 보이지 않는다는 것이다.[2] 이 새로운 선거제도에서는 오히려 과거보다 더 강력한 양당제 혹은 양대 진영 체제가 들어설 가능성이 농후하다. 실제로 2020년 21대 총선에서 한국의 양당제는 과거 그 어느 때보다 강화됐다. 직전 선거인 20대 총선에서는 양대 정당의 의석수를 합치면 그 비중이 82%였다. 민주화 이후 역대 총선에서 그 비중이 가장 컸던 해는 19대 때인 2012년으로 무려 93%에 달했다. 하지만 21대 총선에서는 그 비중이 95%를 넘어섰다.[3]

대한민국을 진정한 협치 혹은 합의제 민주주의 국가로 만들어 놓길 원한다면, 문재인 정부와 그 이후의 정부는 무엇보다 선거제도의 개혁을 다시 추진해야 하다. 그리고 그와 더불어 (다당제와 맞물려 순조롭게 돌아갈 수 있는) 새로운 권력 구조로의 개편 작업도 병행해야 한다. 2절과 3절에서는 권력 구조의 개편과 선거제도의 개혁

2_ 1차 연도 연구에서는 개정 선거법이 도입한 새 선거제도를 '준연동형 비례대표제' 대신 '이중 혼합 다수제'라고 불렀다. 반복해서 말하자면, 소선거구제와 비례대표제가 섞여 있는데다 그 두 제도의 혼합도 연동제와 병립제를 섞는 기묘한 방식이기에 이중 혼합제이며, 이 선거제도의 이념형적 성격은 비례제라기보다는 다수제에 가까운 것으로 판단되기 때문이었다.

3_ 더불어민주당의 163석과 그 위성 정당인 더불어시민당과 열린민주당의 20석을 합치면 여당의 의석 비중은 무려 61%를 기록했고, 제1 야당(현재 국민의힘의 전신)인 미래통합당은 위성 정당인 미래한국당 의석까지 포함해 34.3%를 차지했다.

을 어떤 방향으로 어떻게 추진해야 할지에 대해 차례대로 논의하도록 한다.

2. 권력 구조 개헌의 추진 방향과 방안

1) 권력 구조 개헌 추진 방향

지난 수십 년간의 권력 구조 개편 논의를 통해 적어도 그 기본 방향에 대해서는 상당한 정도의 사회적 합의가 이루어진 듯하다. 즉, 대통령에게 과도하게 집중된 정치권력을 가급적 여러 정치 주체에게 분산하는, 소위 '합의제형'으로 개편해 간다는 것이다.[4]

체제 내에 있는 정당 모두의 행정부 참여 가능성을 높이고 그들 간의 권력 공유를 촉진하거나 강제하는 성격의 권력 구조, 이른바 '합의제적 권력 구조' 혹은 '연정형 권력 구조' 역시 비례성 높은 선거제도 못지않게 다당제와 합의제 민주주의 발전에 기여하는 중요한 제도 요소이다. (정책이나 이념적 정체성이 분명한 하나의 '정치 행위자'로서의) 정당의 행정부 참여를 극히 제한적으로만 허용하는 작금

4_ 이 절의 논의는 상당 부분 최태욱(2014)의 관련 내용을 수정·보완한 것이다.

의 '다수제적 권력 구조'가 앞으로도 계속 유지된다면 한국에서 정당정치의 활성화와 합의제 민주주의의 발전을 기대하기는 어렵다.

주지하듯 한국의 제왕적 대통령제에서는 (헤어나기 어려울 정도의 심각한 여소야대 상황으로 대통령의 권위가 심히 흔들릴 지경이 아닌 한) 야당이 행정부에 참여할 기회는 거의 존재하지 않는다. 웬만해선 연립정부가 구성되지 않는다는 것이다. 여당의 경우도 특정한 사회경제 집단을 대표하는 독자적인 '정치적 대리인'으로서 행정부에 참여할 가능성은 그리 크지 않다. 여당은 대개 대통령의 통치 도구적 기구로서의 역할을 하는 것에 머물기 때문이다. 그러니 제왕적 대통령이 정당과 의회정치를 무시하고 직접 국민 대상의 포퓰리즘 정치를 펼칠 수 있는 것이다. 지금의 이 제왕적 대통령제를 권력 공유형 권력 구조로 전환해 연립정부가 통상적인 정부 형태가 되도록 해야 한다. 그래야 정당정치의 활성화와 합의제 민주주의의 발전을 기대할 수 있다.

물론 대통령중심제 국가에서도 연립정부는 얼마든 구성될 수 있다(Lijphart 2002, 47). 의원내각제나 분권형 대통령제에 비해 연정 형성의 유인이 약한 것은 사실이지만, 브라질을 포함한 남미의 여러 국가에서 볼 수 있는 바와 같이, 순수 대통령제에서도 다양한 형태의 연합 정치가 이루어지곤 한다(Cheibu, Przeworski and Saiegh 2004).

그런 경우들을 예로 들어 혹자는 한국에서도 헌법 개정 없이 이른바 '연정형 대통령제' 혹은 '책임 총리제'의 발전이 가능하리라고 주장한다. 문제는 제도가 아닌 사람이라는 것이다. 즉, 대통령을 포함한 여야 지도자들의 의지와 실력만 있다면, 행정 각 부를 통할하는 국무총리의 존재, 국회의원의 장관 겸직 허용, 국회의 총리 임명 동의권 및 해임 건의권 보유 등, 내각제적 요소가 상당히 있는 현행 헌법 아래에서도 책임 총리가 내정을 주도하는 연립정부의 작동이 가능하다는 것이다. 실제로 노무현 전 대통령은 여소야대의 난국을 타개하기 위해 당시 한나라당의 박근혜 대표에게 책임 총리를 보장하겠다며 대연정을 제안하기도 했다. 그러나 연정형 대통령제와 관련해선 몇 가지 명심할 것들이 있다.

첫째, 연립정부의 형성이나 유지가 비교적 잘되는 대통령제 국가들은 거의 모두가 결선 투표제를 통해 대통령을 선출하고, 따라서 다당제 국가라는 사실이다. 대통령 결선 투표제는 사회적 균열을 제대로 반영할 수 있는 정책과 이념 중심의 다당제 발전을 촉진하는 효과가 있다. 이는 양당제를 추동하는 단순 일위제의 효과와는 정반대의 경우에 해당한다. 단순 일위제는 단 한 차례의 선거에서 1등 한 후보를 대통령으로 인정하는 제도이므로 유권자들은 전략적 투표를 행하곤 한다. 선호하는 후보가 따로 있을지라도 그가 1등이 될 가능성이 낮다면 (자신의 표를 사표로 만들지 않기 위해) 1등이 될 만한 차선의 후보에게 표를 던진다는 것이다. 많은 사람들이 그렇게 하다 보니 표는 결국 대정당(후보)들에게 몰리기 마련이고, 이런 선거의 되풀이는 종국에 거대 양당제로 귀결된다.

그러나 1차 투표에서 50%가 넘는 지지를 획득한 후보가 없을 경우 1등과 2등만을 상대로 2차 투표를 실시하는 결선 투표제에선 다른 상황이 펼쳐진다. 여기에선 어차피 2차 투표가 있으므로 유권자들은 1차 투표에서 자신들의 선호를 있는 그대로 표출한다. 그러니 소정당(후보)들도 그들만의 정체성을 유지하며 상당한 주목을 받을 수 있다. 게다가 소정당들은 2차 투표를 앞두고 대정당들과 협상을 벌일 수도 있다. 정당 연합을 통해서만 과반 득표가 가능한 대정당들은 소정당들의 내각 참여 또는 정책 수용 요구에 반응해야 하며, 그것은 바로 연립정부의 형성으로까지 이어지기도 한다.

둘째, 연정형 대통령제가 순항하는 국가들에선 대개 의회 선거제도도 다당제를 촉진하는 전면 비례대표제나 비례성 높은 혼합형 선거제도를 택하고 있다. 말하자면, 대통령 결선 투표제와 국회의원 비례대표제가 결합돼 있다. 이것이 시사하는 바는 대통령과 국회의원 선거제도가 같은 성질의 것이어야 한다는 점이다. 예컨대, 대통령은 결선 투표제로 뽑으면서 의원들은 소선거구 일위 대표제로 선출하는 나라에서는 다당제나 연립정부가 발전할 가능성이 그리 크지 않다. 소선거구 일위 대표제는 대통령을 단순 일위제로 뽑는 경우에서와 마찬가지로 양당제를 견인하는 효과를 내기 때문이다. 많은 실증 연구들도 대통령제 국가에서 다당제나 연립정부가 성공적으로 운영될 확률은 결선 투표제만 있을 때가 아니라 그것이 비례대표제와 결합할 때 비로소 유의미하게 높아진다는 사실을 밝히고 있다(홍재우·김형철·조성대 2012). 결선 투표제 그 자체만의 다당제 및 연립정부 유인 효과는 제한적인 것이다.

그런데 한국의 국회의원 선거제도는 소선거구 일위 대표제 중심이다. 대통령도 단순 일위제로 선출한다. 노무현 정부 이후 이명박·박근혜·문재인 정부를 거치며 뚜렷이 관찰되는 바와 같이, 이런 선거제도들이 견인하는 정당 체제는 양당제다. 양당제 국가에서 연정형 대통령제의 안정적 발전을 기대하기란 무리다. 유력 정당 셋 이상이 상존하는 다당제 환경이 구축되어 여당이 홀로 의회의 다수파가 될 가능성이 구조적으로 낮아져야 연립정부 형성이 일반화될 수 있다. 물론 비례대표제의 획기적 강화로 한국에 구조화된 다당제가 확립된다면 얘기는 달라진다. 그 경우엔 결선 투표제의 도입만으로도 연정형 대통령제의 발전을 나름대로 기대해 볼 수 있다.

그러나 설령 비례대표제와 결선 투표제가 모두 도입된다 할지라도 대통령중심제에서 형성되는 연립정부를 안정적인 합의제적 권력 구조의 한 형태라고 평가하기는 여전히 어렵다. 연정형 대통령제와 관련해 명심해야 할 다음의 세 번째 사항 때문이다.

셋째, 대통령중심제에서의 연립정부는 그 안정성이 상당 부분 제도보다는 사람에 달려 있다는 치명적인 취약점을 안고 있다. 여소야대 등으로 어려운 상황에 몰린 대통령이 야당(들)에 연정을 제안한 경우를 상정해 보자. 우선 문제가 되는 것은 과연 야당(들)이 언제나 그 제안을 수용할 것인가이다. 수권 능력이 있는 야당(들)은 연정에 참여하지 않고 야당으로서의 역할을 충실히 하는 것이 오히려 차기 대선에서의 승리에 유리하다고 판단하는 경우가 많다. 수권 능력을 갖추지 못한 야당(들)도 차기 총선에서의 유·불리를 따져 연정 참여를 거부하곤 한다.

이런 경우들이 아닐지라도 사실 야당으로선 대통령이 주도하는 연립정부에 참여하는 것이 크게 매력적인 일은 아니다. 현행 헌법은 그 내각제적인 요소에도 불구하고 대통령이 행정부의 수반이고 국무총리는 대통령을 보좌하며 대통령의 명을 받아 행정 각부를 통할하는 '하급자'의 위치에 있을 뿐이라는 점을 명확히 규정하고 있다. 물론 총리가 누구이며 대통령의 의지가 어느 정도인지에 따라 총리의 실제 권한은 많이 달라질 수도 있다. 그러나 총리에게 상당한 권한이 허용된다 한들 법과 제도가 보장하지 않는 한 그것은 대통령의 자의에 따라 언제든 변할 수 있는, 불안정하거나 한시적인 권력에 불과하다. 총리와 함께 내각을 구성하는 장관들의 권한 역시 마찬가지다. 더구나 대통령의 국무총리 임명에는 국회의 동의가 필요한 반면 해임에는 헌법상 아무런 제한이 없다. 상황이 조금이라도 달라지면 대통령은 언제든 국무총리나 장관을 해임할 수 있고 연정 구조는 쉽게 바뀔 수 있다. 독자적 권한도 보장되지 않을뿐더러 불안정하기까지 한 그런 연립정부를 구성하자는 제안에 야당(들)이 언제나 흔쾌히 응하지는 않는다. 현행 헌법 아래에서의 연립정부란 결코 안정적인 정부 형태가 될 수 없다는 것이다(장영수 2012, 24-25).

책임 총리제가 정착되려면 총리는 대통령 개인이 아니라 헌법이 보장하는 안정적인 지위와 독자적인 실권을 지녀야 한다. 그렇게 대통령과 상하 관계가 아닌 상호 견제하는 관계에 있어야 한다. 그래야 진정한 권력 분점형 연립정부가 작동할 수 있다. 결국 대통령제를 유지하면서 행정부에서의 협치를 촉진하고자 한다면 개헌을 통해 분권형 대통령제로 가야 한다는 것이다.

후술하겠지만, 분권형 대통령제에서는 총리가 행정부의 수반이며 그 총리는 의회 다수파의 신임이 있어야 선출될 수 있고 또한 그

직을 유지할 수 있다. 의회에 총리 선출권 및 내각 불신임권이 있기 때문이다. 따라서 단일 정당이 홀로 의회의 다수파를 구성할 가능성이 낮은 구조화된 다당제가 확립될 경우엔 복수의 정당들이 형성하는 연립정부가 통상적인 정부 형태로 정착한다. 같은 경우라면 의원내각제에서도 마찬가지다. 요컨대, 구조화된 다당제는 분권형 대통령제나 의원내각제 등과 결합할 때 비로소 (제도적 조화를 이루며) 안정적인 합의제 민주주의의 완성으로 귀결된다.

이렇게 완성된 합의제 민주 체제에서는 사회경제적 약자들을 포함한 갈등 주체들의 선호와 이익이 동등하고 효과적인 참여 보장에 의해 정치과정에 제대로 투입된다. 사회적 갈등이 정당을 통해 제도 정치에 흡수되어 체계적 절차에 따라 조정된다는 의미이다. 그것은 입법부에서만 일어나는 과정이 아니다. 구조화된 다당제 국가에서의 의원내각제나 분권형 대통령제는 통상 연립정부의 형태를 띠게 되므로 행정부에서도 서로 다른 여러 정당들 간의 협조와 타협이 지속적이고도 교차적으로 일어난다. 따라서 여기선 사회정책이나 경제정책 등이 사회경제적 강자들의 이익에 편향되어 수립되거나 집행될 가능성은 낮다. 단일 정당정부가 전형인 다수제 민주주의에 비해 합의제 민주주의에서 분배와 복지 정치가 더욱 안정적으로 이루어지는 까닭이다.

다행인 것은 1987년 민주화 이후 한국 사회에선 단 한 해도 거르지 않고 권력 구조 개편에 대한 공방이 줄기차게 이어져 왔다는 사실이다. 그 결과 현재로선 한국 사회 구성원의 대다수가 현행 대통령제의 개혁 필요성에 대해 공감하고 있다. 다만 구체적인 개혁안에 대해서는 다양한 선호가 나타난다. 크게 볼 때 세 가지 대안이 대립하는 형국이다. 그 세 가지 개혁안을 하나씩 살펴보면서 그들이 각각 합의제 민주주의의 발전에 어느 정도의 기여를 할 수 있는지 따져 보자. 우리 사정에 가장 적합한 합의제적 권력 구조가 무엇인지 평가해 보자는 것이다.

(1) 4년 연임 대통령중심제

4년 연임제의 초안에 해당하는 4년 중임제는 '노무현안'이라고 불려 왔다. 노무현 전 대통령이 5년 단임제를 4년 중임제로 고치고 대선과 총선의 시기를 일치시켜야 대통령제가 원활히 작동될 수 있다고 주장하며 이를 '원 포인트 개헌'을 통해 성사하고자 노력했기 때문이다.

그러나 이 '노무현안'은 폭넓은 지지를 얻지는 못했다. 단임제 대통령은 대표-책임의 원리에서 벗어날 가능성이 클뿐더러 레임덕 현상으로 임기 후반기에는 소신 있는 국정 운영을 펼치기 어렵다는 등의 이유로 4년 중임제가 바람직하다는 주장이었지만, 그것은 사실상 8년의 임기 보장과 같은 의미가 아니냐는 반론이 거셌다. 4년 중임제를 택하고 있는 미국의 경우에도 연임에 실패한 대통령은 별로 없다는 사실은 이 비판자들의 주장에 힘을 실어 주었다. 결국 4년 중임제는 그저 레임덕 현상의 발생을 몇 년 연기할 뿐이지 문제의 근본적 해결책은 아니라는 것이다. 타당한 비판이었다. 이는 4년 연임제에도 똑같이 적용될 수 있는 비판이다.

물론 노무현 정부나 현 문재인 정부에서 제기된 4년 중임제나 4

년 연임제 개헌론이 제왕적 대통령제 유지론이나 강화론인 것은 아니다. 거기에는 대개 대통령에게 지나치게 집중된 권력을 삼권분립 원칙 등에 의거해 국회·법원·국무총리·감사원 등의 여타 헌법기관으로 분산하자는 이른바 '소폭' 개혁안이 포함된다. 이를테면, 4년 연임제로 바꾸는 동시에 감사원의 기능을 대폭 확대해 국회로 이관하거나 독립기관으로 격상하고, 대통령이 4대 권력 기관, 곧 검찰·경찰·국세청·국정원 등의 장을 임명하는 데에 국회의 동의 요건을 획기적으로 강화하며, 대법원과 헌법재판소의 장은 각각 대법관 회의와 헌법 재판관 회의가 국회에 추천하는 방식으로 결정하고, 소위 '청와대 권력'을 과감하게 제한함으로써 "제왕적 대통령제의 폐단을 예방 또는 완화하자는 것이다"(안성호 2018, 22).

그럼에도 국가원수직과 행정부 수반직을 한 사람에게 몰아주는 대통령중심제를 유지하는 한 그 개헌안은 (아무리 대통령의 권력을 여타 기관이 효과적으로 견제할 수 있도록 한다 할지라도) 미완의 개혁에 그칠 수밖에 없다는 반론은 여전히 존재한다. 대통령중심제는 합의제 민주주의의 핵심 요소인 (이념과 정책으로 구조화된) 다당제와는 어차피 '제도 간의 부조화' 문제를 일으킬 수밖에 없기 때문이라는 것이다. 요컨대, 합의제 민주주의의 발전을 위해서는 권력 구조 자체를 후술할 분권형 대통령제나 의원내각제로 전환하는 것이 불가피하다는 것이다.

(2) 의원내각제

의원내각제에도 다양한 형태가 있다. 그중 여기서 논의하는 의원내각제는 다음과 같은 일반적 형태이다. 즉, 행정부는 다당제에서의 연립내각 형태로 의회에서 구성되며, 그 행정부와 의회 간에는 힘의 관계가 균형을 이루는 한편, 수상 혹은 총리의 내각 리더십은 전면적으로 보장되는 유형이다.

한국형 대통령제를 의원내각제로 전환할 경우 그 개혁 효과는 실로 대단할 것으로 보인다. 그중 합의제 민주주의 발전에 기여할 수 있는 핵심 효과 몇 가지를 살펴보면 다음과 같다.

첫째, 의원내각제의 성격상 당연히 행정부와 입법부 간에 힘의 균형이 잡힌다. 의원내각제의 행정부는 의회에서 구성되어 의회에 대해 책임을 지기 때문이다. 따라서 행정부의 독주 가능성은 현저히 낮아진다. 행정부-입법부의 협치가 실질적 내용을 갖는다.[5]

둘째, 정당정치가 활성화된다. '대권'의 정치적 구심력은 (정당의) 이념이나 정책 기조를 뛰어넘을 정도로 막대하며, 따라서 한국의 정당(정치인)들은 대통령이나 대통령감을 중심으로 이합집산을 거듭해 왔다는 사실은 누구나 익히 알고 있다. 정치의 핵심 주체는

5_내각 불신임권 등을 통한 의회의 행정부 견제 기제를 거론하며 혹자는 다당제의 연립정부 형태로 구성되는 의원내각제의 행정부는 구조적으로 불안하다고 지적한다. 하지만 그것은 기우에 불과하다. 주지하듯, 유럽의 많은 선진국들은 (형태의 차이는 있지만) 의원내각제를 운영하고 있다. 그러나 그들 중 행정부의 불안정성으로 구조적인 어려움을 겪는 나라는 없다. 각자 스스로의 안정화 기제를 가동하고 있기 때문이다. 예컨대, 그들은 대부분 군소 정당의 난립에 따른 행정부의 불안정성을 극복하기 위해 비례대표 선거제도에 저지 조항을 설치함으로써 유력 정당 수가 3개 내지 5개 정도인 온건 다당제를 유지한다. 독일의 경우 5%라는 높은 저지 조항 외에도 후임 수상을 미리 선출해 두지 않으면 불신임 권한을 행사하지 못하도록 하는 소위 '건설적 불신임제'를 통해 의회의 견제 권한 남용을 방지하기도 한다.

인물이지 정당이 아니었던 것이다. 그러나 의원내각제에서는 정당이 주체가 된다. 총리와 각료들은 각각 그들이 속한 정당의 내부 규율은 물론 내각 전체의 집단적 의사 결정 과정, 그리고 무엇보다 의회의 견제에 의해 제도적으로 구속된다. 기본적으로 그들은 정당과 의회의 일원임을 잊을 수 없으며, 그들의 정치 행위는 정당의 이름으로, 정당의 책임하에 수행된다. 따라서 여기에 제왕적 대통령제에서와 같은 반정당적·반의회적 정치 행태가 자리 잡을 틈은 거의 없다. 이렇게 정당은 정치의 중심에 설 수 있다.

셋째, 대통령제에서 자주 문제가 되는 분점 정부 상황이 발생하지 않는다. 따라서 그에 따른 정부와 의회 간의 교착, 그리고 그에 따른 정부의 수행 능력 장애 등이 일어나지 않는다. 말하자면 행정부-의회 간 합의 정치가 부드럽게 이루어진다는 것이다.

사실 분점 정부 혹은 여소야대 상황은 다당제-대통령제에서는 가끔 혹은 빈번히 일어나는 현상 정도가 아니라 오히려 '정상상태'에 가깝다. 다당제에서는 대통령이 '정당 권력'partisan power을 확보하기가 쉽지 않기 때문이다(이종찬 2000, 45). 대통령의 정당 권력이란 행정부가 국정을 원활히 수행하기 위해 필요한 정당(들)의 지지를 안정적으로 획득할 수 있는 능력을 의미한다. 집권 여당이 의회의 다수당 지위를 차지하고 있을 경우에는 대통령이 원하는 정책안이 성공적으로 법제화될 가능성은 당연히 높다. 대통령이 다수당인 여당을 통해 정당 권력을 누릴 수 있기 때문이다. 그러나 다당제에서는 어느 한 정당이 의회의 과반수 의석을 안정적으로 차지하기가 쉽지 않다. 의석이 다수 정당에 의해 나눠지기 때문이다. 여당이라고 예외인 것은 아니다. 결국 소수파 여당과 다수파 야당 연합이 의회 구성의 일반적 형태가 되고, 따라서 분점 정부 상황 역시 일반적이 된다.

그런데 의원내각제에서는 (연립)내각의 구성 자체가 의회에서 실질적 다수를 차지하는 정당(들)에 의해 이뤄지므로 (돌발 변수가 개입하지 않는 한) 수상 혹은 총리가 의회 내에서의 정당 권력 부족 문제로 고생하는 일은 애초부터 생기지 않는다. 또한 의원내각제에서의 행정부 권력은 정당 간에 서로 나누어 가질 수 있는 것이므로, 대통령제에서 정당들이 연합하는 경우와는 달리, 정당들은 대체로 연립내각의 형성 및 유지에 대해 강한 제도적 인센티브를 갖게 된다. 이것이 의원내각제의 연립정부가 비교적 쉽게 형성될뿐더러 출범 후에는 안정적인 수행 능력을 발휘할 수 있는 까닭이다.

넷째, 행정부의 '정책 안정성'이 제고된다. 대통령제에서는 물론이고 양당제의 의원내각제에서도 선거 이후 정권이 바뀌게 되면 국가의 이념이나 핵심 정책들이 일시에 전환되는 경우가 자주 목격된다. 양자 모두 승자 독식의 권력 집중형 구조이기 때문이다. 이와 달리 다당제에 기초한 의원내각제 국가에서는 그런 일이 웬만해선 발생하지 않는다. 한번 형성된 주요 정책 기조는 대개 커다란 변화 없이 상당 기간 지속된다. 합의 정치가 작동하기 때문이다. 1980년대와 1990년대의 전 세계적인 신자유주의 극성기에도 보편주의 복지 체제 기조가 그 이전과 별 다름 없이 유지됐던 유럽의 선진 복지 국가들은 모두 합의제 민주 체제를 갖춘 나라들이었음을 상기할 필요가 있다.

합의제 민주국가의 정책 안정성이 뛰어난 핵심 이유는 그들 국가가 연정형 권력 구조를 유지하고 있기 때문이다. 연립정부에서는 기본적으로 국가정책이 특정 정당의 독주에 의해 결정될 수가 없다. 그것은 항상 연립을 구성하는 다수 정당들 간의 합의나 협의에 의해서만 결정된다. 사실 많은 경우 연립정부는 중도 성향의 정당을 중심으로 그것의 좌우 최근 거리에 있는 몇몇 정당들이 구성한다. 이와 같이 연립은 애초부터 상호간의 정책 및 이념 차이가 심하지 않은 정당들 간에 일어나는 것이므로 정책 결정 과정에선 그들 사이에 협조와 타협이 비교적 쉽게 이루어진다. 더구나 일단 연립정부가 형성되면 참가 정당들은 서로 견제와 균형을 통해 일정한 정책 수렴에 이르곤 한다. 설령 선거를 통해 연립 참여 정당들의 '부분적 교체'partial alteration가 일어나도 그들 사이의 정책이나 이념 차이는 여전히 크지 않으므로 정책 수렴 노력은 지속된다(Lijphart 2012, 280).

이상과 같이, 권력 분산형 의원내각제로의 전환은 합의제 민주주의의 발전에 기여할 수 있는 여러 가지 개혁 효과를 발생시킨다. 그러나 의원내각제 도입이 쉽게 결정할 수 있는 문제는 아니다. 몇 가지 고민해야 할 지점이 있다. 그중 두 가지만 언급하자면, 첫째는 한국과 같이 왕이 없는 나라가 의원내각제를 도입할 경우 모든 국민을 대표하는 초당파적 국가원수 혹은 "권위중심체"의 부재로 국가나 사회 통합의 안정적인 구심점 확보가 어려울 수 있다는 점이다(황태연 2005, 52-53). 이것이 아마도 입헌군주국이 아닌 유럽 공화국들의 대다수가 의원내각제 대신 분권형 대통령제를 택한 이유인지도 모른다. 한국이 만약 의원내각제를 택하면서 이 난점을 해결하고자 한다면 독일이 그랬듯이 상징적 국가원수로서의 대통령을 따로 둘 수도 있을 것이다. 이때 대통령의 선출은 의회가 할 수도 있고 국민이 직접 할 수도 있다. 다만 그 대통령에게는 한국적 맥락에서 국가원수로서의 상징적 의미가 발휘될 수 있을 정도의 지위 및 권한이 주어져야 할 것이다.

두 번째 고민은 과연 한국의 시민들이 1987년 민주화 운동의 '쟁취물'인 직선 대통령제를 포기할 수 있겠는가 하는 문제이다. 다수의 시민들은 대통령 직선제를 한국 민주화의 징표로 여기고 그에 대한 애정을 여전히 유지하고 있다. 대통령제에 익숙해져 있음은 물론이다. 반면, 의원내각제와 관련해서는 그 제도적 장점은 인정할 수 있지만 그것이 과연 한국의 정치 현실 속에서 작동 가능한 권력 구조인지에 대해서는 미심쩍어하는 시민들이 다수이다. 각종 여론조사 결과를 보더라도 시민 대다수는 제왕적 대통령제의 개혁 필요성은 인정하면서도 의원내각제의 전면 도입보다는 대통령제를 유지하면서 권력의 집중이나 남용 문제를 해결하는 수준에서 방도를 찾아보자는 견해를 보이고 있다. 직선 대통령제에 대한 국민적 선호가 이처럼 높게 유지되는 한 이를 무시하고 의원내각제를 도입하기는 어려울 것으로 보인다.

(3) 분권형 대통령제

분권형 대통령제는 국가원수로서의 대통령직은 존치하되 행정부 수반으로서의 대통령 권력은 의회에서 선출하는 총리와 분담케

하는 권력 구조이다. '분권형 대통령제'semi-presidential government라는 개념을 최초로 정의한 모리스 뒤베르제(Duverger 1980, 142)에 의하면, 분권형 대통령제는 다음 세 가지 요소가 결합된 권력 구조이다. 첫째, 대통령은 국민의 보통선거권 행사에 의해 (직선 혹은 간선으로) 선출된다. 둘째, 대통령은 국가원수로서의 권한과 함께 (국방이나 외교 등 일정한 영역의 정책 결정 과정에서) 상당한 실권을 보유한다. 셋째, 대통령과는 별도로 그 직이 전적으로 의회의 선출권과 불신임권에 의해 유지되는 총리 및 장관들로 구성되는 행정부가 존재한다. 결국 분권형 대통령제의 핵심은 국민이 뽑는 대통령과 의회가 선출하는 총리 간의 분권 구조에 있다.

대통령과 총리 간의 이 분권 구조, 즉 권력의 분산 정도와 범위가 어떤지에 따라 무수하게 많은 형태의 분권형 대통령제가 탄생할 수 있음은 물론이다. 한국에서 가장 일반적이라고 알려진 분권형 대통령제는 대통령이 국가원수직과 더불어 이른바 외치 영역에 해당하는 외교·안보·국방 정책 등을 담당하며, 총리는 내정과 관련된 그 나머지 정책들을 맡는 형태이다.

한국의 현행 대통령제를 일반적이라고 알려진 분권형 대통령제로 전환할 경우 그것의 개혁 효과는 의원내각제로의 전환 경우에 못지않게 상당히 클 것으로 예상된다. 무엇보다 분점 정부 시, 즉 의회의 다수파를 야당(들)이 차지함으로써 야당(연합)의 대표가 행정부를 총괄하는 총리가 될 경우 대통령의 독주 방지 효과는 분명히 나타날 것이다. 분권형 대통령제에서는 기본적으로 대통령과 행정부 간의 연계가 차단 혹은 제한됨으로써 대통령의 행정부 장악이 불가능하기 때문이다.

합의제 민주주의 발전에 가장 크게 기여할 개혁 효과는 역시 정당정치의 활성화일 것이다. 이 효과는 의원내각제로의 전환에서와 거의 같은 원리에 의해 발생하는 것이므로 여기서는 중복 설명을 피하기로 한다. 그 밖에 행정부와 입법부 간의 힘의 균형이 잡힌다든가 그래서 합의 정치가 발전한다든가 하는 등의 개혁 효과도 의원내각제로의 전환 경우와 유사하게 발생하므로 이들에 대한 설명역시 생략하기로 한다.

다만 여소야대 현상의 발생과 그것이 해결되는 방식은 의원내각제에서와는 다소 다르다. 의원내각제에서는 통상 행정부가 의회의 다수파에 의해 구성되므로 여소야대라는 문제 자체가 발생하지 않는다. 이 점은 분권형 대통령제의 (총리를 수반으로 하는) 행정부와 입법부 사이에도 마찬가지이다. 총리는 실질적으로 의회에서 선출되기 때문이다. 그러나 분권형 대통령제에서는 여소야대 형국이라는 것이 이른바 '동거 정부' 형태로 발생할 수 있다. 대통령이 소속된 여당이 아니라 총리를 배출한 야당(연합)이 의회의 다수당 지위를 차지한 경우이다. 그러나 이 동거 정부는 사실상 제도에 의해 "강제된" 대연정 상황인 것으로 볼 수 있다(황태연 2005, 55). 순수 대통령제에서라면 일어났을 여소야대의 교착상태가 여기서는 동거 정부라는 제도적 기제에 의해 해소된다. 노무현 전 대통령이 그리도 원했던 대연정은 분권형 대통령제였다면 당연히 이루어졌을 것이다.

이와 같이 상당한 개혁 효과를 기대할 수 있음에도 분권형 대통령제로의 전환 역시 쉽게 결정할 일은 아니다. 이는 무엇보다 대통령과 총리 사이의 권력 배분의 어려움 때문이다. 흔히 외교, 안보, 국방 등의 정책 영역은 대통령이 맡고 사회나 경제 등 국내 정책 영역은 총리가 맡는다고 하지만 그 영역 구분이 쉬운 게 아니다. 예컨대, 대외 통상과 금융 거래 및 투자는 물론 세계화와 지역 통합 그리고 자유무역협정FTA 등과 관련된 대외 경제정책은 형식상은 외교정책이라 할지라도 국내 정치경제에 끼치는 효과가 막대함을 고려할 때 실질적으로는 국내 정책에 해당한다. 안보도 이제는 경제 변수 등을 고려하지 않을 수 없는 포괄적 정책 영역에 속한다. 결국 대통령과 총리 간에 정책 영역의 분담 및 권력 배분 문제를 놓고 (제도 성숙에 이르기까지는) 끊임없이 갈등과 대립 상황이 벌어질 소지가 크다.

다른 문제를 하나 더 든다면, 형식만 권력 분산형이지 실상은 권력 집중형인 분권형 대통령제도 등장할 수 있다는 점이다. 이런 경우는, 예컨대, 비슷한 이념과 정책 기조를 공유하고 있는 정당들 간의 연합체 혹은 특정 정당 하나가 의회의 다수파를 구성하고 그 정당이나 정당 연합에서 대통령까지 배출된 상황에서 발생할 수 있다. 이때 대통령에게 프랑스 등에서와 같이 (결국 내각 불신임권을 갖고 있는 의회의 동의가 필요하긴 하지만) 총리 임명권까지 있다면 여기서의 대통령은 사실상 대통령중심제에서의 경우와 유사한 만큼의 거대 권력을 행사할 수 있게 된다. 국가원수직은 물론 자신이 임명한 총리를 통해 실질적인 행정부 수반직도 겸할 수 있기 때문이다. 여기에 더해 역시 프랑스에서와 같이 대선과 총선 시기를 일치시킴으로써 여소야대의 생성 가능성을 구조적으로 낮출 경우 분권형 대통령제의 의미는 거의 퇴색한다. 그렇다면 이렇게 운영되는 분권형 대통령제를 합의제적 권력 구조라고 하기는 어려울 것이다. 중요한 것은 분권형 대통령제라는 형식이 아니라 거기서 이루어지는 권력 분산의 실질적인 양과 질이기 때문이다.

이런 문제들에도 불구하고 합의제 민주주의의 발전을 위해 권력 구조의 개편을 추진한다면 상기한 한국적 현실을 감안할 때 그 지향점은 의원내각제보다는 분권형 대통령제가 돼야 하리라고 여겨진다. 일단 분권형 대통령제는 의원내각제와 달리 상당한 실권을 가진 대통령을 지금과 같이 국민이 직접 뽑는 권력 구조이므로 그 도입 과정에서의 국민적 반대는 비교적 크지 않을 것으로 전망된다. 국민의 힘으로 이루어 낸 대통령 직선제는 그대로 유지하되 단지 제왕적 대통령제의 폐해를 없애고 민의 반영에 뛰어난 합의제적 민주 체제를 발전시켜 가기 위해 대통령의 권한을 분산하는 방향으로의 개혁이 필요하다는 주장을 펼친다면 국민들은 충분히 납득할 수 있을 것이다.

그렇다면 남은 과제는 상술한 분권형 대통령제의 문제를 해결하는 일이다. 우선 분권형 대통령제가 실질적인 대통령중심제로 바뀔 수 있다는 우려에 대해 생각해 보자. 물론 그런 우려는 충분히 나올 만하다. 그러나 정확한 평가를 위해서 과잉 우려는 삼가야 한다. 분권형 대통령제일지라도 대통령과 총리가 같은 정당(연합)에 속해 있는 경우 대통령의 권력은 그렇지 않은 경우에 비해 매우 강력해질 수 있다는 것은 사실이다. 그러나 그렇다고 해서 그 권력이 대통령중심제에서의 경우만큼 막강해질 수 있는 것은 아니다. 분권형 대통령제에서의 총리는 헌법이 보장하는 (대통령으로부터의) 독립성을 보유하고 있기 때문이다. 총리의 진퇴는 오직 의회만이 결정할 수 있다. 따라서 총리는 "일단 임명된 순간부터는 (자신을 임명한) 대통령에 대해 상대적 독자성을" 갖고 내각 주도권이나 장관 인사권 등의 자기 권한을 자유로이 행사할 수 있다(황태연 2005, 56). 총리의 이런 독립성과 독자성 때문에 대통령의 권력은 어느 경우든 분점될 수밖에 없는 것이다.

물론 분권형 대통령제의 합의제적 특성을 제대로 살리기 위해서는 가능한 한 대통령이 과도한 권력을 차지할 수 있는 조건이나 환경을 애당초 만들지 않는 것이 가장 바람직하다. 그 목적을 달성하기 위해선 무엇보다 구조화의 수준이 높은 다당제를 구축해 놓아야한다. 진보·중도·보수 등으로 구분되는 다양한 이념 및 가치의 공간마다 각기 유력 정당들이 하나 이상씩 포진해 있는 높은 수준의 정당 구조화를 이룬 분권형 대통령제 국가에서는 단일 정당이 의회의 다수파가 되거나 이념이나 가치 지향이 유사한 여러 정당들이 정당 연합체를 결성해 그들만으로 다수파 진영을 구축하는 경우는 웬만해선 발생하지 않는다. 셋 이상의 유력 정당들이 서로 분명하게 구분되는 이념 또는 가치 정체성으로 각자 무장해 서로 다른 정책 기조로 치열하게 경쟁하는 구조에서 어떻게 특정 정당이 홀로 다수파를 구성하는 일이 쉽겠으며, 또한 거기서 어떻게 '범진보'나 '범민주' 또는 '범보수' 연합 따위의 진영 정치가 쉽게 발전할 수 있겠는가.

분권형 대통령제에서 더 심각하고 풀기 어려운 문제는 대통령과 총리 사이의 권한 분배와 관련된 것들이다. 그 둘 간의 역할 분담이 확실하지 않을 경우엔 권한 행사를 둘러싼 잦은 갈등으로 국정 운영이 교착 상태에 빠질 수도 있다(장영수 2012, 25).

그러나 권한을 어떻게 나눌지에 대한 절대적 기준은 존재하지 않는다. 국가 구성원 대다수가 동의할 수 있는 분권의 합리적 기준을 스스로 마련해야 한다. 물론 공론화 과정을 거쳐 사회적 합의를 도출해 내는 것이 가장 바람직하다. 이와 관련해 황태연(2005, 49-52)의 제안은 좋은 참고가 될 수 있다. 그는 국가의 원수인 "대통령은 전 국민의 이익과 전체적 가치관을 대변하고 집행하는 초당파적 임무"를 부여받은 헌법기관인바, 그런 대통령에게는 초당파적인 입장에서의 숙고와 심의, 그리고 판단이 요청되는 영역에서의 결정 권한을 주어야 한다고 주장한다. 한편, 사회 구성원들의 다양한 선호와 이익이 여러 정당들에 의해 대표되고 경합하는 의회에서 선출되는 총리는 "불가피하게 당파적일 수밖에 없는 내정의 각 부문을 관장"하도록 해야 한다고 강조한다. 그는 또한 유럽의 많은 입헌군주국들이 정치적 안정을 누리는 까닭은 상당 부분 "초당적 절대존엄"인 왕의 존재 덕분이라며, 공화국들이 왕 대신 대통령을 세움으로써 같은 효과를 얻고자 한다면 그 대통령은 "당파적 정쟁에 말려들지 않게끔 전 국민적 임무만을" 맡게 함으로써 국가원수로서의 권위와 존엄성을 유지할 수 있도록 해야 한다고 역설한다.

이 같은 합리적 제안을 염두에 둔다면, 한국의 분권형 대통령제에서는 통일과 국방 정책만을 대통령에게 맡기고 그 나머지인 외교와 내치 영역은 모두 총리의 소관 사항으로 돌리는 것이 바람직하지 않을까 한다. 외교정책마저도 총리에게 넘기자고 하는 것은 그 영역에서는 상기한 대로 국내 정치적 파급효과가 큰 대외 경제정책 등이 큰 비중을 차지하는 고로, 대통령이 그런 영역을 담당할 경우 그는 계급·계층·집단별 이해관계의 갈등과 대립 상황 속에서 자신의 초당파적 위치를 유지하기가 쉽지 않을 것이기 때문이다. 외교에 비해 국방과 통일은 초당파적·거국적·전 국민적 이슈로서의 성격이 매우 뚜렷한 정책 영역에 속한다. 국방과 통일이야말로 당파적 유·불리를 초월해 오롯이 국민적 공감대에 기반해 수립하고 추진해야 할, 따라서 전 국민을 대표하는 대통령이 전담하기에 매우 적합한 정책 영역이다.

역할 분담을 위와 같이 분명히 하더라도 대통령과 총리 간의 체계적인 협의 기제는 별도로 준비돼 있어야 한다. 국방과 통일 정책이 여타 영역과 아무리 차별성이 큰 영역일지라도 세부로 들어가면 외교는 물론 경제·산업·사회·복지·교육·국토 해양 등 거의 모든 정책 영역과 중첩되는 부분이 즐비하기 마련이다. 대통령과 총리는 이런 부분들에서 권한 충돌 가능성이 상존함을 당연한 것으로 여겨 그에 대한 조정이 상시적으로 이루어질 수 있는 유기적 협의 체계를 따로 마련해 놓아야 할 것이다.

이상의 논의 결과를 종합해 본다면, 공화국인 한국이 제왕적 대통령제에서 벗어나 합의제 민주주의에 부합하는 권력 구조로의 전환을 모색할 경우 선택지는 둘로 좁혀지는 것으로 나타난다. 모두가 개헌을 필요로 하는 것으로서, 하나는 직선 대통령을 상징적 국가원수로 두고 의원내각제를 전격 도입하는 것이고, 다른 하나는 분권형 대통령제로 전환하는 것이다. OECD 국가들의 정부 형태

분포가 말해 주듯, 어느 경우든 권력 구조 자체의 불안정성을 우려해 선택을 꺼려할 필요는 전혀 없다. 최종 결정은 오직 국민의 선호에 따라 내려지면 된다.

개헌 논의 국면에 들어가서도 서둘러선 안 된다. '대통령 직선 의원내각제'가 좋을지 분권형 대통령제가 좋을지, 만약 분권형 대통령제로 간다면 대통령과 총리 간에는 어떻게 권력을 나눌지 등은 특정 정치가나 학자 혹은 다른 어떤 사회적 엘리트 집단이 해결할 수도 없고 해결하려 들어서도 안 될 문제이다. 그것은 반드시 사회적 합의 혹은 국민적 공감대의 형성을 전제로 풀어야 할 중차대한 문제이다. 우리 사회 전체의 중지를 모아야 한다. 개헌을 위한 광범위한 공론장公論場을 개설해 그 장에서 충분한 공론의 검토를 거쳐 권력 구조 개편안이 도출되도록 해야 한다. 지금부터 상당 기간을 투자해 사회 구성원 모두가 진지한 노력을 꾸준히 경주한다면 사회적 합의가 형성될 수 있을 것이다. 안정적인 새 권력 구조의 창출과 한국형 합의제 민주주의의 완성은 그렇게 느리지만 지속적인 노력으로 도출해 낸 사회적 합의에 기초할 때에만 가능한 일일 것이다.

2) 권력 구조 개헌 추진 방안

문재인 정부는 2018년 3월 말에 정부 개헌안을 발의했다. 기본권과 지방분권의 강화 등 나름대로 의미 있는 내용들이 많이 담겼지만, 사회적 합의나 공감대는 형성되지 못한 상태에서 소수 엘리트에 의해 다소 급하게 작성된 안이었다. 당연히 광범위한 국민적 지지를 얻는 데에는 실패했고, 따라서 국회에서도 무시됐다.

문재인 정부가 남은 임기 동안 권력 구조 개헌 작업을 본격화한다 할지라도 또 이전과 같은 방식으로 추진해서는 곤란하다. 시민의 참여 없이 정부 주도만으로 추진되는 개헌이 소기의 목적을 달성할 가능성은 없거나 매우 낮다.

권력 구조 개헌 작업은 반드시 높은 수준의 사회적 합의 혹은 국민적 공감대 형성 과정을 거쳐야 한다. 그것이 개헌 성공의 전제 조건이다. 그렇다면 어떤 방식으로 개헌을 추진해야 그런 전제가 충족될 수 있을지 고민해야 한다. 이에 관해서는 선거제도 개혁의 추진 방안을 다루는 3절 2항에서 논의를 이어가도록 한다. 기본적인 문제의식과 해결 방안이 선거제도 개혁의 경우와 다르지 않기 때문이다.

3. 선거제도 개혁의 추진 방향과 방안

1) 선거제도 개혁 추진 방향

2019년 선거법 개정의 취지는 시민사회의 오랜 염원에 부응해 국회의원 선거제도의 비례성을 높이자는 것이었으나 양대 정당인 더불어민주당(이하 '민주당')과 현재의 국민의힘인 자유한국당(이하 '자한당')의 정파적 이기주의로 그 취지가 크게 훼손되었다. 이 선거법의 도입으로 국회의원 선거제도의 비례성이 안정적으로 올라가고 그 덕분에 다당제가 발전할 가능성은 아예 없거나 아주 낮아 보인다.

사실 두 정당은 사사건건 대립하면서도 양당제의 혜택만큼은 사이좋게(?) 공유해 왔다. 따라서 두 당은 공히 다당제의 발전을 촉진하는 비례성 높은 선거제도 도입을 꺼려 왔다. 그런데 2019년에 들어 민주당이 바뀌었다. 〈고위공직자범죄수사처 설치 및 운영에 관한 법률〉(공수처법)의 통과에 필요한 군소 정당들의 협조를 얻기 위해 그들이 간절히 바라 온 선거제도 개혁에 협력할 용의가 좀 생긴 것이다. 사실상 부정적이거나 기껏해야 소극적이기만 하던 민주당이 선거제도 개혁에 드디어 전향적인 자세를 보이자 군소 정당은 흥분했다. 민주당의 태도가 바뀌기 전에 무슨 수를 써서라도 빨리 개혁을 마감해 버리자는 욕심이 앞섰다. 그렇게 그들은 선거제도 개혁은 본래 합의제 민주주의로 가기 위함인데, 그 개혁의 추진을 (합의 과정을 생략하고) 다수의 힘으로 밀어붙여 보자는 유혹에 빠지고 말았다. 그래서 채택한 방식이 소위 '패스트트랙 연대'이고, '준연동형' 비례대표제의 도입은 그 '다수파 연대 전략'의 결과물이 되었다. '합의제' 민주주의를 위함이라는 선거제도가 '다수제'적 방식에 의해 상당히 강압적으로 채택된 것이다.

그러니 자한당은 대놓고 반발했고, 온갖 편법을 당당하다는 듯 동원했으며, 개정 선거법의 취지를 노골적으로 무시하려 들었다.

위성 정당 세우기는 그 일환이었다. 그보다 더 가관인 것은 민주당의 태도였다. 군소 정당들과 연대해 선거제도 개혁을 완수하겠다던 민주당이 자한당과 똑같이 위성 정당을 만들어 자기네가 앞장서 개정한 새 선거법을 형해화해 버린 것이다.

2020년의 총선 결과는 현행 선거제도가 존속되는 한 한국의 정당정치, 즉 한국의 대의제 민주주의가 향후 어떻게 전개되어 갈지를 명확하게 보여 주었다. 바로 양당제의 강화, 승자 독식 민주주의의 심화, 배제의 정치와 대결 정치의 악화, 민주주의의 정치적 대표성 제공 기능 및 사회 갈등 조종 기능 약화 등이다.

선거제도 개혁은 다시금 추진돼야 한다. 그리고 그 개혁은 반드시 비례성 강화를 목표로 한 개혁이어야 한다. 그렇게 지역에 기반한 작금의 독과점적 정당 체제를 혁파하고 민의 반영이 충분히 이루어지는, 즉 다양한 사회경제적 이해관계를 제대로 대표할 수 있는 포용적 정당 체제, 그리고 그에 기반한 합의제 민주주의를 확립해야 한다.

(1) (제대로 된) 연동형 비례대표제로의 개혁

비례성이 보장되지 않는 (1차 연도 연구에서 '이중 혼합 다수제'라고 불렀던) 현행 '준연동형 비례대표제'를 비례성이 보장되는 '연동형 비례대표제'로 바꾸려면 최소한 다음 몇 가지의 개혁 작업들은 반드시 이루어져야 한다.

첫째, 2020년 총선에서 가장 볼썽사나웠던 문제, 즉 양대 정당이 비례대표용 위성 정당을 만드는 꼼수는 이제 부릴 수 없도록 해야 한다. 사실 해법은 단순하다. 가령, 모든 후보자가 지역구와 비례에 동시 출마할 수 있는 이중 등록제를 도입하거나 혹은 비례 후보를 내지 않는 정당은 사실상 지역구 후보도 낼 수 없게 하는 규정을 두면 지역구 의석으로도 이미 '자기 몫'을 다 챙긴 지역 기반 거대 정당들이 그에 더해 비례대표 의석을 더 가져가겠다고 위성 정당을 만드는 등의 추태는 더는 벌이지 못할 것이다.

참고로, 상기와 같은 규정을 둔다고 할지라도, 현행 준연동형 비례대표제가 (합의제 민주주의 발전에 기여할 수 있는) 개혁 효과를 안정적으로 내줄 것으로 기대하기는 어려울 듯하다. 아마도 작금과 같은 노골적인 거대 양당 독과점 체제에선 벗어날 수 있을 것이다. 하지만 실질적으로는 그와 별 다를 바 없는 양대 진영 체제로 굳어질 가능성이 상당하다.

물론 단독 과반 정당의 출현 같은 일은 벌어지기 어려울 것이다. 거대 양당은 (지역구 비중이 워낙 크므로) 여태까지와 같이 자기 지지율을 상회하는 만큼의 지역구 의석을 가져갈 것이고, 따라서 연동형 보정에 쓰일 30석은 거의 다 군소 정당들에게만 돌아갈 것이기 때문이다. 게다가 이와 같이 (일단 정당 득표율 3% 이상이라는 진입 장벽만 넘어가면) 군소 정당들에게 돌아가는 몫이 과거보다 커질 것이므로 원내 진입을 시도하는 정치 세력의 숫자는 필경 늘어날 것이고, 따라서 그만큼 원내 정당의 수가 늘어날 공산도 크다. 그러니 양대 정당이 번갈아 가며 단독 집권당 행세를 할 수 있는 상황은 웬만해선 벌어지지 않을 것이다. 이제 양당제 시대가 막을 내릴 수도 있다.

그러나 그것으로 다당제가 발전해 가리라고 속단할 수는 없다.

양당제 대신 "양대 진영 형태"a bipolar character로 전개되는 새로운 방식의 대결 정치가 벌어질 수 있기 때문이다(Anthonsen and Lindvall 2009, 167-168).

새 선거법이 보장하는 비례성은 보정율 100%인 '온전한' 연동형 비례대표제는 물론 보정율 50%인 원래의 '준'연동형 비례대표제보다도 상당히 낮은 것이다.[6] 따라서 (지역 기반이 없거나 약한) 정책이나 이념에 기반한 군소 정당들은 과거보다는 물론 낫겠지만 제3의 유력 정당이 될 정도로 의석수를 크게 늘리기는 여전히 어려울 것이다. 결국 양당제를 구성해 오던 두 정당은 (단독 과반 정당이 되긴 어렵겠지만) 거대 정당의 지위는 계속 누리게 될 공산이 크다. 그리고 그 지위를 이용해 (자기와 가까운 군소 정당들을 끌어들여) 소위 '자기 진영'을 구축할 수도 있다. 그 경우 두 거대 정당이 각기 이끄는, 예컨대, 좌파 연합 블록과 우파 연합 블록이 서로 대결 양상을 띠며 민주주의를 다시금 다수제적 방식으로 운영해 가는 퇴행적 체제가 들어설 수도 있다는 것이다. 그런 체제에서 정치나 사회적 합의주의의 발전이 순조로울 리는 별로 없다.

현행 준연동형 비례대표제, 즉 이중 혼합 다수제는 이 양대 진

6_1차 연도 연구에서 설명한 바와 같이, 2019년 4월의 정개특위에서 지정한 '원래의 준연동형 비례대표제' 도입안은 지역구 225석, 비례 75석, 비례성 보정율 50%를 주 내용으로 하는 것이었다. 하지만 2019년 12월 국회 상정 직전에 그 입법안의 내용은 (민주당의 억지로) 지역구 253석, 병립 비례 17석, 보정율 50%짜리 연동 비례 30석으로 변경되었다. 그리고 그렇게 후퇴한 개혁안이 국회 본회의를 통과함으로써 '현행 준연동형 비례대표제'가 된 것이다. 이 현행 제도에선 보정율 50%마저 오직 30석 한도 내에서 보장될 뿐이다.

영 정치를 견인할 확률이 상당히 높다. 1차 연도 연구에서 예로 든 (정의당과 비슷한, 정책 중심의 전국 정당인) K당의 처지를 생각해 보자. 전국적으로 10%를 득표할지라도 원내교섭단체도 못 꾸리는, 그렇게 혼자서는 법안 발의조차 할 수 없는 군소 정당으로 머무를 수밖에 없는 게 현실이라면 그런 정당이 쉽게 택할 수 있는 방안은 두 거대 정당 가운데 이념이나 정책적 거리가 비교적 가까운 정당과 연합 정치를 펼치는 게 아니겠는가. 더구나 그 거대 정당 역시 연대 형성이 절실한 상황이라면 더욱더 그렇지 않겠는가. 군소 정당들의 대다수가 이런 선택을 하게 되면 그것은 결국 서로 가까이에 있는 대소 정당 간의 의존관계 일상화, 따라서 좌파 연합 대 우파 연합의 진영 정치 고착으로 이어지기 십상이다. 물론 이땐 과거와 달리 단독 정당정부가 아닌 연립정부가 일반적인 정부 형태가 될 것이다. 그러나 그 연립정부는 대개 (유럽의 선진 비례대표제 국가에서 보는 바와 같이 서로 다른 이념과 정책 선호를 가진 정당들이 함께 모여 형성하는 소위 '초이념적' 혹은 '이념 교차적' 연립정부가 아닌) 이념 블록 형태의 연립정부일 것이다. 엇비슷한 정당 몇이 끼리끼리 모여 '합의'를 한들 거기서 무슨 합의제 민주주의의 (사회경제적) 의미를 찾을 수 있겠는가.

현행 선거제도를 제대로 된 연동형 비례대표제로 바꿀 수 있는 두 번째 방안은, 이것이 더욱 근본적인 개혁 방안일 터인데, 비례 의석의 비중을 높이고 지역구 비중을 충분히 낮추는 것이다. 지역구 비중이 낮아 거기에선 아무리 열심히 해도 '자기 몫'을 다 챙길 수 없다는 판단을 주요 정당들이 하도록 해야 비례 의석과 정당 투표를 중시하고, 그래야 선거 정치에서 당의 이념과 정책이 인물이나 지역 못지않게, 아니 그보다 더 중요한 변수로 부상하게 된다.

연동형 비례대표제의 원조인 독일식 비례대표제의 지역구 비중은 50%이다. 만약 정당 득표율 30%와 지역구 승률 40% 정도를 유지하는 거대 정당이 있다면, 그리고 총의석이 300석이라면, 그 당은 대개 90석(300석의 30%)을 '자기 몫'으로 배정받아 그중 60석(지역구 150석의 40%)은 지역구에서 가져가고 30석은 비례 의석으로 보정을 받는다. 자기 몫의 3분의 1을 비례 의석에서 확보해야 하는 바, 그 중요한 비례 의석 확보 문제를 '일단은' 다른 당인 위성 정당에게 맡겨 놓을 수는 없는 노릇이다(그 당의 독립 가능성을 생각해 보라). 그러나 (민주당의 고집으로) 지역구 비중이 84%까지 커진 한국의 현행 준연동형 비례대표제 상황에서는 셈법이 달라진다. 이 경우 상기 정당이 획득할 지역구 의석은 '자기 몫'을 크게 상회하는 101석(지역구 253석의 40%)이다. 비례 의석 없이도 이미 과대 대표되는 것이다. 여기서 위성 정당을 세워 비례 의석까지 챙길 수 있다면 다다익선이고, 아니면 그만이다. 지역구 비중이 클수록 (거대 정당의) 꼼수 사용 유인은 커지기 마련이란 것이다. 그러니 연동형 비례대표제의 정상적 작동을 위해서는 지역구 의석 비중을 충분히 줄여야 한다. 참고로, 중앙선관위가 2015년도에 연동형 비례대표제로의 개혁을 제안할 때도 비례 의석 비중을 50%까지는 올려야 한다고 주장했다.[7] 지역구 의석 비중이 클수록 비례성이 훼손되기 때

7_중앙선관위의 2015년 2월 선거제도 개혁안에 대한 상세한 설명과 그 정치사회적 의미에 대해서는 최태욱(2016) 참조.

문이었다.

마지막인 세 번째 방안은, 연동형 비례대표제의 운영 취지상 당연한 얘기이지만, 어느 정당이 정당 득표율에 못 미치는 지역구 의석을 획득했을 경우엔 독일이나 뉴질랜드에서처럼 그 부족 부분을 비례대표 의석으로 온전히 보정해 주어야 한다. 즉, 보정율을 지금의 50%에서 100%로 정상화해야 한다는 것이다. 그것이 본래의 연동형 비례대표제이다.

이상 언급한 몇 가지 개혁 작업이 성공적으로 수행된다면 비례성 낮은 현행 선거제도는 비례성 높은 (제대로 된) 비례대표제로 바뀔 것이다. 그러나 문제는 그 개혁 작업의 성공 조건인 국민의 충분한 지지를 얻을 수 있겠느냐는 것이다. 시민사회에선 '연동형 비례대표제'가 무엇인지, '준연동형'과 '온전한 연동형' 간에는 무슨 차이가 나는지 등과 같은 기본 정보도 제대로 공유돼 있지 않은 상태에서(즉, 사회적 공론화 과정도 제대로 거치지 않은 상태에서), 오직 정치권만 '어떤 연동형 비례대표제를 도입할 것이냐'를 놓고 각각에 대해 찬반양론으로 나뉘어 과잉 대결 양상을 오랜 기간에 걸쳐 보이다 보니, 그리고 그 과정에서 주요 정당들 대다수가 협애한 당리당략에 빠져 온갖 추태를 보이다 보니, 많은 국민들이 이젠 연동형 비례대표제를 언급하는 것조차 피로감이나 혐오감을 느끼고 있다. 이상황에서 또 다시 연동형 비례대표제 개혁을 논의하거나 공론화 과정에 붙일 수 있겠느냐는 의문이 드는 건 당연하다.

(2) 완전히 새로운 비례대표제의 도입

최근 연동형 비례대표제가 아닌 다른 방식의 비례대표제 도입을 생각해 보자는 제안이 분출하는 것은 이 같은 상황 인식을 배경으로 하고 있다(하승수 2020). 예를 들어, 많은 전문가들이 권하고 있는 '개방 명부 비례대표제'open list system는 우리 국민에게도 상당한 호평을 받을 것으로 보인다. 비례성이 충분히 보장될뿐더러, (연동형 비례대표제와는 달리) 비례대표 의원을 (정당이 아닌) 국민이 직접 뽑는다는 쾌감 혹은 효능감을 제공할 수 있는 제도이기 때문이다.

개방형 명부제는 투표용지에 각 정당의 후보자 이름이 있어 유권자가 해당 후보자 개인에게 기표할 수 있는 제도이다. 이때 정당의 의석은 (각 정당 후보자들이 받은 득표를 총합한) 정당 득표율에 비례해 배분되지만, 각 정당에서 비례대표 의원으로 누가 당선될지 여부는 각 후보 개인들이 받은 득표순으로 결정된다. 결국 유권자가 각 정당의 득표율과 비례대표 의원을 동시에 정해 주는 것이다.

연동형 비례대표제의 경우 유권자는 정당에만 투표하고 비례대표 후보의 당선 순위는 정당이 자체적으로 결정한 '폐쇄형 명부'closed list에 따르는 것이 원칙이므로 유권자가 의원을 직접 뽑는다는 느낌이 없거나 덜한 것이 사실이다. 이런 장점 덕분에 많은 비례대표제 국가들이 개방형 명부제를 택하고 있다. 사실 비례대표제 국가 중 폐쇄형을 택하고 있는 나라는 독일이나 뉴질랜드 등 소수에 불과하고 스웨덴, 핀란드, 덴마크, 오스트리아, 네덜란드 등 유럽의 대다수 국가들은 개방형이나 혼합형 명부제를 운영하고 있다.

개방형 명부제 외에도 비례성이 충분히 보장되는 선거제도는 많이 있다. 우리가 세상에 존재하지 않는 우리만의 비례대표제를 고안해도 된다. 좋은 선거제도가 없어서 선거제도 개혁을 못 하는 게 아니라는 것이다. 사실 독일식 연동형 비례대표제도 충분히 좋은 선거제도이다. 문제는 2019년의 선거제도 개혁 과정에서 드러난 민주당과 자한당 등과 같은 기득권 세력의 저항과 훼방을 어떻게 극복하고 새로운 선거제도를 성공적으로 도입할 수 있겠느냐는 것이다.

1차 연도 연구 보고서에서 지적한 바와 같이, 양대 정당이 2019년의 개혁 과정과 2020년의 총선 국면에서 선거법 개정의 취지를 무시하고 시민사회의 눈치도 일절 안보면서 무도하게 굴 수 있었던 것은, 그렇게 제대로 된 비례대표제의 도입을 실질적으로 저지할 수 있었던 것은 기본적으로 새 선거제도의 도입 필요성과 구체적인 대안 제도에 대한 범사회적인 이해와 합의 수준이 낮았기 때문이다. 높은 수준의 사회적 합의 과정을 거쳐 선거제도 개혁이 진행됐더라면 감히 어떤 정당이 개혁의 취지와 법정신을 무시할 수 있었겠는가.

이제 선거제도의 개혁은 '새 제도가 어떤 것이어야 하느냐'보다는 (비례성이 어느 정도 보장되는 것이기만 하다면 그것이 무엇이든) 그 '새 제도의 도입에 필요한 사회적 합의를 어떻게 도출해 낼 수 있겠느냐'에 초점을 맞추어 추진해 가야 한다. 물론 한국이 만약 국민 발안제와 국민투표제가 발달돼 있는 나라라면 이 문제는 비교적 쉽게 해결할 수 있다. 국민이 직접 선거제도 개혁안을 발의하고 그에 관한 투표를 실시함으로써 최종 결정까지도 내릴 수 있기 때문이다

(안성호 2018, 28). 그러나 국민 발안제와 국민투표제의 조기 정착을 기대하기 어려운 현 상황에서 사회적 합의에 토대해 선거제도 개혁을 추진할 수 있는 가장 간편하면서도 효율적인 방안은 아마도 이미 다른 나라에서도 여러 차례 시도된 바 있는 시민 의회 방식일 것이다.

2) 시민 의회 방식에 의한 선거제도 개혁 추진

다시 강조하지만, 아무리 좋은 법을 만들어 놓아도 구성원들이 존중하지 않으면 그 법의 목적은 달성되지 않는다. 법의 권위와 구속력은 (다른 조건이 일정하다면) 법을 만드는 과정과 결과에 대한 사회적 합의 수준에 비례한다. 자한당과 민주당이 새 선거법의 기본적인 취지마저도 무시하면서 위성 정당을 따로 만드는 등의 추잡한 꼼수를 쓸 수 있었던 건 근본적으로 새 선거법의 합의 수준이 낮기 때문이다. 자한당은 새 선거법이란 것이 '밀실 합의'의 결과물에 불과하므로 존중할 필요가 없다는 입장이었고, 민주당은 그것이 사회적 합의나 국민적 공감대 형성 과정을 거친 게 아니라는 걸 스스로도 잘 알고 있었으므로 (자한당을 따라, 아니 그보다 더한) 꼼수를 쓴다 한들 국민적 비판은 그리 크지 않으리라는 확신이 있었을 게다. 그러니 만약 새 선거법이 높은 수준의 사회적 합의 과정을 거쳐 탄생한 것이라면 시도조차 할 수 없었을 짓을 민주국가의 양대 정당이 경쟁이라도 하듯 버젓이 저지른 것이다.

국민 발안제나 국민투표제가 없거나 부실한 한국적 상황에서는 시민 의회 방식을 통해 사회적 합의에 기초한 선거제도 개혁을 추진해 가야 한다. 시민 의회 방식을 통한 선거제도의 개혁은 이미 캐나다와 네덜란드에서 추진된 적이 있다(Smith 2009, ch. 3; 오태양 2020). 이후에는 그 두 나라의 사례를 간략히 살펴보고, 한국에선 어떤 방식으로 시민 의회를 구성하고 운영하는 게 바람직할지 논의하기로 한다.

(1) 캐나다와 네덜란드의 시민 의회 사례

선거제도를 개혁하기 위해 시민 의회를 구성한 최초의 사례는 캐나다의 브리티시컬럼비아주에서 발생했다. 소선거구 일위 대표제인 브리티시컬럼비아주의 기존 선거제도를 평가한 후 새로운 선거제도 대안을 마련하는 것을 목표로 '선거제도 개혁을 위한 브리티시컬럼비아 시민 의회'British Columbia Citizens' Assembly on Electoral Reform가 설립된 것이다. 시민 의회가 마련한 대안 제도는 주민 투표에 회부하기로 했다.

시민 의회는 2004년 1월부터 10개월간 운영되는 것으로 했으며, 시민 의원은 다음 세 가지 원칙과 기준에 따라 선발하기로 했다. 첫째, 성별·연령별·지역별 균형을 보장한다. 둘째, 상기 균형 기준을 고려해 무작위 추첨 방식으로 선발한다. 셋째, 전·현직 선출직 공직자 및 선거 입후보자와 그 직계가족, 그리고 정당 소속의 당직자는 제외한다.

시민 의회 출범 준비 기구는 이상의 세 가지 기준에 맞추어 최종 선발 인원의 약 10배에 해당하는 1차 그룹을 선정했다. 그리고 그들에게 시민 의회의 취지와 목적, 운영 방식과 활동 기간, 자격과 권한 등에 관해 자세히 설명한 후 참여 의사를 다시 물었다. 마지막으로, 참여 의사를 분명히 밝힌 시민 의원 후보를 대상으로 무작위 추첨을 진행해 최종 의원을 확정했다. 시민 의회의 정치적 중립성과 자발성을 확보하기 위한 절차였던 것이다.

이후 시민 의회는 다음 세 단계로 운영되었다. 첫 번째 단계는 2004년 1월부터 4월까지의 학습 과정이었다. 학자와 전문가의 도움을 받아 현행 소선거구 일위 대표제와 대안 선거제도들을 비교 분석하는 시간이었다. 시민 의원들은 이 과정에서 대의제 민주주의의 작동 원리, 선거제도의 중요성, 선거 정치의 사회경제적 효과 등에 대해 이해하고, 그에 기반해 나름의 선호를 가질 수 있었다. 두 번째 단계는 5월에서 7월까지의 숙의 과정이었다. 이 과정은 주로 공청회 방식으로 진행되었는데, 거기엔 다양한 사회경제 집단과 시민사회 단체들이 참여해 각자의 입장에서 선거 정치 및 관련 제도 등과 연관된 선호와 이익을 표출했다. 시민 의원들로 하여금 선거 제도의 현실적 의미를 이해할 수 있도록 마련된 과정이었다. 9월에서 11월까지는 마지막 단계인 결정 과정이 진행되었다. 몇 가지 대안 선거제도를 놓고 각 제도가 보장하는 비례성, 지역 대표성, 유권자 선택권 등을 검토한 후 그중에서 최선의 안을 정하는 시간이었다. 시민 의회의 최종 권고안은 물론 시민 의원들의 충분한 토론과 심의를 거친 후 투표로 결정되었다. 그 최종안은 소위 '아일랜드식 비례대표제'로 알려진 '단기 이양식 투표제'single transferable vote system이었다.

12월 10일에 '시민 의회 개혁안'으로 공식 보고된 이 비례대표
제는 원안 그대로 그 도입 여부가 주민 투표에 부쳐졌다. 투표 결과
는 과반의 찬성이었다. 전체 투표자의 57.7%가 찬성 표시를 한 것
이다. 하지만 브리티시컬럼비아주가 이 새로운 선거제도를 도입할
수는 없게 되었다. (물론 의회의 사전 영향력이 반영된) 시민 의회 개혁
안 도입 조건이 전체 투표자의 60% 이상의 찬성이었기 때문이다.

두 번째 사례 역시 캐나다에서의 일이다. 2004년 11월 돌턴 맥
귄티Dalton McGuinty 온타리오 주지사가 문제 많고 탈 많은 소선거구
일위 대표제의 개혁을 위해 시민 의회를 가동하자고 제안한 게 그 시작
이었다. '선거제도 개혁을 위한 온타리오 시민 의회'Ontario Citizens'
Assembly on Electoral Reform는 2006년에 구성되어 그해 9월부터 2007
년 4월까지 약 7개월간 운영되었다. 시민 의원 선발 과정은 브리티
시컬럼비아주와 거의 동일했다. 그리고 운영 방식도 비슷했다. 역시
세 단계로 나뉘어 진행되었는데, 학습 단계 (2006년 9~11월), 공청회
단계(2006년 11월~2007년 1월), 심의 및 토론 단계(2007년 2~4월)가
그것이었다.

3단계에서 최종 후보로 올라간 대안 선거제도는 아일랜드식 단
기 이양식 투표제와 독일식 연동형 비례대표제였는데, 시민 의원들
은 마지막 투표에서 독일식을 선택했다. 그리고 그 개혁안은 2007
년 10월 10일 주민 투표에 회부되었다. 결과는 총 투표자의 36.9%
찬성으로 부결이었다.

캐나다의 언론과 학계는 그 투표 결과가 상당 부분 '정보의 부

족' 때문이라는 진단들을 많이 내놨다. 요컨대, 홍보와 소통이 제대로 이루어지지 않아 '시민'의회가 실질적으로는 '시민들'로부터 거의 유리되어 운영됐다는 것이었다. 최종 결정권자인 시민들이 그 내용을 잘 모르는 데 어떻게 제대로 된 결과가 나올 수 있겠냐는 문제 제기였다.

세 번째는 2006년의 네덜란드 선거법 개정안 사례이다. 네덜란드가 채택하고 있는 개방 명부식 비례대표제는 지금의 네덜란드를 세계 최고 수준의 합의제 민주주의 국가로 만든 일등 공신이라는 찬사를 받는 선거제도이다. 하지만 모든 플레이어를 만족시키는 게임의 룰은 존재하지 않듯이, 네덜란드의 그 선거제도도 그 나라의 모든 정당이 언제나 좋아하는 것은 아니었다. 중도 진보 성향의 사회적 자유주의 정당인 '민주66'Democrat66은 1960년대에 들어 선거제도 개혁 필요성을 제기했다. 전국을 단일 선거구로 하는 현행 선거제도를 지역구 중심 제도로 바꾸면 주권자인 시민과 대리인인 정치인 사이의 거리가 가까워져 네덜란드 대의제 민주주의의 반응성과 책임성이 더욱 증대되리라는 것이었다. 그러나 주요 정당들과 대다수 시민들은 그렇게까지 할 필요성을 별로 느끼질 못해 논의는 상당 기간 겉돌기만 했다.

선거제도 개혁이 주요 의제로 부상한 것은 2003년 총선 후 기독민주당, 자유민주당, 민주66 등의 세 개 정당이 연립정부를 구성하면서였다. 민주66의 강력한 주장으로 선거제도 개혁이 연립정부의 국정 과제에 포함된 것이다. 연립정부는 출범 후 즉시 선거제도 개혁을 주관해 갈 정부 혁신부를 신설했고, 2005년에는 민주66 출신의 알렉산더르 페흐톨트Alexander Pechtold를 장관으로 임명했다. 그리고 '선거제도 개혁을 위한 네덜란드 시민 의회'가 그 정부 혁신부 초대 장관의 주도로 설립되었다.

네덜란드 시민 의회는 2006년 3월부터 11월까지 약 8개월간 운영되었는데, 시민 의원 선발이나 운영 방식은 캐나다의 브리티시컬럼비아 사례를 모델로 삼았다. 마지막 결정 단계에서 시민 의원들은 여섯 개의 대안 선거제도를 놓고 토론을 벌여 이른바 '개방 - 고정 혼용식 정당 명부 비례대표제'를 최종안으로 채택했다. 이 선거제도는 유권자가 정당에 투표할 수도 있고 후보자에 투표할 수도 있도록 한 것이었다. 즉, 유권자는 기존처럼 자신이 선호하는 특정 후보에게 표를 던질 수도 있고, 그게 아니면 대신 특정 정당에게 투표할 수도 있는데, 후자의 경우엔 유권자가 해당 정당이 작성한 명부에 매겨진 후보 순위에 동의한다는 의사표시로 간주하기로 했다. 한편, 특정 후보가 기존처럼 개인적으로 획득한 투표수는 그것이 정해진 양을 초과할 경우 정당에서 미리 정한 비례 후보 순위를 뒤바꿀 수도 있도록 했다. 기본적으로는 현행 선거제도와 크게 다르진 않지만 후보가 아닌 정당에 투표할 가능성을 열어 놓음으로써 각 정당의 당기가 강화되는, 따라서 이념과 정책 지향성이 더욱 뚜렷해지는 효과를 기대할 수도 있는 권고안이었다.

이 최종 권고안은 채택되지 않았다. 아니, 국민투표에도 회부되지 않았다. 시민 의회 개혁안이 나오고도 1년 반가량을 수수방관만 하고 있던 정부 혁신부가 2008년 4월 18일 결국 수용하지 않겠다는 방침을 발표한 것이다. 여기에는 정치적 이유가 있었다. 사실 정부 혁신부가 2005년에 선거제도 개혁을 위한 시민 의회 설립을 제안했을 때 연정 파트너였던 기민당과 자민당은 민주66의 선거제도 개혁 추진을 적극적으로 찬성하거나 지지한 것은 아니었다. 단지 연정의 유지를 위해 반대하지 못하거나 않았을 뿐이었다. 그런데 시민 의회 개혁안이 2006년 12월 14일에 정부 혁신부에 보고됐을 때는 이미 민주66이 정치적 입장 차이를 이유로 연정에서 탈퇴하고 남은 두 정당인 기민당과 자민당 소수 정부를 구성하고 있을 때였다. 정부 차원에서 선거제도 개혁에 별 관심이 없었던 때였다는 것이다.

그것은 2007년 2월 22일 기독민주당, 기독연합당, 노동당이 중도 우파 연립정부를 구성한 이후에도 마찬가지였다. 이 새로운 연정을 구성한 세 정당의 대다수 의원들은 선거제도 개혁을 중요한 이슈로 생각하지 않았다. 지금 제도도 충분히 훌륭하다고 여기고 있던 터였다. 그러니 어느 정당도 시민 의회 개혁안을 처리하려고 나서지 않았다. 논의는 계속 연기되었고, 그렇게 1년 이상을 끌다가 드디어 2008년 4월 공식적으로 수용 불가를 선언한 것이었다.

(2) 선거제도 개혁을 위한 한국 시민 의회

이상 본 바와 같이, 캐나다와 네덜란드의 시민 의회 개혁안은 모두 입법화 단계에까지 이르지 못했다. 주민 투표 통과 조건이 너무 까다롭거나, 대민 홍보가 너무 부족했거나, 주도 세력이 너무 협소했던 까닭이었다. 하지만 그 결과에 관계없이, 세 경우 모두 충분히 합리적이고 타당한 방식에 의해 시민 스스로가 마련한 선거제도 개혁안이라는 평가를 받았다. 각각의 시민 의회 개혁안이 집단 지성의 결과물이라는 데에 이의를 다는 이는 거의 없었다.

시민 의회 방식은 한국에게도 (그 성공 여부를 떠나서 일단) 가장 바람직한 대안 제도 마련 방안이 될 것임에는 틀림없다. 크게 두 가지 이유 때문이다. 첫째, 앞서 누차 강조한 바와 같이, 아무리 좋은 제도 개혁안이라 할지라도 높은 수준의 사회적 합의 혹은 국민적 공감대의 형성 없이 선뜻 채택해선 결코 소기의 목적을 달성할 수 없다. 그런데 시민 의회에서 마련한 대안은 (국민투표 절차를 통과할 경우) 충분히 높은 수준의 사회적 합의를 거친 선거제도 개혁안으로 바로 인정받을 수 있다. 둘째, 2019년에도 목도했듯이 국회의원들은, 특히 기득권을 쥔 거대 정당 의원들은 그들의 재선에 불리하게 작용할 소지가 있는 새로운 선거제도를 결단코 도입하려 들지 않는다. 시민의 '대리인'인 국회의원을 선출하는 제도는 (그 대리인이 아니라) '주인'이 직접 만들 때 가장 합목적적인 것이 될 수 있다. 다시 강조하지만, 국민 발안제 및 국민투표제가 미비한 한국적 상황에서 시민이 직접 선거제도를 손질할 수 있는 최선의 방안은 시민 의회의 운영이다.

다만, 한국은 캐나다나 네덜란드와 달리 대통령제 국가인데다 선거제도 개혁 이슈는 이미 (지방이 아닌) 중앙 정치의 핵심 이슈가 된 터이므로, 시민 의회는 대통령이 직접 소집하는 게 마땅하다. 말하자면, '선거제도의 개혁을 위한 대한민국 시민 의회'는 대통령 직속 기구로 운영돼야 한다는 것이다.

만일 문재인 대통령이나 그 후임자가 시민 의회 방식으로 선거제도 개혁을 완수해 내겠다고 한다면 그는 국회의원 정수와 동일한 300명의 시민들로 시민 의회를 소집할 수 있다.[8] 이때 시민 의원들은 캐나다와 네덜란드에서도 그러했듯이, 성별·연령별·지역별 분포를 고려해 추첨에 의해 무작위로 선정되어야 한다. 이는 물론 특정 이념과 가치 등으로부터 시민 의회의 중립성을 지키기 위함이다.

그렇게 선정된 시민 의원들은, 이를테면(역시 캐나다와 네덜란드의 예와 비슷하게) 다음과 같은 단계를 거쳐 제도 개혁안을 도출해 낼 수 있다. 즉, 그들은 적절한 보수를 받으며 총 9개월간에 걸쳐 매주 토요일 오후에 의회에 출석해야 하는바, 첫 3개월은 학자와 전문가의 도움을 받아 주요 선거제도의 정치적·사회경제적 효과에 대해 학습하고, 두 번째 3개월은 사용자·노동자·대기업·중소 상공인·노인·청년·여성·환경 단체 등과 같은 주요 사회경제 집단들로부터 현실의 삶과 관련된 그들의 정치적 견해나 의견 등을 청취하며, 마지막 3개월은 여러 단계의 내부 토론을 거쳐 현행 선거제도를 유지할지 아니면 (정부가 내놓은) 세 가지 대안 가운데 어느 하나를 시민 의회 개혁안으로 채택할지를 결정한다. 정부가 대안으로 제시할 세 종류의 선거제도는 직전 1년 동안의 빅데이터 노출 빈도, 한국정치학회 회원들의 투표, 그리고 여론조사 결과 등을 합산해 선정한다.

이상의 단계를 거쳐 시민 의회가 새로운 개혁안을 채택할 경우

8_이하 시민 의회 소집을 통한 선거제도 개혁 방안에 대한 설명은 최태욱(2014, 376-378)의 관련 내용을 현시점에 맞추어 수정·보완한 것이다. 더욱 종합적이고 구체적인 한국형 시민 의회 방식에 대한 설명은 김상준(2011)과 이지문·박현지(2017) 등이 제공하고 있다.

대통령은 그 개혁안을 국회의 동의를 얻어 국민투표에 회부할 수 있다. 그러나 만약 국회가 국민투표 회부에 반대할 경우, 대통령은 그 '시민회의안'을 '대통령의 선거제도 개혁안'으로 수용해 국회에 입법안 상정을 할 수 있다. 그 경우 국회는 의원들의 공개 가부 투표로 도입 여부를 결정한다.

시민 의원들은 필경 한국적 상황에 가장 적합한 선거제도를 골라낼 것이다. 시민들의 집단 지성이 뛰어나다는 사실은 한국의 민주주의 역사 그 자체가 웅변하는 것이기도 하다. 게다가 시민 의회 방식은 당리당략이나 개개인의 기득권 수호에만 혈안이 돼있는 국회의원들을 압박하기에 매우 효과적인 개혁 방안이다. 공개 가부 투표로 법안 통과 여부를 결정케 할 경우 준비 단계까지 합치면 1년 가까이나 되는 긴 기간의 사회적 공론화 과정을 거쳐 국민이 직접 만들어 낸 개혁안을 국민의 대표 기구라는 국회가 거부하기는 쉽지 않을 것이다.

어쩌면 더 심각한 문제는 캐나다의 경우에서처럼 시민 의회가 마련한 개혁안을 국민투표에 회부할 경우에 발생할지도 모른다. 아무리 훌륭한 대안을 마련했다 할지라도 국민투표 절차를 통과하지 않으면 아무 소용이 없다는 사실을 잊지 말아야 한다. 그러니 예컨대 브리티시컬럼비아의 개혁 세력이 범했던 우를 되풀이해서는 안 된다. 거기서는 주민의 58%가 찬성표를 던졌음에도 시민 의회 개혁안이 폐기되고 말았다. 시민 의회 개혁안 채택 조건을 60% 이상의 찬성으로 규정해 놨기 때문이었다. 일반적인 법률 통과 요건, 즉 과반 찬성을 기준으로 했다면 충분히 통과됐을 개혁안이 (사실상 의회의 양대 정당이 쳐놓은) 높은 장벽에 걸려 사장되고 만 것이다. 시민 의회의 형성 및 운영 방안 등을 설계할 때부터 최선의 노력을 경주해야 한다.

온타리오의 사례는 대민 홍보의 중요성을 새삼 일깨워 주는 것이다. 당시 온타리오에서 이루어진 한 여론조사에서는 응답자의 80% 가까이가 '시민 의회의 활동 혹은 주민 투표의 내용에 대해서 잘 알고 있지 않다'라고 답한 바 있다(오태양 2020, 65). 이를 조금 과장해서 해석하자면, 시민들은 알지도 못하는 시민 의회가 어디선가 조용히 운영됐다는 것이었다. 그렇다면, 거기서 나온 대안을 어떻게 시민들이 충분히 이해하고 지지할 수 있었겠는가. 시민 의회의 개최 그 자체가 문제를 해결하는 건 아니다. 시민 의회의 소집, 구성, 운영, 결과물 도출 등의 전 단계가 사회적으로 이슈화되어야한다. 유의미한 공론화 과정이 되지 않는 한 시민 의회가 마련한 대안은 시민의 지지를 충분히 얻을 수 없다. 시민 의회 방식은 사회적합의 도출 방안임을 잊어서는 안 된다.

앞서 2절 2항에서 권력 구조 개편도 반드시 사회적 합의 과정을 거쳐야 하는 것이라고 강조했는데, 그렇다면 그것 역시 시민 의회 방식으로 추진해 볼 만하다. 개헌을 위한 시민 의회의 구성이나 운영 방식이 선거제도 개혁의 경우와 달라야 할 이유는 전혀 없다. 역시 같은 방식으로 시민 의원을 선출하고 시민 의회를 운영하면 된다. 모델로 삼을 만한 사례도 있다. 2009년의 아이슬란드와 2012년의 아일랜드 헌법 개정 시민 의회가 그것이다.

4. 나가며

"민주주의의 구현은 불가능하다"(최태욱 2014, 61). 민주주의란 '주인'인 인민 혹은 시민의 뜻과 선호에 따라 국가 공동체가 ('대리 인'인 정당이나 정부 등에 의해) 운영된다는 정체政體이지만, 그 (무수하 고 다양한) 주인들의 뜻과 선호를 알아내기란 사실상 불가능하기 때 문이다. 민주주의는 이상일 뿐이고, 그 이상을 향해서는 오직 제도 와 절차를 통해 근접해 갈 수 있다. 그래서 '민주주의는 제도이고 절차일 뿐'이라고 하는 것이다.

그런데 한국 민주주의의 '주인'인 우리 시민들은 2020년이 끝 나 가는 무렵에 우리의 '대리인'들이 민주적 절차를 무시하는 모습 을 또다시 지켜보았다. 거대 여당인 민주당의 입법 독주 모습이다. 민주당은 권력 내부의 효과적인 견제 장치로서 '공수처'를 만들자 고 하면서, 막상 자신들은 야당의 견제권을 무력화할 수 있는 공수 처법 개정안을 토론도 없이 단 7분여 만에 단독 처리해 버렸다. 압 도적인 다수 세력이라고 해서 민주주의의 절차를 저렇게 무시해도 되는 건지, 앞으로 (어떤 정권이 들어설지도 모르는데 그때마다) 청와대 나 여당 권력은 어떻게 견제할 수 있을지 등을 걱정하는 시민들이 많다. 공수처법 개정안만이 아니다. 다른 입법안들을 처리하는 과 정에서도 민주당은 '법안 뒤집기', '토론 생략하기', '분 단위' 축조 심사, 소수 정당에 대한 갑질 논란 등 여러 가지 불미스러운 일들을 자행했다.

다시 강조하지만, 민주주의는 제도일 뿐이다. 민주주의의 실질은 제도와 절차가 제대로 만들어지고 그 제도와 절차가 제대로 지켜질 때에만 (점진적으로) 채워져 가는 것이다. 실질적 민주주의는 절차적 민주주의가 제대로 작동할 때에 비로소 발전할 수 있다는 것이다. 그러므로 제도와 절차를 무시하는 것은 민주주의 자체를 무시하는 것이다.

지금은 민주당이 절차를 무시해 가면서 독주하고 있지만 과거엔 국민의힘의 전신 정당들이 그러했다. 양대 정당 둘이 번갈아 가며 독선과 독주의 모습을 보이고 있는 것이다. 한국에서만 이런 일이 벌어지는 것은 아니다. 양당제-승자 독식 민주주의 국가에서는 흔히 일어나는 현상이다. 1990년대 중반에 소선거구 일위 대표제를 독일식 비례대표제로 전격 교체한 뉴질랜드에서도 그 정치 개혁의 핵심 명분과 목표가 소위 '선출된 독재'elected dictatorship 문제의 해결이었다. 양대 정당이 정권을 잡을 때마다 서로 경쟁이라도 하듯 독선과 독주를 일삼고 민의 반영 노력은 게을리 하자 뉴질랜드 시민들의 분노가 폭발해 다당제-합의제 민주주의로의 발전을 견인할 비례대표제를 도입하게 된 것이었다.

민주주의 체제를 구성하는 제도와 절차 중에는 다수 세력으로 하여금 독주와 독선의 유혹에 쉽게 빠지게 하는 것도 있고, 그 반대로 소수 세력과의 대화와 타협, 합의의 정치를 추진하게 하는 것도 있다. 다수제 민주주의의 제도 요소들이 전자에 해당하고, 합의제 민주주의의 제도와 절차들이 후자에 해당한다.

상기한 대로, 국회는 2019년에 선거법을 개정하면서 한국 민주주의의 다수제적 성격을 약화하기는커녕 오히려 강화할 소지가 큰 상당히 엉뚱한 선거제도를 도입했다. 그 한 결과가 지금 우리가 목도하고 있는 대결 정치의 강화, 승자 독식 민주주의의 심화, 사회 갈등 문제의 악화 등이다. 그 와중에 사회경제적 약자와 소수자 보호라는 민주주의의 가장 기본적인 기능은 심각한 부전·상태에 빠져 있다. 여기서 어찌 사회적 합의주의 혹은 사회적 대화 체제의 효율성과 지속성을 전제로 하는 경제민주화의 진전과 복지국가의 건설을 기대할 수 있겠는가?

다시 선거제도 개혁을 이야기해야 한다. 비례성 높은 선거제도를 들여와야 한다. 그렇게 작금의 양당제–승자 독식 민주주의를 혁파하고 민의 반영이 충분히 이루어지는, 즉 다양한 사회경제적 이해관계를 제대로 대표할 수 있는 포용적 정당 체제, 그리고 그에 기반한 합의제 민주주의를 확립해야 한다. 권력 구조 역시 그런 방향으로 가는 데에 일조할 수 있도록 개편돼야 한다. 그것이 상생과 연대를 위한 최상의 정치제도적 해법이다.

6장

새로운 사회적 대화 체제 구상

: 포용적 코포라티즘의 이론화와 문재인 정부 시도에 대한 성찰[1]

박명준

1. 서론

1) 문제의식

신자유주의 시대가 저무는 가운데, 새로운 사회경제 체제로의 전환이 전 세계적으로 보편적인 과제로 대두해 있다. 산업과 일자리 질서의 새로운 재구조화가 필요하며, 그 일환으로 개인과 사회의 관계, 시장에 대한 규제, 국가의 역할 모두에서 새로운 패러다임이 요구되고 있다. 동시에 새로운 것은 아직 뚜렷하게 나타나지 않왔는데, 여전히 낡은 것들이 지속하고 있는 과도기적 상황이기도 하다. 신자유주의가 초래한 보편적인 사회문제는 바로 불평등의 만연이다. 급기야 불평등이 심각하면 경제성장을 저해한다는 인식까지 국제적으로 확산되어 있다. 이런 가운데 발발한 코로나-19 위기는 새로운 사회경제 체제로의 전환을 한편으로는 가속화하고 다른 한편으로는 저해하기도 하는 듯하다.

새로운 사회경제 체제로의 전환은 그 과정에서 분명 국가의 역할이 중요하며 동시에 시장의 행위자들의 동참도 필요하다. 새로운 사회경제 체제 성격의 핵심은 불평등이 현저히 완화된 것이어야 하고 그것은 시장을 방임했을 때 내지는 현재의 제도적 조건을 그대로 유지했을 때 자동적으로 이루어지기 힘들다. 그것을 위해서는 새로운 '개입'과 '의기투합'의 정치가 필요하다. 누가 주도하고 누가 참여해 어떤 식의 소통을 전개할 것인가? 어떤 식으로 논의를 기획해 어떤 식의 합의를 내오고 그것을 어떤 식으로 실행해implement 갈 것인가?

이런 문제는 시장 질서 전반을 두고 제기되어야 할 것이나, 특히 노동시장에 더욱더 시급하게 제기되어야 한다. 신자유주의 불평등의 최대 피해자는 노동하는 시민들이기 때문이다. 따라서 노동시장의 불평등을 해소하기 위한 정책 방안은 새로운 사회경제 체제의

1_이 글은 박명준(2019)의 내용을 토대로 본 연구 기획의 취지에 맞게 논지를 재구성한 것이다. 특히 해당 연구를 구상할 당시 구한 이론적·실천적 전문가들의 의견을 각주에서 각각 전문가 A, 전문가 B로 칭하면서 재차 활용했다.

구성을 위해 가장 시급한 과제 가운데 하나이다. 이를 통해 노동과 자본 간의 본원적 불평등이 신자유주의에 따라 더욱더 벌어진 양상을 수정해야 한다. 특히 노동하는 시민들을, 단지 불평등 극복을 위한 정책의 대상으로만이 아니라, 그 주체로 서게 한다면 정책 효과는 더욱 높아질 수 있을 것이다.

이런 새로운 개혁 정치의 원활한 구현을 위해 필요한 것이 바로 사회적 대화다. 새로운 사회경제 체제를 향한 대안을 모색하며 그것의 타당한 구현을 위해서는 반드시 그 경로 설정의 일환으로 새로운 사회적 대화 체제에 대한 구상이 요구된다. 이미 문재인 정부에서 그런 발걸음은 시작됐다. 하지만 그것은 획기적인 성공을 거두지 못했다. 그럼에도 불구하고 전환의 과제가 여전히 중요한 만큼 문재인 정부의 배턴을 이어받아 불평등 해소를 위한 사회적 대화 체제의 기능성을 높이려는 노력은 이어져야 할 것이다. 본 장은 이를 목표로 작성되었다.[2]

2) '포용적 코포라티즘'의 개념화

문재인 정부에서 노동 개혁의 지향성은 노동시장 내 약자들의

---

[2]_이 글은 필자가 노사정위에서 경사노위로의 전환 과정에 작은 소임을 맡아 관여하면서 조금 더 가까이에서 경험하며 체득한 인식에 나름의 사회과학적 통찰을 결합해 집필되었다. 가까이에 있었다는 것이 중립적이고 정확하다는 의미와는 다르겠지만, 남다른 시각과 통찰을 얻을 수 있는 기회인 것은 분명하기에, 그런 경험 자원을 활용해 집필했다.

권리와 처우를 신장함으로써 불평등을 해소하려는 일종의 '포용적 노동 개혁'이었다. 정부는 이를 지향하는 가운데 사회적 대화를 복원하고 코포라티즘의 공간을 발전시켜, '결과에서의 포용성'뿐만 아니라, '과정에서의 포용성'도 고양하는 개혁을 추구했다. 필자는 이를 '포용적 코포라티즘'inclusive corporatism이라고 명명하고자 한다.[3] 여기에서 '포용적'이라는 표현은 이른바 '이중구조화된 노동시장'dualized labor markets의 분단성, 즉 구조화된, 불합리한 격차를 극복한다는 의미를 지닌다.

포용적 코포라티즘이라는 표현은 학계에 공식적으로 존재하지 않으나 이는 충분히 이론화할 만한 가치가 있다고 본다. 그 핵심 맥락은 신자유주의 이후의 사회경제 체제의 구상이고, 그 과정에서 요구되는 사회 통합의 정치적 수단으로 포용적 코포라티즘을 위치지을 수 있다. 애초에 코포라티즘은 크게 사회적 내지 민주적 코포라티즘과 경쟁적 코포라티즘으로 나뉘어 개념화된 바 있다. 전자는 1970년대 오일쇼크 이후의 서구 복지국가에서 이루어진 시도로, 조직 노동의 임금 양보와 복지 체제의 강화를 정치적 교환으로 하는 것이다. 후자는 1990년대, 역시 서유럽을 배경으로 한 것으로

3_이익 대변 방식이든 정책 형성 방식이든 코포라티즘은 그 자체로 이익 단체들을 포용하는 의미를 지니기 때문에 여기에 포용적이라는 수식어를 더 붙이는 것이 동어반복임을 지적하기도 한다. 만일 포용적 코포라티즘이라는 표현이 어색하다면, 그 반대인 '배제적 코포라티즘'이라는 표현도 어색할 수 있을 것이다. 포용적 코포라티즘에서 포용성은 국가가 이익 단체들을 정책 형성에 포함한다는 의미가 아니라, 시장의 약자들까지 대화에 참여하고, 또 그들의 처우를 개선해 불평등을 개선하는 방향으로 정책적 지향성을 삼는다는 의미이다.

신자유주의적 개혁을 도모하는 가운데 요구되는 경쟁력 강화 방안과 그것의 일자리에서의 안정성 약화라고 하는 부작용에 대한 제어 방안을 담은 것이라고 볼 수 있다. 둘 다 조직 노동은 일정하게 양보를 하면서 무언가를 얻거나 방어해 내는 기조다.

경쟁적 코포라티즘 이후 사회 협약의 시도나 사회적 대화의 활성화는 아직 세계적으로 경험되지 않고 있다. 그렇지만 탈신자유주의로의 경로에서 코포라티즘의 재활성화 가능성이 전혀 없다고 볼 수는 없다. 그것은 일단 신자유주의 이후 노동계급의 분화와 양보를 전제하며, 그런 상태에 대한 극복을 지향한다. 노동 내부의 불평등을 해소하기 위해 상층의 조직화된 주요 부대가 새롭게 지속 가능한 일자리 질서의 확립의 주체가 되면서 사측의 인건비를 줄여 주는 방식의 선택을 하는 것이다. 그를 통해 하층의 처우를 개선하고 고용의 창출력을 새롭게 증대하는 결과를 초래할 수 있다. 나아가 때마침 도래한 급격한 기술 변동과 고령화 시대를 맞이해 자신들의 고용 기회 연장의 효과도 부수적으로 고려할 수 있다.

포용적 코포라티즘은 핵심적으로 정책 형성 과정의 단계에서 이해 당사자 조직들의 참여를 장려하되, 조직을 통해 대변되는 이들만이 아니라 그렇지 않은 이들도 사회적 대화에 참여할 수 있도록 해, 노동시장의 균형과 포용성을 증진해 불평등을 해소한다는 전략을 품고 있다. 사회적 대화를 불평등 해소를 위한 수단이자 채널로서 적극 기획해 활용한다는 것이다(박명준 2019, 2).

2. 문재인 정부의 포용적 노동 개혁과
   사회적 대화 시도: 성과와 한계

1) 개관 및 평가의 준거

문재인 정부는 먼저 노사정위를 경사노위(경제사회노동위원회)로 개혁하고자 했다. 그러면서 행한 여러 가지 조치들이 있었지만, 그중에 가장 강조한 가치 가운데 하나는 청년·여성·비정규직이 사회적 대화에 참여할 수 있는 기회를 얻게 한다는 것이었다. 그것을 위해 경사노위 내에 청년·여성·비정규직의 이해를 대변하기 위한 별도의 위원회들을 설치하고자 했다.

코로나-19 위기라고 하는 특수한 상황에 대한 논의는 차치하고, 문재인 정부 시기 노동 불평등에 대한 해소, 특히 사회적 대화를 통한 성과는 일정하게 성공의 면모를 보였으면서도, 또 충분히 성공했다고 단언하기가 어려운 것이 사실이다. 전반적으로 2019년 2월 탄력 근로제 제도 개혁안 합의 이후 계층 대표들의 저항과 거부권 행사로 본위원회가 네 차례의 개최 무산을 경험해 경사노위의 운영에 큰 타격이 발생한 이후, 정권 초기에 솟아올랐던 경사노위의 기세와 위상은 충분히 회복되지 못했다.

노동 약자들의 대화 참여를 위해 기획된 이른바 '계층별 위원회'는 설치도 한참 지연되었고, 여전히 실험적인 모색 위주로 작동하고 있어 보인다. 2019년에 출범한 바 있는 양극화 해소를 위한 별도의 의제별 위원회인 '양극화 해소와 고용 플러스 위원회' 역시 별다른 성과를 내지 못하고 1년을 보냈고 2년차 역시 사회적인 존재감 없이 지속되었다. 2020년에 경사노위 밖에서 시도된 이른바 '원포인트one-point 사회적 대화'의 경우도 코로나 위기에 처한 노동 약자들을 위한 더욱 강력한 보호 기제의 형성을 목표로 했으나 이 역시 민주노총 대의원들의 거부로 끝내 성공을 거두지 못했다.

결론적으로 정권이 마무리되어 가는 현재 문재인 정부가 경사노위의 설립을 통해 추구한 '포용적 노동 개혁'은 결과의 측면과 과정의 측면 모두에서 부분적 성공에 머물면서 충분히 성공적이지 못했다는 인상을 주고 있다. 그렇다고 전적으로 처절한 실패라고 쉽게 단정 짓고 규정하기도 어렵다. 일정한 성취와 진전이 없지 않았기 때문이다. 그렇다면, 포용의 실패는 어떤 양상에서 그렇다고 할 수 있으며, 그런 결과가 초래된 이유는 무엇인가? 포용적 노동 개혁에 성공하기 위해 문재인 정부에서의 개혁 시도가 안겨 주는 교훈은 무엇인가?

분석적으로 보았을 때, 문재인 정부의 포용적 노동 개혁은 — 정부가 명시적으로 그렇게 획정하지는 않았지만 — 국가 중심적 경로와 사회적 대화를 통한 경로, 두 가지 트랙two tracks을 가동하는 방식으로 도모되었다고 할 수 있다. 일단 국가 중심적 경로에서 출발하고 그것을 주축으로 두면서, 점차로 사회적 대화의 제도화를 심화하고 그것을 강화해 가려는 시도를 한 것으로 보인다.[4] 사회적 대화의 경로에 대한 강조는 2018년 노사정위원회가 '노사정대표자회의'를 소집하고 사회적 대화를 통해 사회적 대화 기구의 개편에

합의한 후 경사노위를 출범시켰던 1년의 시간 동안 점차 심화되었다. 그러나 2019년 초 이른바 탄력 근로제의 단위시간 연장을 중심으로 한 근로시간제도 개혁에 대한 합의가 격렬하게 진통을 겪은 후 2019년 중반에 이른바 '1기' 사회적 대화가 마무리되고 '2기'가 출범하는 과정에서 힘이 상당히 빠졌다. 2020년 코로나 위기를 맞이해 원 포인트 사회적 대화를 통해 사회적 대화의 활성화를 재차 시도했으나 이 역시 성공을 거두지 못하면서 그런 시도는 재차 사그라들고 말았다.

사실 한 정권이 3~4년간 추진한 정책 기조에 대해 그것이 성공이냐 실패냐를 단기간에 가름하기는 쉽지 않다. 게다가 수십 년간 지속되어 왔던 기조를 새로운 기조와 흐름으로 전환해 내는 미션을 품은 정권이 — 시스템이 붕괴해 수습하는 것도 아니고 — 자신들의 정책적 수단을 통해 그 흐름이 전환되도록 소프트랜딩soft-landing 해가면서, 또 다양한 이해들을 조율해 가며 점진적 효과를 발휘해 나가도록 하는 과제는 더군다나 만만치 않은 일이다.

정치적 의도를 띠고 '성공이다', '실패다' 이야기하는 것은 쉬운 일일 수 있다. 하지만 과정과 결과에 담겼어야 할 가치의 구현이 어떠했는지 기준과 근거를 갖고 엄밀히 진단하는 작업은 쉽지 않은 일이다. 통계적으로 소득 격차가 2% 줄었으면 성공이고 1% 줄었으면 실패라고 말하는 것도 어렵고, 그런 기준을 세우는 것도 다 잠

4_이런 경로에 대해 명확한 자기 인식이 있었는지에 대해서는 별도의 판단이 필요하지만, 실제 진행은 이런 식이었다.

정적인 평가자의 주관적 판단일 뿐이다. 단순히 통계 지표를 놓고 그 안에서만 승패를 가름하는 작업도 과연 정당하고 타당한 일인지 의문이다. 게다가 과정의 포용이라고 하는 측면까지 포함한다면, 그간 존재해 왔던 노동시장에서의 '전환'을 놓고 진행된 사회적 대화들과 소통들 일체를 총체적으로 어떻게 평가해야 할지 매우 조심스러운 것이 사실이다.

게다가 일체의 정책 행위가 국가가 시장을 향해 의도를 가지고 수행하는 사회적 행위이지만, 그것에 대한 시장에서의 반응은 '의도하지 않은' 반대로 나타날 수 있다. 시장의 모든 행위자들의 행위를 전부 예측할 수 없는 법이다. 그렇기에 경제학에서는 — 주로 이른바 신고전파 주류 경제학 — 시장의 행위자들을 '합리적' 내지 '이기적'이라고 간주하고 반응 모델을 단순화해 판단한다. 하지만 사회학적 시각에서 본다면, 시장의 행위자들은 지극히 비합리적이고 모순적이며 정서적이기까지 하다. 그게 인간이고, 시장에 관한 이론도 그런 실체적 인간의 본성을 토대로 구성되어야 한다는 것이다.

그런 본질적 예측 불가능성을 전제했을 때, 정책이 의도한 효과와 의도하지 않은 효과 내지 부작용 등에 대해서도 조심스럽게 평가되어야 한다. 의도하지 않은 부작용만 놓고 정책을 평가할 경우 사실 모든 정책은 실패할 가능성이 보편적으로 크다. 나아가 정책에 대한 평가는 도입한 정책에만 한정해 놓고 보아서는 안 되며, 도입하지 않거나 못한 면까지 함께 고려해 보아야 할 것이다.

2) 이른바 성취들

문재인 정부 초기 2년간(2017~19년), 그중에서도 2018년에 전개된 새로운 사회적 대화를 놓고 본다면, 그간 한국에서 도모된 여타의 사회적 대화 시도들에 비해 일정하게 진일보한 면과 가능성을 보였다고 할 수 있다. 우선 2018년 1월에 소집되어 10개월간 지속되었던 노사정 대표자회의는 임시 기구였지만, 사실상 사회적 대화 기구로서의 역할을 했고, 심도 있는 논의를 거쳐 노사정위원회 법안을 개혁해 경사노위 출범의 근거를 마련했다. 그리고 마침내 새로운 제도의 옷을 입고 경사노위가 2018년 11월에 출범했다.

이를 통해 1차로 사회적 대화의 복원에 성공한 의미를 놓칠 수 없다. 2016년 초에 한국노총이 이탈하면서 중단된 사회적 대화는 2년의 공백기를 거치고 그사이에 정권이 교체되면서 2018년 초 노사정 대표자회의로 사실상 복원되었다. 국정 농단에 대한 촛불 시민들의 저항과 대통령 탄핵이라고 하는 초유의 정치적 혼돈을 극복하면서 우리 사회 민주주의가 한 차원 성숙이 이루어지는 와중에 사회적 대화도 복원된 것이다. 한국노총마저 이탈해 2년간 식물화 상태에 처해 있던 사회적 대화 기구가 새롭게 사회적 주목을 받고 국정 운영에서 일정하게 존재감을 발휘하며 통합되어 들어갔다는 점에서 이 시기의 사회적 대화는 1차적으로 긍정적으로 평가되어야 할 것이다. 박근혜 정부 중반 이후 사실상 기능을 멈추었던 노사정 위원회가 2년여의 공백을 딛고 노사정 대표자회의를 통해 재가동된 것을 넘어 심지어 민주노총이 19년 만에 참여한 것도 의미가 컸다.

노사정위로부터 경사노위로의 전환 과정에는 민주노총까지 참여해 노사정이 머리를 맞대고 합의안을 마련하는 공동의 경험이 자리한다. 10개월여의 시간 동안 민주노총까지 참여하는 대화가 전개되면서 사회적 대화 기구의 법률적 기반을 '대화와 합의를 통해' 바꾸어 낸 것은 매우 고무적이었다. 그 결과 새로운 틀을 짓는 데에 일정하게 성공을 거두었다. 새로운 틀은 기존의 기구가 지닌 문제점이라고 지적된 것들을 제거하고 개선하기 위한 다양한 장치들을 마련해 담고자 했다. 여전히 부분적 보완이 필요한 상태이긴 하나 그간 한국의 사회적 대화 기구에 대해 문제 제기를 해왔던 부분들을 망라하고 특히 노동계의 주장을 충실히 수용해 제도 개혁을 단행했다.

민주노총까지 적극 참여한 자리에서 경사노위의 명칭도 만들어졌고, 경사노위의 운영 원리에 대한 새로운 정립도 이루어졌다. 사회적 대화의 중층화, 노사 중심성의 강조, 참여 주체의 확대와 의제의 확대 등이 새로운 제도적 원리이자 실천의 과제로 정립되었다. 주체와 의제를 확장했으며, 다양한 성격의 논의체들을 가능하게 했다. 특히 의제별 위원회와 함께 업종별 위원회를 꾸려 낸 것은 매우 의미 있는 성과였다. 경사노위는 업종별 위원회를 반드시 두도록 하고, 지역사회적 대화에 대한 지원을 포괄적으로 할 수 있는 장치를 마련해 사회적 대화의 중층화를 적극 실현해 가는 근거를 마련했다. 실제로 5개의 업종별 위원회들을 만들어 냈고, 각종 지역에서의 새로운 사회적 대화들에 비공식적으로 의미 있는 간여를 하기도 했다.

더불어 의제를 확대해 경제·사회·노동정책과 관련한 폭넓은 주제들을 유연하게 다룰 수 있도록 했다. 단지 고용·노동 이슈나 노사 갈등 이슈에 국한되지 않고, 양극화 해소를 목표로 다양한 정책들이 사회적 대화의 틀 내에 다루어질 수 있는 기반을 마련했다. 그러면서 국민연금 개혁 등 거대한 이슈를 다뤄 보는 실험도 전개했다. 미약하나마 노동 존중 사회 기본 계획의 귀납적 구축이라고 할 수 있는바, 사회적 대화는 일정한 성과를 보이기도 했다. 사회 안전망과 관련한 합의 및 공익 위원 합의안, 디지털 전환과 관련한 합의, 탄력 근로시간제 관련 합의, ILO 핵심 협약 비준을 위한 공익 위원 합의안(1차, 2차) 등이 그것들이다. 이들은 여전히 미흡한 측면이 없지 않지만, 각각 노동 존중 사회 실현을 위한 기본 계획의 퍼즐에서 무게 있는 조각들로 간주될 만한 것들이다.

참여 주체를 확대해 최초로 계층 대표들이 사회적 대화 기구 내에 참석할 수 있는 기회를 만들고 또 실현해 가고자 했다. 이를 통해 '확장된 삼자주의'Tripartism Plus라고 하는, 이 시대에 필요한 새롭고 확대된 사회적 대화의 틀을 선도적으로 만들어 가려 노력했다. 계층위의 미구성이나 본위원회와 하부 위원회 간의 유기적 결합 등의 과제들이 여전히 확인되었으나, 집중적인 사회적 대화를 통해 신속한 제도 개혁을 도모해 사회적 대화 기구가 자기 탈바꿈을 하게 된 것은 매우 고무적이라 할 수 있다.

정적인static 기구 구성의 측면뿐만 아니라, 기구의 미시적 운영 방식에서도 자유로운 운영 원리들을 수립하고 실현해 갔다. 노사 중심성의 원칙을 강조하면서 정부가 먼저 어젠다를 제시하거나 사회적 대화 기구를 좌지우지하는 관행을 지양하고, 정부도 대화의 일원one of them으로 참여해 가며, 노사의 주도적인 논의를 지원하는 역할을 하려고 노력했다. 비록 의제를 중심으로 한 사회적 대화의 성과에서 가시적인 성과가 크게 나타나지는 않았지만, 적어도 노사 중심성이라고 하는 가치를 일관되게 강조하는 가운데 정부 주도성의 한계를 극복하는 쪽으로 한발 나아갔다. 그리고 사회적 대화 기구가 자체적인 전문성 강화와 기획력 증진을 통해 스스로의 틀을 주도적으로 만들어 나갔고, 여기에 노사는 신뢰를 보였다. 이런 식으로 포용적 노동 체제를 향한 사회적 대화의 의지를 담은 사회적 대화 기구 제도 개혁을 일단 이루었다.

3) 한계와 미흡함

하지만 포용적 코포라티즘은 사실상 충분히 성공하지 못한 상태라고 볼 수 있다.[5] 새로운 사회적 대화는 좌초와 표류의 시간을

5_ "문재인 정부 전반기의 사회적 대화는 당초 기대와 달리 어떤 가시적인 성과도, 큰 제도적인 진전도 보지 못했다. 첫째, 가장 기대를 모았고 정부도 공들여 추진했던 민주노총이 참여하는 형태로 사회적 대화 체제를 복원하지 못했고, 둘째, 경사노위로 재편한 이후에도 계층별 위원들을 추가로 참여시켰지만 이들의 독자적인 목소리와 한국노총과 경총이라는 기존 대주주들의 지배적인 목소리를 조율하는 데에 실패했다. 셋째, 새로 출범한 경사노위도 양극화 완화와 공정 노동시장의 구축과 같은 큰 이슈의 공론화는 제쳐둔 채 출범과 동시에 단기적이고 가시적인 성과에 목을 매며 몇몇 노동법 개정을 위한 대화와 타협의 함정에 빠져들었다"(전문가 A).

경험해야 했고, 그 성과도 핵심적인 측면을 들여다보면 여전히 획기적이지 못하다. 민주노총도 결국 참여하지 못했고, 계층 위원들과의 조율도 실패했다. 포용성을 구현하기 위한 의제의 선정과 합의는 한 발짝도 떼지 못했다. 이어지는 내용에서는 실제 사회적 대화의 사례를 놓고 이를 비판적으로 분석해 보겠다. 대표적으로 경사노위가 설치하고 운영한 의제별 위원회 2개의 사례를 조금 더 자세히 살펴보겠다. 두 사례 모두 포용적 코포라티즘의 형식과 내용 간의 간극을 채우기에는 아직 정부를 비롯한 다른 참여 주체들 모두 역량이 부족함을 보여 준다. 물론 그조차 개별 행위자들의 특수한 역량이 부족했다고 행위자 환원적 비판을 하는 것만으로는 미흡할 것인바, 사회적 대화 체제 전반에 내재한 근본적인 구조적 한계가 확인된 것이라 할 수 있다.

(1) 탄력 근로제 개혁을 위한 사회적 대화

새로운 사회적 대화는 계급 대표가 계층 대표의 참여를 용인하면서 '형식적'·'외견적'으로는 포용적 코포라티즘의 모양새를 갖추었으나, '내용적'·'실제적'으로는 오히려 취약 근로층의 고용조건을 악화시킬 수 있는 결정을, 심지어 그들의 참여를 배제한 채, 종래의 계급 대표들에 의해서만 월권적으로 도모한 꼴이 되고 말았다. 말하자면, 형식만 '포용적 코포라티즘'이었지, 내용은 과거의 '경쟁적 코포라티즘'과 같은 모양새가 되고 만 것이다.

자신들을 처음으로 사회적 대화 기구로 초대해 놓고 오히려 취약 근로층의 고용조건을 악화시키는 결정부터, 그것도 논의 과정에서는 참여할 기회를 부여하지 않고 의결에만 참여해 '통과를 위한 반대'를 하게 만드는 식의 문법을 노동 진영 계층 대표들이 수용하기는 어려웠을 것이다. 결국 탄력 근로시간제 합의 의결도 그들이 해촉될 때까지 이루어지지 못했고, 당초 2년의 임기로 위촉되었던 공익 위원들과 계층 위원들 등 비당연직 위원들은 자신들의 임기를 1년도 채우지 못하고 일괄적으로 사임하고 난 뒤에야 가능했지만, 이미 내외적인 신뢰와 정당성이 심하게 훼손된 후였다.

이 사태는 사회적 대화 기구의 의결 방식, 하부 위원회와 본위원회의 관계 등 다양한 표피적 논쟁들을 낳았다. 그러나 본질적으로 그것은 노동의 수세 국면에서 사회적 대화의 목표상 형식과 내용의 괴리가 벌어진 것에 있다. 이런 새로운 상황의 도래 앞에서 사회적 대화의 멤버들은 갈등을 원만히 해소하는 데에 실패하고 말았고, 결과적으로 문재인 정부가 야심차게 추구한 사회적 대화의 확장적 재구성은 ― 궁극적 실패라고 볼 수는 없지만 ― 큰 타격을 입고 시들해지고 말았다.

형식과 내용의 괴리라고 하는 문제적 상태 안에는 여러 세부 요소들이 작동했다. 고용 악재의 상황이 개혁의 발목을 잡고 있었기에 과감한 친노동적 행보를 지속하기 어려웠던 정부에 대해 민주노총은 사회적 대화의 틀을 형성하는 과정에 참여하다 정작 틀이 완성되고 공식적인 출범을 하면서 불참하는 선택으로 답했다. 상대적으로 급진적인 거대한 노동운동 집단이 사회적 대화 기구 외부에서 비판적 시각을 취하고 있는 와중에, 사회적 대화 내부에 들어간 노동 진영 계층 대표들은 가뜩이나 제도적으로 제약적이었던 자신들을 위한 대화의 공간에서 운신의 폭이 더욱더 좁았다. 노사정 대표 자회의를 통한 지난 1년간의 워밍업을 통해 계급 대표들 간의 스킨십과 신뢰가 축적되었던 것과 달리, 사회적 대화 기구라고 하는 낯선 실험적 공간에 생전 처음 초대되어, 그것도 마치 '2차 시민들'처럼 취급받게 되면서 '1차 시민들'이 내린 결정을 정당화하는 ― 암묵적으로 강요된 ― 동원 기도를 그들은 수용하기 힘들었다. 물론 어려운 상황에서 모처럼 이루어진 계급적 타협을 무위로 돌리고 새로운 사회적 대화의 위상이 흔들리게 만든다는 비판으로부터도 자유로울 수 없었다.

(2) ILO 기본 협약 비준을 위한 사회적 대화

포용적 코포라티즘의 내용에 강하게 집착했던 '국제노동기구 ILO 기본 협약 비준을 위한 사회적 대화'는 형식과 내용의 또 다른 괴리를 보여 주었다. 논의는 일단 취약 계층의 참여는 생략된 채 진행되었고, 끊임없이 공익 위원들을 앞세워 경영계를 압박하는 방식이 되풀이되었다. 협약 비준 전반에 대한 공감대를 만들어 가고 부작용을 완화하는 방식을 찾기보다 법률 공학적 주제들부터 집착을 했고, 나중에는 통상 이슈를 가지고 비용 편익의 논리가 강조되기도 했으나, 모두 효과적이지 않았다.

이런 방식의 논의에 대해 경영계는 완고하게 저항했다. 경영계는 단결권의 확장이 보장되는 대신 단체교섭과 단체 행동의 측면에서 변화를 요구했지만, 이는 새로운 논란을 불러일으켰고, 결국 사회적 대화 안에서 충분히 융합되지 못했다. 보편적 국제 규범에 대한 경영계의 수용 거부는 사실 정당화될 수 없었지만, 그런 경영계를 다루는 방식 역시 치밀하고 과거에서 진일보한 것은 아니었다.

결국 진보적 성향의 법학자들이 다수를 차지하고 있던 공익 위원들 사이의 공감대를 형성하는 수준에서 논의가 종결되고, 정부는 그것을 받아 다시 재가공해 국회에 개혁안을 제출했다. 비록 내용상으로는 취약 계층에게 도움이 될 수 있는 '노조 할 자유의 보장'을 지향했으나, 정작 사회적 대화 참여 주체의 측면에서나 진행 과정의 측면에서나 전형적인 과거의 관행을 답습한 사례가 되고 말았다. 결과적으로 새로운 사회적 대화 실험은 분명 '포용적 코포라티즘'을 향한 새로운 걸음의 가능성도 보여 주었으나, 여전히 미완의 어중간한 상태에 처하게 되었고, 실상 성취의 교훈보다 타산지석의 교훈을 더욱더 크게 남기고 말았다.

3. 문재인 정부의 시도가 포용적 코포라티즘 이론화에 기여한 지점

문재인 정부 3년여 동안 단행된 한국에서의 새로운 사회적 대화의 실천은 매우 귀한 시도였고 그 안에는 원론적으로 짚어야 할 다양한 쟁점들이 숨어 있다. 그 한계를 단지 행위자들의 오류로 치환하는 것은 구조적 제약과 제도적 부정합성의 객관적인 조건의 문제점을 놓치는 또 다른 오류를 낳는 것일 수 있다. 이런 점을 감안해 이 절에서는 포용적 코포라티즘과 문재인 정부에서 이루어진 시도에 담긴 실천적 난제들을 개념과 논리를 통해 분석적으로 조명해 보도록 하겠다. 그것은 포용적 코포라티즘의 이론화를 위해 일정하게 기여할 수 있다.

1) 개념의 심화

주지하듯이 '포용 성장'inclusive growth은 신자유주의 불평등 체제의 한계를 극복하기 위해 전 세계적으로 2008년 금융 위기 이후 확산되어 온 정책 기조다. 포용 성장을 구현하는 하나의 중요한 수단으로 우리는 노동시장의 포용적 개혁을 상정할 수 있고 이를 포용적 노동 개혁으로 칭할 수 있다. 그것은 무엇보다 노동시장의 불평등을 해소하는 정책 목표를 추구하는 것으로, 시장이 초래한 양극화라고 하는 실패를 정책적 수단을 통해 치유하려는 것이다. 이미 여러 나라들에서 노동시장의 포용화를 향한 다양한 시도들이 2010년대 내내 대두하고 확산되었다(박명준 외 2017).[6] 여기에서 관건은 공세적이고 적극적인 포용을 추구하는 노동 개혁의 주체는 누가 될 것인가(누가 고양이 목에 방울을?) 내지 더욱 구체적으로 그런

6_한국에서도 이미 공공 부문 비정규직의 무기 계약직으로의 전환 등과 같은 시도들이 ─ 동시대에 보수 정부였음에도, 미온적으로나마 ─ 이명박·박근혜 정부에서부터 있었다. 그리고 2017년 이후 문재인 정부에 들어 그런 시도는 더욱 본격적으로 추진되었다.

과정에서 사회 협약과 사회적 대화의 공간이 활성화될 여지가 있는 가에 있다. 적극적 포용의 주체가 국가일진대, 그 위에서 노동의 역할이 존재하는가, 존재한다면 어떤 구도가 형성되는 것을 전제하는가 등의 문제들이 관건인 것이다.

과거 초기 신자유주의의 불가피한 선택지 앞에서 최대한 사회적 응집력과 가치를 유지해 내기 위해 도모된 사회 협약social pacts의 시도나, 후기 신자유주의 모순의 심화가 초래하는 사회적 부작용을 제어하는 차원에서 도모된 여타의 시도들 모두 크게는 신자유주의를 전제하며 그에 대한 소극적 대안으로서 포용적 노동 개혁을 생각한 것들이다. 이들은 일종의 '소극적 포용'passive inclusion의 방법으로, 그렇게 설정된 경로에서 코포라티즘의 행위 공간이 형성되었다. 지난 10여 년간 글로벌 금융 위기 이후 세계적인 정책 사고policy ideas와 패러다임의 전환 이후 여러 나라들은 탈신자유주의를 지향하며 '적극적 포용'active inclusion의 방향으로 움직여 가고 있다. 이때 주체는 국가인데, 이런 적극적 포용의 경로에서는 코포라티즘의 행위 공간이 오히려 좁아진다.[7] 말하자면, 소극적 포용의 공간에서 노동은 개혁의 주체로까지 호명되나 적극적 포용 공간에서는 개혁의 대상에 머무는 것이다.

한국을 놓고 보면, 문재인 정부의 포용적 노동 개혁은 이명박·박근혜 정부에서의 미온적인 '소극적 포용'과 다른, 더욱 적극적 성

7_바카로·갈린도(Baccaro et al. 2018)는 이중화의 극복에 사회 협약이 그다지 기능을 하지 못함을 지적한 바 있다.

격을 지니는 것이었다('적극적 포용'). 그것은 시장의 실패자들과 약자들에게 정부가 나서서 적극적으로 새로운 기회를 부여하려는 시도들로 이루어져 있었다. 참여정부의 정체성을 계승한 문재인 정부는 사회적 대화와 사회적 타협을 강조했다. 그것은 과정적 포용에 대한 의미 부여를 상대적으로 강하게 하는 모습이었다. 특히 청년·여성·비정규직 등 사회적 약자들이 사회적 대화에 참여해 노동시장에서 자신들의 이해를 실현해 갈 수 있도록 하겠다는, 정부 출범 당시의 공약을 실현하기 위해 일정한 노력을 기울였다.

포용적 노동 체제를 향한 사회적 대화가 갖는 포용성은 크게 '의제와 내용의 포용성'과 '주체와 운영의 포용성' 등 두 가지 측면에서 진단할 수 있다. 말하자면, 포용은 비단 결과로서의 포용만이 아니라 과정으로서의 포용이라는 측면도 함께 지닌다. 핵심적으로 포용적 정책의 대상 내지 일종의 타깃 집단을 포용 과정에서 개혁 주체로 세우는 일이 중요하다. 이 같은 과정은 포용이 일시적이고 시혜적인 수단에 머무는 것이 아니라 현실 세력 관계의 질적 전환으로까지 제도화되게 하고, 이를 통해 포용을 더욱더 비가역적 흐름으로 공고화해 간다는 차원에서 특히 의미가 있다. 시혜적 포용이 아니라 참여의 저변을 확대함으로써 불평등 체제의 약자들이 지속적으로 목소리를 낼 수 있도록 한다는 것이다.[8]

8_이런 정책의 정당성은 시장과 사회를 바라보는 근본적인 시각에서부터 도출된다. 급진적 시장주의자의 시각이라면 이런 시도는 부적절한 개입으로 시장 질서를 왜곡하는 처사로 간주될 수 있다. 그에 대한 이론적 논쟁은 이 글의 관심 범위에서 벗어나 있다.

'의제상의 포용성'이라 함은 사회적 대화에서 다룬 의제의 내용이 포용적 노동 체제의 구현에 기여하도록 하는 것이다. 코포라티즘은 일정하게 양보와 타협의 의미를 지니는바, 누가 무슨 주제를 놓고 조정을 하며, 누가 무슨 양보를 할지가 관건이다. 이른바 '이중화의 시대'(Emmenegger et al. 2012)에 양보는 이른바 내부자들insiders이 외부자들outsiders을 위해 행해야 한다.[9] 정규직이 비정규직을 위해, 조직 노동이 미조직 취약 노동을 위해, 대기업이 중소기업과 소상공인을 위해, 원청이 하청을 위해 양보해 가면서 깨진 균형을 찾고 서로 손 잡고 더불어 나아가는 실천과 결의를 도모한다는 데에서 포용적 코포라티즘의 새로운 의미를 찾을 수 있을 것이다.

사회적 대화의 의제 내지 내용적 성과의 포용성의 문제는 개별적일 뿐만 아니라 '전체적'totalistic 시각에서 따져 볼 필요가 있다. 포용성의 실현이라는 것이 다양한 의제들 각각을 하나의 조각으로 해서 일종의 귀납적 퍼즐링inductive puzzling의 방식으로 전체화되어 실현될 수 있다는 말이다. 각각의 어젠다들을 다루면서 저마다의 성과를 도출하는 내는 것은 전체 퍼즐의 한 조각을 형성한다. 노동 존중 사회를 사회적 대화라고 하는 수단을 통해 전개한다는 것은 직선적straight-forward인 관료적 방식이 아니라, 이익 단체들의 참여를 통해 구부러지고 지그재그식으로 '주거니 받거니' 하는 방식으

9_내부자들의 양보를 의미하는 실천은 과거 전태일의 '풀빵 정신'을 오늘에 되살리려는 노력과 같다. 근래에 한국의 노동조합들 가운데 일부는 — 우분투, 공공상생연대 등 — 재단과 같은 형태의 기구들을 만들고 연대 기금을 형성해 그런 실천을 전개하고 있다.

로 수행해 간다는 것을 의미한다.[10]

다음으로 '주체 및 운영상의 포용성'이라 함은 두 가지 의미를 지닌다. 그 하나는 참여 주체의 확대이고 또 다른 하나는 이른바 '노사 중심성'이다. 그동안 참여하지 않았거나 참여할 수 없었던 주체들, 특히 후자인 미대변된 행위자들의 대표체로 하여금 대화에 참여하고 기구를 운영하는 과정에 적극적인 역할을 수행하게 하는 것은 참여 주체의 포용성을 증진하는 조치이다. 구체적으로 주체 참여의 측면에서 현 시기 한국에서 포용적 코포라티즘의 이상적인 모습은 민주노총까지 포함하고 계층별 대표들까지 참여해 적극적이고 활발한 정책 협의를 주체적으로 전개해 나가는 모습이라고 볼 수 있다.[11]

사회적 대화체의 운영에서 정부의 이니셔티브를 사후적으로 관철해 내고 정당화하는 방식만이 아니라, 노사의 주체적인 참여와 문제 제기가 선도적으로 이루어지도록 하는 것도 포용적인 사회적 대화의 한 요소가 될 수 있다. 이를 위해 사회적 대화 기구도 자체

10_이와 관련해 문재인 정부 제1기 사회적 대화에서 탄력 근로시간제 단위 기간 연장, ILO 기본 협약의 비준 등의 이슈를 사회적 대화 테이블에 올린 데 대해 일각에서는 비판적인 의견들이 있다. 전체적으로 노동 존중과 포용성의 의제 구현을 지향한다는 것이, 이를 추구하면서 '속도 조절' 내지 그에 대한 '반대급부'의 주제를 어느 정도로 사회적 대화에 의제화할 수 있을지에 대해서 명확한 기준이 없는 것은 사실이다. 그러나 노동계 일각의 희망대로 그런 여지를 전적으로 배제하며 사회적 대화를 전개하는 것이 가능할지에 대해서도 논쟁의 여지가 있다. 사회적 대화를 통해 노동 존중 사회를 수립하는 데에 자본도 또 하나의 주체이며 이해 당사자이지 타격되어야 할 대상으로만 존재하지 않기 때문이다.

11_전술했듯 아쉽게도 문재인 정부 1기 사회적 대화는 이 부분에서 획기적인 진전을 이루지 못한 채 미끄러지고 말았다.

적인 전문성을 키워 나가면서 그것을 담아내야 하며, 대화에 참여하는 주체로서 정부도 의제에 따라 다소 성격이 다르겠지만, 대화의 일원으로서의 정체성을 지니며 임해야 한다. 다만, 노사 중심성의 원칙을 경직되게 강조할 경우, 사용자들의 반대 목소리도 들어가면서 타협을 해야 하기 때문에, 자칫 정부가 설정한 노동 존중 사회의 실현을 정부 주도로 단기적·효율적·직선적으로 이루어지지 못하게 할 여지가 있다. 그럼에도 장기적으로 노사가 주체가 되고 파트너십을 형성해 공익에 기여할 수 있는 기회를 만들고 확장해 가는 노력은 중요하다. 특히 포용적 코포라티즘의 비전은 기존의 조직화된 강자들이 주도가 되어 약자들의 이익 증진과 격차 해소에 기여할 수 있는 길을 주도적으로 모색해 가도록 한다는 측면에서, 이런 노사 중심성의 원리가 정부 정책을 보완할 수 있는 공간을 확보할 여지가 없지 않다(박명준 2019, 20-22).

2) 본원적 난제와 딜레마

적극적 포용의 과정에서 코포라티즘이 활성화되기 어려운 핵심적인 이유는 계급 내 연대intra-class solidarity의 어려움이 계급 간 연대inter-class solidarity의 공간을 제약하기 때문이다. 계급 내 연대, 특히 노동계급 내에서의 연대가 어려운 데는 몇 가지 이유가 있다. 첫째는 그간 신자유주의의 경로가 고착화되는 가운데 이해 구조interest structure가 공고화되었기 때문이다. 양극화는 노동시장의 상층과

하층의 격차가 심화되고 구조화되는 경향을 말하며, 이는 노동계급 내에서 사회적 시민권의 차이가 질적으로 발생해 있는 상태를 가리킨다. 상층에서의 합의와 타협이 하층으로 낙수trickle-down되지 못할 정도로 간극이 심화된, 다른 말로 하면 노동계급이 계층화되고, 그 격차가 양적 차원을 넘어 질적 차원으로까지 구조화된 상태를 말한다. 이런 양극화된 구도가 길어질수록 계급 내 연대의 기반은 약화될 수밖에 없다.

둘째, 신자유주의적 흐름의 초반과 중반에 사회 협약의 정치를 활성화했던 경우, 신자유주의가 약화되면서 이전에 '소극적 포용'을 내용으로 하는 코포라티즘의 행위 공간까지 함께 축소시킨다. 기존에 협약 정치에 참여한 노동조합의 경우, 타협의 정당성이 약화되면서, 참여를 통해 확보한 상징 자원을 더는 활용하지 못하게 된다. 아일랜드, 네덜란드, 이탈리아 모두 1990~2000년대의 소극적·수세적·방어적 포용을 내용으로 하는 사회 협약 정치가 2010년대 이후에 부활하지 못하고 있는데, 이들 국가의 형국은 이런 양상에 해당한다고 볼 수 있다.

한국은 어떤가? 한국은 사회 협약 정치가 한 차례 시도되었다가 바로 사그라진 경우다. 비록 사회적 대화 기구라고 하는 제도화된 틀이 형성되었지만 그것을 채우는 파트너십과 협약의 내용은 그 틀을 제대로 채우지 못했다. 신자유주의 후기로 접어든 상황에서 한국 역시 노동계급 내부의 분화가 심화되고 이해 구조가 고착화되어 있다고 볼 수 있다. 다만, 기존에 사회 협약 정치가 출현한 뒤에 온전히 재생산되고 이어지지 못했기 때문에, 노동조합 스스로 소극적 포용을 정당화하는 쪽에 큰 기여를 하지 않아 신자유주의의 기반이 약화되었을 때 적극적 포용을 주창할 여지가 남아 있는 경우라고 할 수 있다.[12]

사회적 대화가 성공을 거두든, 실패나 좌절을 겪든 그것을 설명할 수 있는 요인들, 그 결과를 진단할 수 있는 분석적 측면들은 다양할 수 있다. 다만 새로운 사회적 대화의 과제를 '포용적 코포라티즘'이라고 했을 때, 이 시점에 한국에서 그런 이상을 표방하는 것은 그 안에 무게 있는 내적 긴장이 있음을 감안해야 한다. 문재인 정부의 사회적 대화는 1차적으로 보수 정부에서 약화되고 중단되었던 사회적 대화를 복원해 내야 한다는 과제를 지녔다. 그와 동시에, 이차적으로, 포용적 코포라티즘이라고 하는 새로운 대화의 비전과 그것을 담아낼 틀을 세팅해야 했다. 여기에서 더 나아가, 이른바 '성과'라고 칭할 수 있는바, 사회적 대화의 참여 주체들끼리 대화를 통해 포용적 개혁을 지향하는 합의를 만들어 내야 했다. 이 '복원', '틀 세팅', 그리고 '성과'에 이르는 세 과제는 동시적 과제였고, 상호 유기성을 갖고 일관되게 이루어 내야 하는 것이었다.

이런 중첩된 과제들을 풀어 나가는 과업은 현실적으로 결코 만만한 일이 아니다. 첫째, 시장주의자들이 주도하는 한국 경영계의 대표 조직들은 실상 사회적 대화를 원치 않기 때문에, 그들을 끌어들여 대화를 복원하고 제대로 작동하게 하는 일은 늘 별도의 노력

12_물론 이는 민주노총을 중심으로 사고했을 때 가질 수 있는 판단이다. 한국노총은 소극적 포용의 과정에도 꾸준히 참여해 왔다.

을 요한다.[13] 또한 노동계를 대표하는 한 축인 민주노총 일각에서는 사회적 대화를 강하게 견제하는 흐름이 늘 존재하고 있다. 민주노총의 민주적 의사 결정 틀 내에서 그런 흐름들이 강하게 표출되기 때문에, 이 역시 용이한 과제가 아니다. 둘째, 행여 사회적 대화를 복원한다고 하더라도 현시점에서 필요로 하는, 포용적 코포라티즘을 지향하는 논의의 틀을 갖추기 위해서는 이른바 계층 대표들이 참여해야 하는데, 그들은 사회적 대화의 경험이 없을 뿐만 아니라, 도무지 누가 대표성을 지니고 대화에 참여할 수 있을지에 대해서도 불분명한 상황이다. 특히 기존의 계급 대표와 새로운 계층 대표 간의 관계 설정의 문제에 대해서는 아무도 답을 가지고 있지 않다. 셋째, 현실에서 대두하는 다양한 의제들을 받아 안으면서 그 안에 혹은 별도로 포용적 노동시장 개혁을 이루도록 하는 내용을 대화를 통해 구현해 내는 과업은 또 다른 차원의 어려움을 예고한다.

애당초 이런 층층의 난관을 안고 있던 새로운 사회적 대화의 기획은 결코 만만한 작업이 아니었고, 그것을 위해서는 고도의 전략적 판단과 유연한 조율 행동이 필요했다. 문재인 정부에서 사회적 대화의 난관은 바로 이런 본원적 어려움을 품고서 사회적 대화의 기획이 도모되었던 것임을 인정해야 할 것이다(박명준 2019, 2-3). 한국에서의 시도가 갖는 이런 딜레마적 난제들과 관련해 크게 두

---

[13]_사실 한국의 재계는 적어도 시장의 제도 권력을 강하게 쥐고 있는 정부에 아쉬운 만큼 그들의 참여는 오히려 쉬울 수 있겠으나, 관건은 어떻게 그들이 시장 근본주의적 태도에서 벗어나 사회적 대화의 틀을 인정하고 합의를 하도록 설득해 내느냐다.

가지 측면을 놓고 한 발짝 더 들어가 진단해 보겠다.

3) 포용적 의제 선정과 합의 가능성의 제약

참여 주체의 확대라는 것과 포용적 합의, 포용적 결론을 내올 수 있느냐의 문제는 상호 순기능적이지 않을 수 있다. 포용적 합의라 함은 1차 노동시장의 주된 이해 당사자들인 조직 대표들이 지니고 있는 기득권을 상대적으로 내려놓으면서 더욱 사회 통합적이고 구조 균형적인 결론을 내놓는 것이다. 구체적으로 여기에서는 계층별 대표자들이 회의체의 순작동을 통해 형성한 의견들이 사회적 대화 기구 전체에 어느 정도로 계급별 대표들에 의해 존중되고 수용되느냐의 문제가 가장 크다. 여기에서 두 가지 쟁점이 대두한다. 하나는 새로운 사회적 대화의 원리로 내세우는 노사 중심성과 포용성의 지향성 간에 일정한 긴장 관계가 형성되는 것이고, 다른 하나는 포용적 합의의 도출 경로와 방법을 세팅setting하는 것이 과연 어떻게 가능한가라는 것이다.

(1) 노사 중심성과 포용성 간의 긴장

계층 대표들은 사회적 대화 기구 내에서 새로운 공익적 의견의 제시자로 현현한다. 그들은 거대한 계급적 기반을 가진 세력들에 맞서야 하나, 자신들만으론 힘이 부친다. 이때 상대적으로 진보적인 정부야말로 그들의 가장 큰 원군이다. 경사노위의 경우도 애초에 계층 대표들의 사회적 대화 참여와 계층 위원회의 설치는 정부의 강한 의지를 통해 가능했다. 현재 계층 대표들이 결국 사회적 대화 기구 내에서 기댈 주체는 정부이며, 정부가 계층 대표들의 의견을 '듣겠다는 의지'를 강하게 표출하고 일관되게 유지했을 때, 그들은 강자들의 틈바구니에서 목소리를 낼 길을 찾을 수 있다.

문제는 이런 포용성의 추구를 위한 계층 대표-정부 간 연합coalition은 경사노위를 통한 사회적 대화의 또 다른 원칙인 '노사 중심성'과 충돌할 수 있다는 것이다. 노사 중심성 원칙에서라면 계층 대표들의 의견은 각 진영 내에서 수용되는 수준에서 정리되어야 한다. 계층별 위원회 내에서 좌우 대립을 거친 후, 다시 조직 대표와 계층 대표 간의 의견 경쟁을 해야 하는 식으로 될 경우, 결국 계층 대표들의 의견 표출의 기회는 상대적으로 약화될 수밖에 없다. 이는 결과적으로 당장 사회적 대화를 통해 정치적으로 부각될 필요가 있는 포용성이라는 가치의 희석을 초래할 수 있다. 만일 포용성을 살리기 위해 정부가 개입한다면, 그것은 노사 중심성의 가치를 훼손하는 결과를 초래하는 문제를 야기할 수 있다.[14]

(2) 포용적 의제 선정과 합의 도출의 난제

사회적 대화 기구의 현재와 같은 구도에서는 포용적 의제의 선

14_2019년 탄력 근로시간제 합의와 노동 진영 계층 대표들의 비판적 목소리 사이에서 정부는 쉽게 전자의 손을 들어 주었다. 그것은 결국 정부로 하여금 이게 과연 '새로운 사회적 대화냐'라는 비판, '포용성의 상실'이라는 비판에 직면할 수밖에 없게 만들었다.

정 및 합의 도출의 적절한 경로와 방법을 만들어 내기가 쉽지 않은 것이 사실이다. 우선 경사노위를 이끌어 가는 의제 개발 조정 위원회부터 과연 계층 대표들을 배제하는 식으로 계속 지속될 수 있을지 미지수다. 과연 포용성이라고 하는 '이타적' 내지 '약자 추수적' 결정을 시장의 강자들이 해낼 수 있는지도 관건이다. 사회적 대화는 일정하게 공익적 타협의 도달을 목표로 한다고 할 수 있다. 그렇지만 거기까지 가는 여정은 매우 집단 이기주의적이고 최대 강령 지향성의 표출이 보장되어야 한다. 한국의 자본이 경총(한국경영자총협회)을 통해 사회적 대화를 통해 끊임없이 시장 근본주의적 처방을 제시하고 홍보하는 것이 대표적이다.

결국 노동시장의 강자인 조직화된 노동조합이 이런 구도에서 일정하게 캐스팅보트를 쥘 여지가 있다. 그러나 이는 그들을 또 다른 딜레마 상황에 처하게 만든다. 그들은 한편에서는 계급적 이익의 극대화를 추구하면서도 다른 한편으로는 자본과의 타협을 통한 사회적 합의의 물질화를 도모해야 한다. 이때 같은 진영 계층 대표들의 의견은 더욱 급진적으로 계급적 이해를 추구하는 쪽으로 표출될 수 있고, 이런 형국은 노동과 자본 간의 타협을 더욱 힘들게 만들 수 있다. 역으로 계층 대표들의 의견을 무시한 타협이 이루어진다면, 이는 2019년 초에 이루어진 탄력 근로시간제 합의와 그에 뒤따른 논란처럼 포용성을 지향하는 사회적 대화 자체의 중단을 초래하게 만들 여지가 있는 것이다.[15]

사회적 대화 기구 내에서는 모두가 동의할 수 있는 새로운 의사결정의 원리를 만들고 그것의 실현을 위해 기구 내부 소통의 채널링channeling을 복합적으로 재설정하는 과제가 관건일 수 있다. 물론 정부와 노조가 이런 실험을 계속해 나갈 의지를 지닌다는 것을 전제로 그렇다. 만일 노조 조직률이 현재의 2배가 되는 식으로 주체 역량의 현격한 변화가 도래한다면, 이는 조직 대표-계층 대표 간 관계 설정의 질적인 변화를 이끌어 낼 것이다. 그 결과 새로운 의사 결정의 원리와 대화의 채널링에 적지 않은 영향을 끼칠 것이며, 역설적으로 그것은 포용적 코포라티즘의 이후 행보에 반드시 긍정적으로 작용할 수만은 없을 것이다.

4) 계층 대표 통합 방식의 한계

포용적 코포라티즘의 원활한 작동을 위한 전제 조건과 관련해 참여자 확대 측면에서의 쟁점들을 노동 진영을 중심으로 짚어 볼 필요가 있다. 노동 진영 계층 대표의 사회적 대화 참여가 포용적 코포라티즘 구현에서 적지 않은 과제라면, 이와 관련해 원론적으로 다섯 가지 쟁점을 짚을 수 있다. 그것은 대표자 선정 방식, 계층 대표와 조직 대표와의 관계성, 계층 대표 참여의 밀도 문제, 계층 대표들의 대화 파트너, 그리고 계층별 위원회의 위상과 역할 등이다.

15_한국에서 이른바 '대기업 노동조합 양보론'에 대한 노동운동 내에서의 강한 반감은 이런 본원적 딜레마의 상황을 반영한다.

(1) 대표자 선정 방식

계층 대표의 선정 방식은 정답이 없지만, 현재 〈경제사회노동위원회법〉에서는 두 가지 장치가 마련되어 있다. 하나는 '조직 대표'가 이들의 대표자 선정에 간여할 수 있는 절대적인 기회를 갖도록 하는 것이다. 경사노위는 한국노총과 민주노총이 인정할 수 있는 '진성眞成의 대표자'를 진영 내부끼리 그리고 경사노위와의 합의를 통해 정할 수 있게 해두었다. 다른 하나는 그렇게 선정된 대표를 '대통령이 임명한다'고 하는 공식적인 절차를 두는 것이다. 이는 해당 시기 국가가 진영의 조직 대표체와 사회적 대화 기구가 함께 선정해 추천한 인물들을 해당 계층의 대표로 공식적으로 인정하는 것이라고 할 수 있다.

대통령 자문 기구의 형태를 지니는 중앙 사회적 대화 기구를 통한 사회적 대화의 핵심은 그런 논의의 결과를 정부가 최대한 존중하며 정책을 기획(형성)하고 실행(집행)해 나가는 것의 사회적 합리성을 인정한다는 것에 있다. 따라서 진영 대표의 인정과 국가의 인정이라고 하는 이중의 인정 과정을 거친 계층 대표의 대표성은 일정한 필요조건을 갖추었다고 간주할 수 있다. 이런 방식은 이들의 '조직력'을 토대로 한 방식과는 다른 것이다.[16]

16_애초에 규모나 조직력의 산술적 변수를 끌어들여서 판단한다면 기존의 조직 주체들조차 사회적 대화에 참여할 충분한 자격을 갖추었다고 볼 수 있는지는 의문의 여지가 있다. 그런 사이즈 중심의 사고를 한다면 한국에서 사회적 대화의 충분조건은 갖추어지지 못할 것이다.

(2) 계층 대표와 조직 대표와의 관계

그렇게 참여하게 된 계층 대표는 애초에 진영을 대표해 온 조직 대표와 미묘한 관계를 지니게 된다. 여기에는 두 가지의 상반되는 요소들이 공존한다. 하나는 조직 대표와 계층 대표 간에 위계적 차이를 둔 것이다. 조직 대표는 계층 대표의 선정에 선제적 영향력을 행사할 수 있고, 계층별 위원회의 운영에서도 역할이 크다. 조직 대표는 의제 개발 조정 위원회와 운영 위원회에 참여하면서 하부 위원회들을 운영하고 본위원회에 안건을 상정하는 권한을 지니지만, 계층 대표는 그렇지 못하다. 이는 참여의 밀도density of participation 차이와 관련이 있다.

다른 하나는 실제 본위원회에서 조직 대표와 계층 대표의 위상이 형식상 전혀 무게 차이가 없다는 점이다. 둘 모두 본위원회 위원으로 각각 1표씩의 권한을 행사하도록 되어 있는바, 조직 대표들이나 청년·여성·비정규직 대표들이나 모두 동일한 양의 권한을 지니고 있다. 이는 조직 대표로 하여금 계층 대표에 대한 별도의 범주 설정과 그들에 대한 참여권의 부여를 꺼리게 만드는 요인이었다. 실제로 양대 노총은 애초부터 노동 진영에 계층별 대표들을 별도로 두는 방안에 그다지 흔쾌한 입장이 아니었다. 그 영향으로 이들의 대표 선정 작업은 매우 더디게 진행된 바 있다.[17] 결과적으로 민주노총이 청년을, 한국노총이 여성을, 그리고 경사노위가 비정규직을

17_특히 민주노총은 자신들 스스로 경사노위에의 참여 자체가 계속해서 불발에 그치는 가운데 계층 대표를 선정하는 작업을 더욱더 내키지 않아 했던 것으로 보인다.

맡아서 대표자를 추천해 합의하는 방식으로 정리되었다. 어쩌면 조직 대표와 계층 대표 간 관계의 일관성이 결여되면서, 전술한 바, 2019년 초 탄력근로제 합의를 둘러싼 갈등이 발생했던 것은 아닌지 점검해 볼 필요가 있다. 법률적으로 앙상한 규정을 넘어서, 계층 대표의 위상 과 관련한 갈등이 발생했을 때, 그것을 조율해 낼 장치를 제대로 갖추어야 할 것이다.

(3) 참여의 적정한 밀도 혹은 깊이

지난 2019년 초 탄력 근로제 합의를 둘러싸고 벌어진 가장 큰 쟁점은 ― 해당 합의의 내용은 차치하고 ― 그것의 결정 과정에서 계층별 대표들의 참여 기회가 너무나도 미흡했다는 점이다. 계층 대표는 의제별 위원회의 구성에 직접적인 영향력을 행사하는 의제 개발 조정 위원회와 운영 위원회에 참여 내지 적어도 참관이라도 할 수 있는 기회가 필요함을 역설했다. 기구의 설치 과정에서 이루어진 타협은 새로운 주체들의 참여는 인정하지만, 어디까지나 기구 운영의 척추는 기존의 노사정 대표들이 한다는 것이었다. 이런 타협책은 일종의 자구책이자 포괄적 이해 대변 설정의 과도기로서 경사노위가 존재함을 암시한다.

문제는 이런 합의를 한 주체이자 새로운 사회적 대화의 설계를 도모한 주체는 기존의 노사정 대표들에만 국한되었다는 것이다. 새로운 주체들은 이미 틀 지어진 제약 조건을 받아들이면서 참여해야만 했고, 그런 조건은 그들에게 애초부터 자세하고 친절하게 설명되고 인지되지 못했다. 그럴 경우, 구주체와 신주체들이 축적적으로 상호작용을 전개해 가면서 서로 공존하고 신뢰하는 과정의 사회적 대화가 진전되었어야 했다. 그러나 실제로는 근로시간 단축의 부작용을 완화하기 위한 정부의 방안에 정당성을 실어 주는 합의안의 신속한 도출이라고 하는, 객관적이고 외부적인 압력이 암묵적으로 가해지면서, 이런 '스킨십' 내지 통합의 충분한 과정이 생략된 채 합의가 이루어졌다. 이는 결국 신주체들에게 새로운 사회적 대화 기구에 대한 근본적인 회의를 불러일으켰다. 여기에서 더 나아가 민주노총이 경사노위에 불참하게 되면서, 마치 신주체들이 더욱 근본적인 입장에서 민주노총의 입장을 마치 대리하는 듯한 구도가 되어 버리고 말았다. 일종의 노동계 내에서의 진영론과 선명성 경쟁이 간접적으로 촉발된 것이다.

(4) 계층 대표 대화 파트너의 모호성

원론적으로 사회적 대화는 노동자와 사용자 그리고 정부 간의 대화, 즉 삼자주의tripartism를 기본으로 한다. 그렇다면 노동 진영 계층별 대표들의 상대partner는 누가 되어야 하는지가 또 다른 쟁점이다. 원론적으로 청년·여성·비정규직을 고용한 사용주들, 그리고 노동정책을 담당하는 정부 관계자들 중 청년·여성·비정규직을 담당하는 이들이 되어야 맞을 것이다. 일단 정부의 경우는 사회적 대화 주무 부처인 고용노동부에 청년·여성·비정규 고용과 관련한 부서가 존재하므로, 1차적으로 해당 부서가 이들에게 정부 측의 대화 상대가 된다고 볼 수 있다. 또 비단 고용노동부가 아닌 다른 부처들도 오늘날 고용과 관련해 보편적인 노력을 기울이고 있으므로 해당 부처들의 해당 단위들도 부분적으로 내지는 때에 따라 노동 진영 계층별 대표들의 대화 상대가 될 수 있다. 말하자면 적어도 사회적 대화를 통해 계층별 대표들에게는 최소한 '노·정 교섭'의 안정적인 기회가 제공될 수 있다.

그렇다면 사용자는 어떤가. 청년만, 여성만, 비정규직만 고용한 사용자들이 별도로 조직화되어 있거나 사업장별로 특화되어 있지는 않다. 따라서 정확히 그들을 대화 파트너로 삼을 수는 없는 조건이 현실이다. 현재의 경사노위 구조상 노동 진영 계층별 대표들에 상응하는 이들은 사용자 진영 계층별 대표들로, 바로 중견, 중소, 그리고 소상공인 대표들이다. 최저임금위원회의 구조를 생각해 보면, 노동 진영 계층별 대표와 사용자 진영 계층별 대표들이 이렇게 서로 상응하는 것은 자연스러워 보인다. 다만, 경사노위가 이른바 '을들의 전쟁'을 막고 양극화 해소를 위한 포괄적인 재분배 전략을 도모한다고 했을 때, 이들의 이해를 즉자적으로 대립시키기보다 양 진영이 강자들에 맞서 서로 연합coalition할 수 있는 기회를 도모하는 것이 오히려 타당할 것이다. 현재 본위원회 구조 내에 이들이 모두 들어와 있으나, 그렇다고 '을들' 간의 전략적 사회적 대화의 장이 자동적으로 마련되지는 않는다.

결론적으로 계층별 노사 대표들의 별도의 사회적 대화는 당장은 실현 가능성이 높지 않다. 대신 노·정 협의의 정례화 정도가 주요할 것이며 이것만도 현실의 결핍을 감안하면 상당한 의미가 있을 수 있다. 다만, 노사정이 참여하는 다양한 의제별 위원회에 참여할 수 있는 기회를 부분적으로 지니는 것은 하나의 의미 있는 참여 방식이 될 수 있다. 이는 이미 경사노위 내에 특별위원회로 설치된 국민연금과 관련한 논의 과정에서 일정하게 실현된 바 있고, 다른 회의체들도 주체들의 동의하에 충분히 그런 길을 닦을 수 있다. 그런 방안이 원활히 이루어질 수 있기 위해서도 일단 각 계층별 위원회들이 구성되어 잘 작동하는 것이 필수적이다. 하지만 현실은 여기에서부터 막혀 있음을 앞서 누누이 지적한 바 있다.

(5) '계층별 위원회'의 역할과 전망
: 진영 내 대화와 약자들의 의견 표출 가능성

계층 대표들의 사회적 대화의 또 하나의 기회는 일종의 '진영 내'의 대화 기회를 활성화하는 데에 있다. 계층별 단체들 가운데 이념적으로 분화되어 있는 세력들끼리 대화해 가는 것이다. 특히 청년과 여성은 이념적 성향이 상이한 단체들이 존재하므로, 비단 본 위원회에 참여하는 계층별 대표들을 중심으로 해서 그들 단체들 간의 대화와 의견의 조율 내지 총화를 사회적 대화 기구 내에서 도모할 수 있고, 이 역시 사회적 대화의 한 모습이 될 수 있다. 경사노위는 계층별 위원회를 통해 해당 계층의 이해를 대변하는 다양한 조직체들이 의견을 조율하고 총화할 수 있는 기회를 제공하려는 것이다. 이들의 역할과 위상이 어느 정도로까지 발전되고 힘을 낼 수 있을지 모르겠으나, 이런 '진영 내' 대화를 거쳐 만들어진 의제나 결론은 그 자체로 일정한 의미를 지닐 수 있다. 나아가 그를 통해 형성된 공통의 어젠다와 의견은 계층 대표의 이름으로 사회적 대화 기구 전체 내에서 물질화되어 표출될 수 있고, 이는 하나의 세력화된 의견 내지 입장이 될 수 있다.

그렇지만 여기에는 두 가지 난제가 존재한다. 하나는 진영 내에 서, 그러니까 계층 위원회 내에서 이념적 색채가 다른 조직체들끼 리 타협이 가능한지의 문제다. 계급을 계층으로 나누고 나서 다시 계급이 등장하는 이런 형세에서, 또다시 대립되는 입장들이 서로 맞서다 말 가능성이 큰 것이다. 다른 하나는 그렇게 의견이 모아진 다고 했을 때, 결국 자본과 노동 그리고 국가라고 하는 세 주체에 더 나아가 계층 대표들의 분화된 의견이 제시되는 상황이 온다면, 사회적 대화를 통한 합의 가능성은 더욱 낮아지는 것은 아니냐는 것이다. 결국 새로운 조율 내지 의사 결정의 원리가 일정하게 작동 해야만 할진대 그렇게 새로운 방식의 사회적 대화는 당장 '거저' 이 루어지는 것이 아니라 상당한 시행착오를 통해 획득되어야 할 것이 다. 2019년 탄력 근로시간제 개혁 방안 합의 이후의 분란은 그 서 막이었다. 문제는 그런 갈등이 신뢰와 응집력을 훼손하는 것에 있 다. 충분한 시행착오의 시간까지 나아가야 하는, 새로운 실험의 '진 군의 동력'이 그 중간에 사라질 가능성이 크다.

4. 문재인 정부 한계의 원인

문재인 정부에서 포용적 노동 개혁의 한계는 몇 가지 측면에서 설명이 가능하다. 이와 관련해 필자는 적어도 이 문제를 '정부의 의지' 부족으로만 환원해서는 답이 나올 수 없다고 본다. 특히 사회적 대화의 경로를 애초에 '기만적 수사'에 불과했다는 식의 해석은 현실에 대한 타당한 진단은 아니라고 본다.[18]

1) 미흡한 제도화

(1) 국면적 특성

문재인 정부에서 시도된 포용적 코포라티즘의 실패의 원인을 찾기 위해서는 결과와 과정에 대한 기획 자체에 대해 성찰이 필요하다. 1차적으로 한국의 사회적 대화 체제 자체가 애당초 전반적인 정책 형성 시스템 속에서 제대로 유기적으로 안착되어 있지 못한 상황이라는 것을 간과해서는 안 된다. 진보 정부에서 시도된 노사정 위원회의 제도화 수준은 그다지 높지 못했고, 특히 보수 정부를 거치면서 그 역할은 형해화되어 있었다. 새로운 제도적 고양을 위해서는 더욱 면밀한 정치적 섬세함을 가미한 노력들이 있어야 했으나, 현실적으로 충분히 그렇게 되지 못했다.

일단 문재인 정부가 인수위 없이 출범한 이례적인 상황을 맞이한 점에 주목할 필요가 있다. 탄핵을 거치면서 급작스럽게 권력을 잡았고, 국정 과제도 급하게 정립한 측면이 있다. 정부 및 국회 주

18_이는 1990년대의 노태우 정부와 그 30년 후 문재인 정부의 차이를 전혀 고려하지 않는 해석 구도이며, 그런 해석은 현실에서 실천적 오류를 초래할 수 있다.

도의 경로와 사회적 대화의 경로 간에 유기적이고 정교한 결합이 잘 이루어지지 못한 데에는 그런 맥락적 한계가 자리한다.

앞서 필자는 문재인 정부의 노동 개혁 시도를 '포용적 코포라티즘'이라고 칭하면서, 그것이 과정으로서의 포용을 동반해 결과로서의 포용을 함께 도모한다는 의미임을 강조했다. 이는 포용적 코포라티즘이 노사정의 새로운 행위 공간을 형성해 줄 유인이 있다고 보았기 때문이다. 이와 관련해 과연 한국적 맥락에서 — 서유럽의 경우와 달리 — 포용적 개혁과 코포라티즘적 시도가 유기적으로 결합될 수 있는 행위 공간이 얼마나 존재할 수 있을까를 판단해 볼 필요가 있다.

필자가 2010년대 말 한국에서 포용적 코포라티즘 활성화의 기회 구조가 형성되었다고 본 이유 가운데 하나는 일단 문재인 정부의 권력 자원이 그렇게 크지 못했다는 점을 들 수 있다. 첫째는 20대 국회의 상황을 보면, 그것은 2016~17년의 촛불 혁명과 대통령 탄핵이 있기 이전에 구성되었고 야당이 상당한 의석을 차지하고 있었다. 야당은 여당과 신정부가 추진하는 정책들에 대해 적지 않은 거부권을 행사할 수 있었다. 이는 21대 국회의 판도와 비교했을 때, 커다란 차이를 보이는 모습이었다. 둘째, 한국은 소극적 포용에 성공을 거두지 못한 나라였다는 점이다. 민주노총은 신자유주의의 전제 위에서 사회 타협적 경로 강화에 '가담'하지 않았다. 따라서 국가가 적극적 포용의 의지를 갖고 나아갈 경우 노동과의 파트너십을 형성하는 것 — 노·정 동맹 — 이 갖는 상징 자원이 정부나 노동 진영 모두에게 정치적 정당성을 부여할 수 있었다. 이 두 가지는 한국에서 포용적 코포라티즘의 행위 공간에 대한 필요를 키워 낼 수 있는 남다른 요인들이었다고 보인다.

(2) 제도화의 한계

노동조합의 힘이 강하지 못한 상황에서 사회적 대화가 행정부와 입법부에 필적하거나 그들을 압도할 정도의 정책 형성 공간으로서의 의미를 지니기는 애당초 어렵다. 사회적 대화 공간은 어디까지나 대통령 자문 기구로서 존재하며 대통령이 힘을 실어 주는 데에 탄력을 받아 지속될 수 있었다. 여기에 민주노총까지 참여하며 그런 제도적 공간을 적극적으로 가꾸어 나가면서 개혁의 핵심 의제들을 다루고 형성해 낼 여지가 없지는 않았지만, 그와 같은 '손뼉의 마주침'은 일어나지 못했다.

대표적인 예로 문재인 정부 사회적 대화의 운명을 가른 첫 번째 위기였던 2018년 최저임금 산입 범위 조정과 관련한 입법 과정은 기존의 '한국형 사회적 대화 체제'의 한계를 여실히 드러냈다. 최저임금을 다루는 사회적 대화 기구였던 최저임금위원회는 최저임금 인상이 초래하는 자영업자들의 비용에 대한 강한 성토를 반영해 인상률을 전년도에 비해 낮추었으나 그것도 미흡해, 여야 합의로 국회에서 최저임금 산입 범위를 조정해 최저임금을 산정하는 데에 다양한 복리 후생 비용을 산입해 인상 효과를 둔화시키는 결과를 추구했다. 이런 결정은 공교롭게도 〈경제사회노동위원회법〉의 개정안이 통과됨과 동시에 이루어졌고, 민주노총은 곧바로 경사노위를 만들어 가던 사회적 대화 채널인 '노사정 대표자회의'를 탈퇴했다.[19]

문재인 정부 내내 민주노총은 정부의 개혁 의지의 미흡함을 끊임없이 지적할 수밖에 없었고, 정부는 민주노총이 문턱을 넘어오지 못함을 아쉬워하는 식의 평행선이 지속되었다. 표피적으로 민주노총의 입장에서 새롭게 제도화된 중앙 사회적 대화의 공간을 제대로 활용하기 어려웠던 것은, 정부가 노동 개혁 어젠다들을 운용하면서 그 포용성에 힘을 빼는 태도를 부분적으로 보였기 때문이다. 최저임금 인상을 조절하면서 복리 수당 산입 범위를 넓혀 결국 인상이 초래하는 지불 압박을 약화한 시도를 한 것이나, 근로시간 단축을 시행하면서 탄력 근로시간제의 단위 기간을 연장하는 시도를 한 것 등이 대표적인 '수위 조절'의 시도였다.

경사노위 내부 소통 체계가 미흡하고 완비되지 못했으며, 그것을 대체할 숙련된 조정 역할 수행자가 부재했던 것도 퇴행의 원인이었다. 단일 이슈(탄력 근로제)에 대해 마치 '청부형' 대화가 아니었냐는 비판이 일었던바, 이에 대한 더욱 매끄러운 관리를 원활히 하지 못했던 것이 사실이다. 계속해서 공론장과 국회에서 시간의 압박을 가하는 가운데 해당 의제를 단기 의제로 설정하고 논의를 진행했으나 해당 의제별 위원회에 계층 대표의 참여를 깊게 고려하지 못했다. 탄력 근로제 합의는 경사노위의 출범이 서둘러지면서 계층 대표들이 채 자리를 잡지 못한 가운데 일어난 사건이었다. 또 합의를 이루고 그것을 의결해 가는 과정에서 새로운 사회적 대화에 참

19_물론 민주노총의 이런 전략적 태도가 과연 주·객관적으로 타당한 것이었는지에 대해서는 더욱 심도 있고 날카로운 성찰이 필요할 것이다.

여하는 주체들이 역지사지하며 운영의 묘를 살려 갈 수 있도록 적절한 조정 역할을 해내지 못했다.[20]

문재인 정부 포용적 노동 개혁의 한계는 한국에서 중앙 사회적 대화 기구를 통한 제도화된 사회적 대타협의 길을 갈 조건이 여전히 못 된다는 것을 보여 준다. 중앙 사회적 대화 기구는 전체적인 사회적 대화 체제 내에서 늘 주목을 받지만 다른 사회적 대화 기구들 및 의회, 정부, 그리고 시민사회와의 유기성을 충분히 구현해 내고 있지 못하다. 정합적이지 못한 기구들의 저마다의 작동은 사회적 대화 체제 운영의 모순과 딜레마를 초래한다. 2020년 코로나 위기 상황에서 원 포인트 사회적 대화를 통해 경사노위 밖에서의 합의를 지향하려는 노력을 억지로 한 것도, 논의의 과정을 '원 포인트'라고 못 박는 것도, 그리고 합의의 이행을 재차 경사노위에서 점검하고 실행하도록 한 것도 모두 다 중앙 사회적 대화 기구의 위상이 충분히 정립되어 있지 못한 양상을 그대로 반영한다.

2) 제도적 공식성에의 '과한' 집착

문재인 정부 1기 사회적 대화의 동학을 일종의 '부침'의 시각에

---

[20]_사실 탄력 근로제와 관련한 합의가 결국 가을까지 이어질 것이었다면 더욱 심도 있는 조사와 근거를 만들어 가면서 합의를 추진했으면 좋았을 것이다. 폭넓은 조정을 위해서는 내용 장악력이 중요한바, 이를 감당할 사무처의 역량도 미진했다.

서 조명한다면, 그 전환점은 아이러니하게도 2018년 11월 말, 공식적인 사회적 대화 기구로서 경제사회노동위원회가 출범하면서부터였다. 그때부터 사실상 사회적 대화는 동력 상실에 빠졌다. 이는 일종의 '공식화의 딜레마'가 작동한 것으로 보인다. 공식적 기구가 되는 것은 바람직하고 성공적인 개혁의 모습이지만, 결과적으로 그렇게 되는 바람에 민주노총이 대의원대회의 벽을 넘지 못하고 사회적 대화에서 이탈하게 되었고, 또 국회가 탄력 근로제와 관련해 공식적인 논의를 요청해, 이를 다루다가 조정의 뼈저린 한계를 경험하다 미끄러지고 만 것이다. 대통령이 사회적 대화 기구에 힘을 실어 주기 위한 충정에서 사회적 대화를 단순 '자문 기구가 아니라 의결 기구처럼' 인정하며 결정 사항에 대해 정부의 전폭적인 지지를 약속한 것도 아이러니하게 그 의도와 달리 사회적 대화의 발목을 잡아 버린 측면이 있다.

요컨대, 파트너십을 형성할 조건이 되지 못한 상태에서 좀 더 워밍업을 할 시간이 필요했는데, 그렇지 못하면서 유연하고도 유기적인 협의 체제를 가동하는 것에 한계를 보였다. 결과론이지만, 사회적 대화가 차라리 노사정 대표자회의와 같이 공식성과 비공식성의 모호한 정체성 — 일종의 전략적 모호성strategic ambiguity — 을 띠면서 운행해 가는 것이 어쩌면 보다 합리적인 선택이었을 수 있다. 다만, 공식화된 정부 기구로 경사노위가 정립되어 있는 상황에서 전략적 모호성을 선택하는 것은 분명 쉽지 않은 일이다. 야당의 공격이 있을 수 있고, 무엇보다 한국노총이 공식화된 사회적 대화 기구의 출범에 대한 지향성이 강했기 때문에 더욱더 어려운 과제였다고 하겠다.

새로운 사회적 대화의 가장 민감한 주체라 할 수 있는 민주노총은 노사정 대표자회의에 참여하면서 대화의 제도 기획에 새롭게 참여하고 주요 의제들에 대한 논의도 시작했다. 그러나 결국 공식 기구인 경사노위의 참여를 놓고 대의원대회의 연기와 무산 그리고 미결정이라고 하는 일련의 진통을 겪다가 끝내 경사노위에 들어오지 못하게 되고 말았다. 새로운 사회적 대화의 상징과 같은 계층별 대표들의 이해 대변체인 이른바 계층별 위원회는 하나도 출범하지 못한 상태에서 경사노위가 공식화되어 버렸는데, 이는 그들의 사회적 대화 기구에의 결합과 이해 대변의 채널이 미흡한 상태였음을 의미한다.

그런 와중에 노동계의 입장에서는 근로 시단 단축의 '물타기'로 간주되는 탄력 근로시간제 단위 기간의 확대 방안이 '덜컥' 합의되면서 신뢰의 미흡이 파동을 일으키고 말았다. 계층 대표들은 자신들이 '무시당했다'고 판단하며 본위원회를 세 차례나 보이콧했고, 경사노위와 기존의 참여 주체들은 그들에게 '괘씸죄'를 걸며 비판해 갈등과 반목이 극에 달하게 되었다. 그렇게 갈등을 벌이다 제1기 경사노위는 당연직을 제외한 위원들 전원의 사표 제출이라는 초유의 사태로 마감되고 말았다. 연성 정치의 장을 활성화해 포용적 코포라티즘의 길을 가려는 애초의 의도는 활주로를 운행하며 진화해 가다가 공식화라고 하는 비상을 시도했지만, 뜬 뒤에 얼마 가지 못하고 추락하고 만 것이다. 결과론적으로 노사정 대표자회의라는 인큐베이팅incubating 기간이 조금 더 길었다면 하는 아쉬움이 남는

대목이다. 원론적인 기구의 원칙 설계가 실제적인 운영의 힘을 받지 못하고 만 것이다.[21]

3) 주체들의 역량의 한계

과거 노사정위에서 사회적 대화의 파행과 퇴행은 정부가 월권을 행사하면서 노동계가 대화의 틀을 박차고 나가는 식으로 나타나곤 했다. 문재인 정부에서는 적어도 한국노총이 대화의 틀을 박차고 나가는 식의 태도를 두드러지게 보이지는 않았다. 허나 민주노총이 경사노위에의 참석을 결정하지 못하면서 사실상 새로이 제도화된 대화의 틀을 거부하는 결과를 초래했다. 무엇보다 노동계 계층 대표 3인이 본위원회를 보이콧하면서 사회적 대화의 의사 진행

21_"새로 출범한 경사노위가 첫 과제로 탄력 근로와 같은 단일 사안에 온 역량을 쏟아부으며 타협을 시도했다는 사실은 좀 의외였다. 그리고 이는 민주노총이 최종적으로 경사노위를 외면하는 표면적인 빌미가 되기도 했다. … 무엇보다 이런 선택은 문재인 정부가 초기에 구상했던 사회적 대화의 정상화와 노동 존중 사회 기본 계획에 대한 대타협이라는 큰 그림을 무색하게 했다. 그뿐만 아니라 대타협 과정에서 새로 참여한 계층별 위원들을 소외함으로써 포괄적 대화 기구로 새 출발 했다는 의미도 전혀 살리지 못했다는 점도 뼈아픈 실책이었다. 이는 당시 사회적 대화를 주도하던 노사정 주체들이 대타협에 목을 맸기 때문이다. 문재인 정부가 한국형 사회적 대화를 정착시키겠다고 하면서도 새롭게 구성할 경사노위를 정책 협의 기구로 재정립하기보다는 과거의 관행대로 법 개정을 위한 타협 기구로 인식했기 때문이기도 하다. 정책 협의 기구의 기능을 적극적으로 강화하는 방향으로 나아갔다면 민주노총의 참여나 이후 경사노위의 원만한 운영에 큰 도움이 됐을 것이다"(전문가 A).

에 타격을 입히다가 결국 본위원회가 통째로 교체되는 방식으로 다 같이 해촉되는 것으로 정리되었다.[22] 다만 경사노위의 표류는 특정 주체들에 대한 책임만의 문제가 아니라, 참여 주체들 전반의 조율orchestration의 실패에서 비롯했다고 볼 수 있다. 그것은 그들 간의 신뢰의 형성, 관계의 형성이 미진한 면이 크다.[23]

여기에는 이익 단체들(참여 노사 주체들)의 전략적 호응의 미흡과 역량 부족도 큰 문제로 작용한다. 전반적으로 조직 대표들은 주로 사회적 대화 기구를 자신들의 어젠다 실현을 위한 창구로 활용하려

22_ "여러 노력에도 불구하고 문제인 정부의 사회적 대화도 한국노총과 경총, 노동부가 주도하던 경로에서 벗어나지 못했다. 민주노총의 참여를 위해 대통령까지 나서서 많은 정치적 노력을 기울였고 제도적으로도 노사 단체의 대표성을 보강하기 위해 노사의 참여 폭을 확대하는 방식으로 한국노총과 경총이 독점하던 사회적 대화 창구를 넓혔지만 실제 운용하는 과정에서 과거의 관성을 벗어나진 못했다. … 새로운 시도였던 비정규직과 여성, 청년 대표의 참여가 연착륙하지 못한 것은 매우 아쉬운 경험이다. 그리고 민주노총의 불참 결정 이후에도 이 중 일부는 민주노총과 긴밀한 소통 창구를 갖고 있었다고도 알려졌기 때문에 운영의 묘를 살린다면 새로운 진로를 열어 갈 수도 있었다. 불행하게 이 실험은 첫 번째 고비도 넘기지 못한 채 경사노위 전체 운영을 파행으로 몰아넣으며 실패로 끝났다. 그리고 새 체제는 출범 후 1년도 못 버티고 한국노총과 경총, 노동부가 주도하는 사회적 대화라는 과거의 경로를 다시 걷게 됐다"(전문가 A).

23_ "사회적 대화의 발전을 위해 다양한 계층을 포괄하는 법 개정과 새로운 실험을 도모하려 했으나 초반부터 난항을 겪을 수밖에 없었던 건, 경사노위 회의장 밖에서 주체들 간 신뢰 관계가 형성되지 못한 채 탄력 근로제를 무리하게 합의하려 한 초반 스텝으로부터 모든 것이 무너졌기 때문이다. 특히 세 계층 대표가 표면적으론 정부, 경사노위와 갈등을 겪은 것처럼 보이나 이것만으론 결론을 내리기도 부족하다. 양대 노총을 비롯해 경총과 대한상공회의소와의 관계가 세 계층 대표의 조직과는 어떤 이해관계를 맺어 왔는가에 대해 반드시 진단해야 한다. 정부 측의 태도는 물론 이와 경제주체들 간 신뢰 형성을 통해 일상적 정책 협의가 최우선적으로 이뤄지지 않는 현실에 사회적 대화는 현재로선 쉽지 않아 보인다"(전문가 B).

고 한다. 대화에 참여하는 각 기관의 책임자들은 조직에 돌아가 원활히 상황을 전달하고 새로운 현실적 대안을 모색하기 위한 노력을 부지런히 전개하고 그것을 다시 대화 기구에 와서 쏟아 놓는다.

노동계를 보면, 한국노총의 경우 가장 사회적 대화 자체를 많이 강조하고 적극성이 높았으나, 정작 중요한 국면들에서 여러 가지 정무적인 판단들 속에 매몰되어 버린 측면도 없지 않다. 새로운 사회적 대화를 위한 참신한 어젠다를 창의적으로 제시하고 주도적으로 실현하기 위한 노력이 인상적으로 전개되었다고까지 보기는 힘들다. 민주노총은 사회적 대화에 대한 자기 비전이 부족하고, 리더십이 내부 정치의 과정에서 이를 돌파해 내지 못했다. 적어도 경사노위의 출범이 민주노총의 이탈이 되어서는 안 되었으나, 현실에서는 그렇게 작동했다.[24]

경총의 경우 사실 사회적 대화의 틀 자체가 발전하는 것을 원치 않기 때문에 계속해서 시장 근본주의적 태도에서 방어적이고 수세적으로 대화에 임했다. 노동과의 파트너십을 형성해 새롭고 창의적인 어젠다를 구축해 현실의 문제를 돌파해 보겠다는 적극성과는 거리가 멀었다. 대한상의의 경우 일정하게 경총에 비해 정부 정책에

24_민주노총 내부 논의의 정점은 2019년 1월에 수 시간에 걸쳐 밤늦도록 진행된 대의원대회였다. 그러나 이미 그 시기는 정부가 탄력 근로시간제와 관련해 노동의 입장에서 퇴행적이라 여겨지는 개혁을 추진해야 한다는 판단을 내린 시기였다고 볼 수 있다. 다만 최저임금 산입 범위의 경우도 그렇고 탄력 근로제의 경우도 그렇고, 민주노총이 9개를 얻고도 1개도 내놓지 못하는 조직 내부 환경은 사회적 대화에 참여하는 책임 있는 주체로서의 역량 미흡을 드러낸 것이다.

호응하는 태도를 보였으나, 아직까지 노동정책과 관련해 경총과 독립해 주체적인 판단을 해나가기에는 절대적인 한계를 지니고 있음을 여실히 보여 주었다.

조직 대표와 달리 계층 대표, 특히 노동계 계층 대표는 상대적 약자이면서 사회적 대화에 대한 경험도 거의 전무한 상태였다. 전반적인 팀워크와 파트너십을 형성하지 못한 채 마치 합의를 강요당하는 듯한 상황에 처하게 되어 강하게 반발하며 표류하다가 결국 해촉되고 말았다. 이들이 대화의 일원으로 유연하면서도 책임감을 가지고 임해 나가도록 사회적 대화 기구의 설계와 운영이 필요하다. 동시에 그들도 정책 및 소통 역량을 강화해 나가는 것은 계속해서 절실한 과제라고 할 수 있다.

5. 결론: 대안의 모색

1) 거시적 개혁

우선 사회적 대화를 통한 정책의 정합성을 높이기 위한 노력이 필요하다. 이는 문재인 정권의 출범이 충분히 준비된 상태에서 이루어지지 못한 측면과 관련이 있지만, 더욱 근본적으로는 정책의 생산과 소비(유통)가 이루어지는 우리 사회의 시스템 자체에 대한 개혁 노력이 요구되는 주제다. 정책은 모두 관료들이 생산하고 정치는 정권이 관료들에게 위탁하는 방식으로 이루어지는 것이 아닐진대, 새로운 정책의 정합성을 높이는 길은 일단 기존 정책의 형성과 집행 과정에 내재해 있음을 간과하지 말아야 한다. 사회적 대화를 잘 활용하기 위해서는 다양한 쟁점들을 충분히 끄집어내고 그에 대한 수선책 내지 개선책을 확실히 정립하는 과정에 어떻게 국가와 사회적 이해 당사자들이 유기적으로 결합할 수 있을지 깊은 고민을 하며 임해야 한다.

특히 중앙 사회적 대화 기구에 노동조합 총연맹이 참여해 거시적인 제도 개편을 추구하는 데에, 특히 신자유주의적 개혁의 세계적 압박 속에서 참여를 통해 그것을 수용하되, 부작용을 제어하는 방안을 논하는 식의 '소극적 포용'의 의제를 놓고 하는 사회적 대화는, 더는 새로운 사회적 대화의 주된 경향이 되기 어렵다. 나아가 현실에서 국지적으로 다양한 지역과 업종에서 사회적 대화의 필요들이 생기고 있는 가운데, 이를 중앙 사회적 대화 기구가 다 간여하고 관장하는 식으로 디자인해서 중앙을 거쳐야만 소통이 될 수 있도록 설계하는 것도 효율적이지 않아 보인다. 노동조합 총연맹에게 특권적 지위를 주어 중앙집권적 방식으로 사회적 대화를 도모하려는 시도는 수직적 실행력이나 수평적 확장력 모두에서 한계가 크다. 특히 한국의 경우는 더욱더 그렇다.

무엇보다 문재인 정부에서조차 민주노총 내부에서의 중앙 사회적 대화 기구에서의 대타협적인 방안에 참여하고 동원되는 것에 대한 강한 알레르기 반응이 상존함을 확인했고, 2020년 말에 막 들어

선 민주노총의 새로운 리더십도 고스란히 그런 문제의식을 내재하고 있다. 이는 정책 협의의 주체로서 민주노총의 한계를 보이는 면모이기도 하다. 정책적 교환과 그 내에서 부분적인 양보를 할 수 없는 상태에 있기 때문이다. 큰 틀에서 2020년에 도모된 '원 포인트 사회적 대화'와 같은 방식의 사회적 타협 시도는 일상에서 노사정의 상호작용이 심화되지 않는 한 비약적으로 성과를 거두기 어렵다.[25]

향후 주체들을 다원화해야 하고 그들의 역량을 지속적으로 강화해야 한다. 동시에 주체들의 역량 강화를 위한 노력과 상호 이해와 신뢰를 증진하려는 노력이 지속되고 강화되는 작업을 반드시 병행해 가야 한다. 정부는 특히 주요한 정책적 의사 결정에 사회적 대화 기구를 채 공감대가 채워지지 않은 상태에서 비약적으로 동원하려는 태도를 자제할 필요가 있다.

사회적 대화를 향해 정치적 초점을 과하게 겨냥하는 것도 문제다. 참여자들에게 과도한 짐을 지워선 안 된다. 경사노위 출범 직후 결국 '청부형 사회적 대화'나 '합의에의 집착' 등의 관행을 반복할 수밖에 없었던 것에는 경사노위가 아직 두 발로 일어서기 전에 다소 과도한 짐을 지려 했기 때문이다. 적절한 성과를 추구해야 하는 것은 상식적이나, 합의에 대한 강박관념에서 벗어나 더욱 협의에 충실한 사회적 대화를 추구할 필요가 있다. 노사 모두의 팀워크와 상호 신뢰 증진의 노력이 그 무엇보다 절대적으로 필요한 상황이

25_그런 의미에서 1998년 2월의 상황과 2020년 7월의 상황은 크게 다르지 않았다.

다. 사회적 대화는 주체들이 감당도 못할 정도로 과잉 정치화할수록 단명할 수밖에 없고, 과거 노사정위 시절의 한계를 되풀이할 수밖에 없다는 것이 문재인 정부 시기에도 여실히 증명되었다.

한편, 사회적 대화 기구는 사회적 대화의 촉진자facilitator이자 사회적 대화의 장field으로서의 의미 두 가지를 다 지닌다. 그렇지만 군이 둘의 크기를 비교한다면, 공식적으로는 장으로서의 의미가 직접적이고 명시적으로 크다고 할 수 있다. 촉진자로서의 역할은 그런 장을 운영하면서 간접적이고 암묵적으로 수행된다고 볼 수 있다. 경사노위의 한계가 정책 결정 과정에서의 문제, 주체들의 역량의 문제 등에서 확인되었다면 향후 사회적 대화가 잘 진행되기 위해서는 그런 제도와 행위자들의 한계를 극복하기 위한 진득한 노력이 요구된다. 말하자면 사회적 대화의 촉진을 명시적 목표로 삼는 상시 기관의 존재가 필요하다고 보인다. 그런 기관을 중심으로 해서 경사노위뿐만 아니라 다양한 층위의 다양한 목표를 갖는 사회적 대화가 우리 사회에서 활성화되도록 구상할 필요가 있다.

그 일환으로 사회적 대화에 대한 더욱 많은 투자도 필요하다. 양질의 전문 인력을 양성·투입해 확장된 협의가 더욱 효율적으로 운용되도록 해야 하며, 과학적 진단과 전망을 통해 논의가 제대로 기획되도록 해야 한다. 정치적 슬로건과 이념의 대결이 아니라 실증 데이터에 더욱더 천착하는 대화의 관행이 필요하다. 특히 그런 촉진제를 통해 한창 태동하고 있는 지역사회적 대화 활성화를 위한 방안을 잘 모색해야 한다. 대표적으로 일자리 위원회와 접점을 만들어 상생형 지역 일자리에 대한 개입력을 키워 나갈 필요가 있다.

또 지역 노사민정 협의회의 개편 및 강화와 관련한 기획을 모색할 필요가 있다. 주요 지자체들과의 전략적 네트워킹을 강화해 갈 필요가 있다.

2) 경사노위의 개혁

향후 경사노위가 사회적 대화의 모든 짐을 떠안아서는 안 될 것이나 그럼에도 나름대로 자신의 역할과 위상을 다져 가는 노력이 필요하다. 이와 관련해 몇 가지 지점들에서 개혁을 도모할 수 있을 것이다.

첫째, 소통 체계와 내부 통합력 증진을 위한 노력이 필요하다. 현재 경사노위 내에서 소통의 흐름, 특히 수직적 흐름이 충분히 정교화되어 있지 못한 상태임을 인지하며 이의 개선책을 마련해 가야 한다. 이는 하부 단위의 강화를 도모하면서 이루어야 하겠으나, 일단은 본위원회 위원들에 대한 충분한 정보 제공 및 판단을 위한 지원, 그리고 여타 소통 채널의 원활한 구축에 힘을 기울여야 할 것이다. 초기에 이런 체계의 미흡함이 결국 본위원회의 파행을 낳은 측면이 있다. 특히 공익 위원들과 계층 대표들이 한 걸음 깊게 사회적 대화에 참여할 수 있도록 구조적 체계를 갖추어야 한다. 향후 포용적 코포라티즘의 기획이 경사노위를 통해 제대로 작동하기 위해서는 확대된 참여 주체들이 골고루 대화에 참여하는 더욱 신중한 숙의deliberation의 과정을 필요로 한다는 것은 자명하다. 그것은 더욱 두터운 대화 그리고 진득한 대화가 될 것이며, 그 결과 자칫 합의 가능성은 더 낮을 수 있다. 오히려 단시간의 논의를 통한 합의 창출에 집착하지 말고 충분한 논의와 검토를 통해 어떤 방식으로든 정책의 질을 높이는 쪽으로 사회적 대화가 기여할 수 있는 방안을 모색해야 할 것이다.

둘째, 포용적 코포라티즘의 원론인 격차 해소를 위한 방안 마련에 일정한 성과를 내기 위해 경주할 필요가 있다. 이는 경사노위의 목적을 '산업 평화'에서 '사회 양극화 해소'로 잡은 법 개정의 취지를 실현하는 것이며, 한국형 사회적 대화를 통해 노동 존중 사회 기본 계획을 수립한다는 국정 과제 실현에 큰 걸음을 내딛는 것이자, 한국 노사 관계의 체질개선을 도모하는 등의 복합적인 의미를 지닌다. 이때 이 의제와 관련한 사회적 대화에서는 특히 전략적 어젠다 세팅이 필요하다. 자칫 그동안의 노동계나 경영계의 숙원성 민원을 대립적으로 나열하다 지치는 방식의 사회적 대화로 끝나지 말아야 할 것이다. 특히 2년차로 접어든 '양극화 해소와 고용 플러스 위원회'는 전략적인 어젠다 세팅이 이루어지고 그를 통해 일정한 합의가 도출되도록 더욱 많은 노력을 기울여 가야 할 필요가 있다. 이는 작금의 노동시장 구조에서 노사 관계 행위자들이 한국에서 상대적 강자이고 자칫 노사관계가 '그들만의 리그'로 인식되지 않도록 더욱 '사회 책임적인 노사관계'socially responsible industrial relations의 작동을 도모하는 것을 의미한다. 최대한 참신하게 청년 세대들과 노동시장의 약자들을 위해 상대적 강자들이 1차적 분배 기제(임금), 2차적 분배 기제(복지), 3차적 분배 기제(기금)를 다 포함해 어떤 방식의 연대적 행동을 전개할 것인지를 설계하고 모색해 들어가야 할 것이다. 1기 때 구상했던 '다면적 교섭'의 방안을 놓고 그 실현 가능성을 타진해 가면서 결국 중소기업의 일자리를 양질화하면서도 늘리는 획기적이고 현실적인 방안을 모색하는 방안을 고민하는 것도 유의미할 것이다.

셋째, 업종별 위원회의 활성화를 꾸준히 이어가야 한다. 경사노위 사회적 대화의 성과 가운데 중요한 것은 업종별 위원회들(해운·금융·버스 운수·공공 기관·보건의료 등)을 구상하고 가동한 것이다. 아직까지 업종별 사회적 대화는 낯선 것이 사실이다. 오늘날 기업별 노사 관계의 한계를 뼈저리게 절감하고 있고, 미래지향적으로 '새로운 조율'의 원리가 시장에서 작동해 들어가는 것이 공공 정책상으로 유의미하다고 할 때, 경사노위에 구성된 업종별 위원회들의 활성화는 향후 매우 고무적인 기회가 될 것이다. 각 업종별 위원회들은 해당 업종과 관련한 산업 정책과 고용·노동정책 모두를 논의하고 또 양자의 유기적 결합을 모색하는 장이 될 수 있고 또 되어야 한다. 특히 산업 정책적으로 오늘날 한국뿐만 아니라 전 세계적으로 디지털화 내지 4차 산업혁명이라고 하는 기술 발전의 도전은 중차대하다. 그것이 어떻게 고용 친화적이고 포용적으로 이루어지도록 할 것인가, 즉 '포용적 디지털화'inclusive digitalization를 이루어 낼지가 중요하다. 이를 위해 의제별 위원회와 업종별 위원회 두 가지 트랙의 입체적 작동을 구상해 낼 필요가 있다. 즉, 한편으로 '디지털 전환과 노동의 미래 위원회'가 계속 방안들을 모색해 가고, '양극화 해소와 고용 플러스 위원회'에서 포용적 노동시장 형성을 위한 전략을 모색하는 가운데, 다른 한편으로 그 결과를 실현하는 장으로서 업종별 위원회들을 삼아 가는 식을 그려 볼 수 있다.

넷째, 계층별 위원회를 꾸려 그들이 의제 세팅과 정책 형성에 참여하는 관행을 만들어 내야 한다. 1기 사회적 대화 말미에 경사노위의 발목을 잡은 것은 계층별 대표들의 참여가 전체 사회적 대화 기구 및 무거운 의제의 협의concertation 과정에서 유기적으로 결합되지 못했기 때문이다. 애초에 잡았던, 포용적 노동 체제 구현을 위한 새로운 사회적 대화를 실현한다는 목표 의식 아래에 계층별 위원회를 적절히 꾸려, 다양한 루트와 방법을 활용해 각 계층 대표들이 활발히 논의를 개진해 시대적 과제에 부합한 의제를 발굴하게 해야 할 것이다. 계층별 대표들은 그런 논의의 결과를 사회적 대화 기구에 제기하고 경사노위는 그것을 수용하고 해법을 모색할 적절한 방도를 강구하는 관행을 구현해 내야 할 것이다. 또 계급 대표들과 계층 대표들의 공존의 방식을 마련하는 것이 중요하다. 여기에는 특히 계층 대표들의 이해를 대변할 기회를 어떻게 적절하게 보장하게 할 것인가의 문제와, 동시에 다른 주체들과의 소통을 통해 궁극에 사회적 대화 공동체 전체의 입장으로 그들의 목소리를 담아내는 문제를 어떻게 동시에 실현할 수 있는지에 대한 해답 모색이 절실하다. 당장 현재와 같이 참여 기회의 차등을 두는 방식도 더욱 실효성 있으면서 공정한 대화와 이해 대변을 위해 타당한 것인지 계속 성찰하며 제도를 운영해 가야 할 것이다.

다섯째, 역량을 강화해야 할 대상에서 경사노위 사무처도 빼놓을 수 없다. 사무처 내 전문위원들의 직무와 숙련에 대해 더욱 체계적인 접근을 하면서 역량을 키워 내려는 조직적 노력이 필요하다. 다른 행위자들의 역량이 대체로 미흡한 가운데 그나마 사회적 대화 기구가 중심을 잘 잡고 나가야 한다. 사회적 대화는 의제를 세팅하고 회의체를 꾸리고 논의 방향을 정돈하는 초기 단계부터 그 향배가 결정된다. 그렇기에 중립적인 위치에서 전문적인 역량을 갖는 인물들이 사회적 대화를 어떻게 설계하고 유도해 가느냐는 매우 중요하다.[26]

26_이는 어떤 면에서는 특정 관료적인 이해와 일치하지 않을 수도 있다.

1장

강남훈. 2019. 『기본소득의 경제학』. 박종철출판사.

금민. 2020. 『모두의 몫을 모두에게: 지금 바로 기본소득』. 동아시아.

금민·강남훈·안효상·백승호·서정희. 2021. "경기도형 기본소득 정책에 관한 연구."
　　경기도.

기본소득한국네트워크. 2021. 『기본소득이 있는 복지국가: 리얼리스트들의 기본소득
　　로드맵』. 박종철출판사.

김소영. 2020. "디지털플랫폼에 의한 긱노동(gig work) 종사자의 노동법적 문제와
　　개선방안." 『과학기술법연구』 26(2).

김연명. 2002. 『한국 복지국가 성격논쟁 1』. 인간과복지.

김유선. 2020. "비정규직 규모와 실태: 통계청 '경제활동인구조사 부가조사(2020.8)
　　결과'." 『한국노동사회연구소이슈페이퍼』 2020(20).

김진선. 2020. "자영업자에 대한 고용보험 적용 경과 및 향후 과제." 『NARS현안분석』
　　179.

노대명·김현경·정해식·이원진·길현종·오상봉·최옥금·임지영·권혁진. 2020.
　　『소득보장체계 재구조화 방안 연구: 제도간 연계·조정을 중심으로』.
　　한국보건사회연구원.

박제성. 2018. "집단적 근로 조건 대등 결정의 원칙과 근로자 대표론의 의의."
　　『노동법연구』 45(0).

박지순·조준모. 2018. "특수형태근로종사자 보호에 관한 최근 논의의 쟁점과 과제:
　　법경제의 관점에서." 『한국경제포럼』 11(2).

방강수. 2020. "플랫폼 아날로그 노동과 음식배달원의 근로자성." 『노동법학』 74(0).

백승호. 2005. "복지체제와 생산체제의 제도적 상보성에 관한 비교사회정책연구."

서울대학교 박사 학위논문.

_____. 2021a. "플랫폼 자본주의(노동) 사회안전망 강화대책." 『보다 정의』 창간준비2호.

_____. 2021b. "불안정 노동의 화려한 부활(서평: 『플랫폼 노동은 상품이 아니다』.
제레미아스 아담스-프라슬 지음, 이영주 옮김. 2020.)." 『한국사회정책』 28(2).

_____. 2021c. "기본소득의 단계적 도입 방안: (범주형, 부분) 기본소득과 참여소득."
『기본소득 도입의 조건과 과제』. 한국보건사회연구원.

백승호·이승윤. 2019. "기본소득기반 복지국가 재설계." 정의정책연구소.

_____. 2020. "사회보장개혁+기본소득과 참여소득을 통한 한국복지국가의
혁신." Lab2050.

백승호·이승윤·김태환. 2021. "비표준적 형태의 일과 사회보장개혁의 남아있는 과제들."
『사회보장연구』 37(2).

서정희·백승호. 2017. "제 4차 산업혁명 시대의 사회보장 개혁: 플랫폼 노동에서의
사용종속관계와 기본소득." 『법과사회』 56(0).

서정희·안효상. 2020. 『경기도 범주형 기본소득 도입모델 개발연구』. 경기도의회.

아담스-프라슬, 제레미아스. 2020. 『플랫폼 노동은 상품이 아니다』. 이영주 옮김. 숨쉬는
책공장.

오지윤·엄상민. 2019. "법인 노동 소득 분배율의 추이 및 변화 요인 분석." 『KDI
경제전망』 2019 하반기.

오코너, 제임스. 1990. 『현대국가의 재정위기』. 우명동 옮김. 이론과실천.

와일, 데이비드. 2015. 『균열 일터: 당신을 위한 회사는 없다』. 송연수 옮김. 황소자리.

이다혜. 2019. "미국 노동법상 디지털 플랫폼 종사자의 근로자성 판단: 2018년
캘리포니아 대법원 Dynamex 판결을 중심으로." 『노동법학』 72(0).

이상준. 2021. "참여소득, 캐퍼빌러티 그리고 적극적 노동시장 정책." 『시민과세계』 38.

이승윤. 2019. "디지털자본주의와 한국 사회보장4.0." 서울대사회복지연구소 제14회
월례세미나 발표문.

이승윤, 백승호. 2021. "생태적 전환을 위한 '참여소득'의 가능성: 기본소득, 보편적
기본서비스, 일자리보장제와의 비교." 『시민과세계』 39.

이승윤·백승호·김윤경. 2017. 『한국의 불안정 노동자』. 후마니타스.

이승윤·백승호·김태환·박성준. 2020. 『주요국 고용안전망의 현황과 시사점』. 감사연구원.

이승윤·백승호·남재욱. 2020. "한국 플랫폼노동시장의 노동과정과 사회보장제의
부정합." 『산업노동연구』 26(2).

이호근. 2020. "플랫폼 노동 등 고용형태의 다양화와 사회보장법 개선방안에 대한 연구."
『산업노동연구』 26(1).

장지연·이호근. 2019. "플랫폼 노동자 보호제도의 전망: 노동법적 보호와 사회보장제도
적용을 중심으로." 『플랫폼경제종사자 고용 및 근로실태 진단과 개선방안 모색
정책토론회』. 한국고용정보원.

정무권. 2007. "한국 발전주의 생산레짐과 복지체제의 형성." 『한국사회정책』 14(1).

정찬영·이승길. 2020. "플랫폼노동 종사자의 노동법적 쟁점과 보호방안." 『아주법학』. 14(1).

최영준. 2011. "한국 복지정책과 복지정치의 발전: 생산주의 복지체제의 진화." 『아세아연구』 54(2).

카사사스, 다비드. 2020. 『무조건 기본소득』. 구유 옮김. 리얼부커스.

판 파레이스, P. 2010. "기본소득: 21세기를 위한 명료하고 강력한 아이디어." 『분배의 재구성: 기본소득과 사회적 지분 급여』. 너른복지연구 모임 옮김. 나눔의집.

판 파레이스, P.·야니크 판데르보호트. 2018. 『21세기 기본소득』. 홍기빈 옮김. 흐름출판.

페이트먼, 캐롤 외. 2010. 『분배의 재구성: 기본소득과 사회적 지분 급여』. 너른복지연구 모임 옮김. 나눔의집.

Adams-Prassl, J. 2018. Humans as a service: The promise and perils of work in the gig economy. Oxford University Press.

Atkinson, A. B. 1996. "The Case for Participation Income." The Political Quarterly, 67(1).

_____. 2015. Inequality: What can be done?. Harvard University Press.

Davis, G. F. 2016. The vanishing American corporation: Navigating the hazards of a new economy. Oakland, CA: Berrett-Koehler Publishers.

De Wispelaere, J. and L. Stirton. 2004. "The Many Faces of Universal Basic Income." The Political Quarterly, 75(3).

Eichhorst, W. and P. Marx. 2012. "Whatever works: Dualization and the service economy in bismarckian welfare states." In Emmenegger Patrick, Silja Hausermann, Bruno Palier and Martin Seeleib-Kaiser eds. The Age of Dualization : The Changing Face of Inequality in Deindustrializing Societies. Oxford University Press.

ILO. 2019. Extending social security to workers in the informal economy: Lessons from international experience. Geneva: International Labour Organization.

ILO and OECD. 2020. Ensuring better social protection for self-employed workers. Paper prepared for the 2nd Meeting of the G20 Employment Working Group. 8 April 2020.

Koh, D., R. Santaeulàlia-Llopis and Y. Zheng. 2016. "Labor share decline and intellectual property products capital." University of Arkansas.

_____. 2020. "Labor share decline and intellectual property products capital." Econometrica, 88(6).

Kwon, H. 2005. "Transforming the developmental welfare state in East Asia." Development and Change, 36(4).

Laura, A. and M. Rachel. 2019. The ILO world social protection report 2017-19: An assessment. The Hague: Institute of Social Studies.

LEE, S. S. Y. 2010. "Labour market risks and institutional determinants." PhD diss., University of Oxford.

Meyers, K. Marcia., Norma M. Riccucci and Irene Lurie. 2001. "Achieving Goal Congruence in Complex Environments: The Case of Welfare Reform." *Journal of Public Administration Research and Theory*, 11(2).

Pérez-Muñoz, C. 2018. "Participation income and the provision of socially valuable activities." *The Political Quarterly*, 89(2).

Raventós, D. 2007. *Basic Income: The Material Conditions of Freedom*. Pluto Pr.

Srnicek, N. 2017. *Platform capitalism*. John Wiley & Sons.

Stoker, Robert P. and Laura A. Wilson. 1998. "Verifying Compliance: Social Regulation and Welfare Reform." *Public Administration Review*, 58(5).

Van Parijs, P. 1995. *Real freedom for All: What can justify capitalism?*. Oxford University Press.

Webb, A. 2015. "Can Germany Beat the US to the Industrial Internet?." *Bloomberg Businessweek*, 18.

Wispelaere, J. D. and L. Stirton. 2007. "The public administration case against participation income." *Social Service Review*, 81(3).

_____. 2018. "The case against participation income—political, not merely administrative." *The Political Quarterly*, 89(2).

2장

강혜규. 2008. "사회서비스 확대정책과 지역사회 사회복지서비스 공급체계." 『비판사회정책』 25.

강혜규·김보영·길현종·김동진·김효진·유애정·최복천·함영진·안수란·권영빈·이정은·하태정·이주민. 2017. 『공공서비스 이용의 최적화를 위한 복지전달체계 연구(I): 구조와 기능을 중심으로』. 한국보건사회연구원.

구인회·양난주·이원진. 2009a. "사회복지 지방분권 개선방안 연구." 『사회복지연구』. 40(3).

_____. 2009b. "참여정부 복지분권화에 대한 비판적 고찰." 『한국사회복지학』 61(2).

국가인권위원회. 2020. "보도자료: 코로나-19 상황에서 발달장애인 지원 서비스 공백 심각(2020/12/22)."

국민건강보험공단. 2019. 『2019 노인장기요양보험통계연보』. 국민건강보험공단.

김광병. 2018. "사회복지사무에 관한 지방자치분권의 내용: 노인복지법을 중심으로." 『사회복지법제연구』 9(3).

김광호. 2008. "공무원 순환보직에 관한 연구." 『한국개발연구』. 30(2).

김보영. 2012. "영국 사회서비스 담론 분석: 두 개의 축에 따른 네 가지 지형." 『한국사회복지학』 64(1).

_____. 2019. "구호뿐인 공공성? 문재인 정부의 사회서비스 정책 평가와 대안 모색." 『비판사회정책』 64.

_____. 2020a. "사회서비스는 일자리를 위해서 있는 것이 아니다." 『월간 복지동향』 259.

_____. 2020b. "포용·국가를 열기 위한 사회서비스원의 진단." 『포용·국가를 여는 사회서비스원의 여명』. 2020 한국사회복지행정학회·사회서비스중앙지원단 온라인 학술세미나 발표문.

김성희·황주희·이연희·오미애·이송희·변경희·조흥식·이승기·김동기·윤재영·윤상용·심창호·조석영·장기성·박찬오·고명균·노미정·이병화·김재근·이웅. 2013. 『중증장애인 보호 종합대책 수립을 위한 정책 연구: 장애인활동지원제도 개선방안(II)』. 한국보건사회연구원.

김연명. 2017. "사회서비스 질 향상을 위한 사회서비스공단 설립 및 운영 방안." 『월간 복지동향』 222.

김영종. 2012. "한국 사회서비스 공급체계의 역사적 경로와 쟁점, 개선 방향." 『보건사회연구』 32(2).

김용득. 2016. "지역사회중심 장애인서비스 정책의 쟁점과 과제." 『사회서비스연구』 6(2).

김윤. 2020. "코로나19 장기화에 따른 의료이용체계 정비 방안." 코로나19 대응 중간평가 컨퍼런스 발표문.

김윤·김보영·김승연·김진우·박정연·석재은·유애정·이건세·이기주·이자호·이해우·이혜원·이혜진·임준·정현진·홍선미. 2019. 『목표중심의 커뮤니티케어사업 모형과 전략개발 연구』. 보건복지부·서울대학교 의과대학.

김윤태. 2013. "토마스 험프리 마셜의 시민권 이론의 재검토: 사회권, 정치, 복지국가의 역동성." 『담론 201』 16(1).

김조설. 2017. 『정치경제학 관점에서 살펴보는 한국 복지정책 형성의 역사: 국가와 국민생활의 변혁』. 인간과복지.

김태일·김나연·김보영·이주하·최영준·최혜진. 2018. 『사회보장제도 성인·노인 돌봄 분야 기본평가』. 보건복지부·고려대학교.

박병현. 2006. "사회복지의 지방분권화에 대한 비판적 고찰." 『한국사회복지행정학』 8(2).

박숙경. 2016. "한국의 장애인 탈시설 현황과 과제." 『지적장애연구』 18(1).

박숙경·김명연·김용진·구나영·문혁·박지선·정진·정창수·조아라. 2017. 『장애인 탈시설 방안 마련을 위한 실태조사』. 국가인권위원회.

박종민·윤견수. 2014. "한국 국가관료제의 세 가지 전통." 『한국행정학보』 48(1).

보건복지부·사회보장정보원. 2019. "주요통계: 사회서비스전자바우처." https://www.socialservice.or.kr:444/user/htmlEditor/statistic/view.do?p_sn=15(검색일: 2020/04/23).

보건복지부. 2007.『노인장기요양보험법의 주요내용』. 보건복지부 노인요양제도팀.

_____. 2012.『노인장기요양보험 기본계획(안)』. 보건복지부.

_____. 2017.『2018-2022 제2차 장기요양보험 기본계획』. 보건복지부.

_____. 2020. "보도자료: 65세 이후에도 장애인 활동지원 서비스를 받을 수 있습니다(2020/12/22)."

서울시 어르신돌봄종사자 종합지원센터. 2020. "코로나19 관련 요양보호사 실태 및 지원정책 제안." 코로나19-사회경제 위기대응 정책제언집담회.

서울특별시사회복지사협회. 2020. "입장: 사회복지시설의 예방적 코호트 지정 전국적 확대를 반대한다(2020/03/10)."

석재은·박소정·권현정·최선희. 2016.『장기요양재가서비스 개편방안 연구』. 보건복지부·한국노인복지학회.

양재진. 2005. "한국의 발전모델과 국가관료제."『한국행정학회 학술발표논문집』.

원시연. 2014.『노인돌봄서비스사업의 실태와 개선과제』. 국회입법조사처.

유동철. 2002. "장애인 시민권 모델 구축을 위한 시론: 장애차별금지법."『사회복지연구』 29.

유동철·김미옥·김보영·김용진·김정하·박숙경·윤상용·이주언·이왕재·전근배·정진·조아라·홍인옥. 2018.『탈시설 자립지원 및 주거지원 방안 연구』. 보건복지부·동의대학교 산학협력단.

윤상용·김미숙·오은진·임정기·강민희·이민경. 2010.『공공 사회복지서비스제도 최저수준 설정을 위한 기초 연구: 돌봄서비스를 중심으로』. 한국보건사회연구원.

윤찬영. 2017.『사회복지법제론』 개정7판. 나남.

윤홍식. 2018. "역진적 선별성의 지속과 확장성의 제약, 2008~2016: 이명박·박근혜 정부시기 한국복지체제의 특성."『한국사회정책학회』 25(4).

_____. 2019a.『한국 복지국가의 기원과 궤적 2』. 사회평론아카데미.

_____. 2019b.『한국 복지국가의 기원과 궤적 3』. 사회평론아카데미.

이병량·주경일·함요상. 2004. "관료의 충원방식을 통한 한국관료제의 형성과정에 대한 연구."『한국행정논집』 16(4).

이용민·권오정. 2019. "장애인 주거현황 진단 및 지역사회 기반 장애인 주거대안."『한국실내디자인 학회 논문집』 28(3).

이윤상. 2007. "일제하 '조선왕실'의 지위와 이왕직의 기능."『한국문화』 40.

이현주·유진영·권영혜. 2007.『복지전달체계 개편을 위한 행정기능 재조정 방안』. 한국보건사회연구원.

이혜경. 1998. "민간사회복지부문의 역사와 구조적 특성."『동서연구』 10.

전용호. 2018. "노인 돌봄의 연속성 측면에서 바라본 의료·보건·복지 서비스의 이용과 연계."『보건사회연구』 38(4).

전국장애인부모연대. 2020. "보도자료: 발달장애인과 그 가족을 죽음의 협곡으로 밀어버린 보건복지부 규탄 및 지원대책 촉구 긴급 기자회견(2020/06/10)."

전국장애인차별철폐연대. 2020. "성명서: 지자체의 무책임한 집단 코호트 격리 선언을
　　멈춰라!(2020/03/17)."

트론토, 조안 C. 2014.『돌봄 민주주의』. 김희강·나상원 옮김. 아포리아.

최영. 2020. "2021년도 보건복지 분야 예산안 분석: 아동·청소년복지 분야."『복지동향』
　　265.

최영준·김보영·김태일. 2018. "한국 사회서비스를 보는 새로운 시선: 바람직한 대안적
　　논의를 위하여."『한국사회복지정책학회 춘추계학술대회』.

최영준·김진욱·주은수·전용호·김동기. 2013.『돌봄기능관련 복지사업 심층분석』.
　　보건복지부·고려대학교 산학협력단.

한국장총. 2020. "코로나19, 도미노처럼 무너진 장애인의 삶."『월간 한국장총』395.

한국지방자치학회. 2018.『기능중심의 중앙권한 지방이양 추진방안 연구』.
　　자치분권위원회.

황주희. 2014. "중증장애인의 일상생활 (24시간) 현황 및 과제."『보건복지포럼』.

SBS. 2014/12/20. "위험한 가족, 그들에겐 아무도 없었다." <그것이 알고 싶다> 967.

『서울신문』. 2018/09/02a. "[간병살인 154人의 고백] 간병은 전쟁이다, 죽어야 끝나는."

＿＿＿＿＿. 2018/09/02b. "[간병살인 154人의 고백] 아비는 너희에게 짐이 되기 싫었다."

<연합뉴스>. 2021/08/04. "아동학대 관련 예산 대폭 증액 … 재원 복지부로 일원화."

『조선일보』. 2020/09/15. "사회적 거리 두기는 그들에겐 '록다운' … 가정 붕괴 위기까지."

『한겨레』. 2019/05/13. "숨 멈춰야 해방되는 곳 … 기자가 뛰어든 요양원은 '감옥'이었다."

『한국일보』. 2020/12/15. "사망 5개월 만에 발견된 엄마, 노숙자가 된 아들 … 방배동
　　모자의 비극."

Chang, Kyung-Sup. 2012. "Economic development, democracy and citizenship politics in South
　　Korea: the predicament of developmental citizenship." *Citizenship Studies*, 16(1).

DHSS. 1989. *Caring for people: community care in the next decade and beyond.* London: HMSO.

Edvardsson, D., D. Fetherstonhaugh, L. McAuliffe, R. Nay and C. Chenco. 2011. "Job sat-
　　isfaction amongst aged care staff: exploring the influence of person-centered care
　　provision." *International Psychogeriatrics*, 23(8).

Ekman, I., K. Swedberg, C. Taft, A. Lindseth, A. Norberg, E. Brink, J. Carlsson and S.
　　Dahlin-Ivanoff. 2011. "Person-centered care: Ready for prime time." *European Journal of
　　Cardiovascular Nursing*, 10(4).

Entwistle, V. A. and I. S. Watt. 2013. "Treating Patients as Persons: A Capabilities Approach to
　　Support Delivery of Person-Centered Car." *The American Journal of Bioethics*, 13(8).

Kogan, A. C., K. Wilber and L. Mosqueda. 2016. "Person-Centered Care for Older Adults with

Chronic Conditions and Functional Impairment: A Systematic Literature Review."
Journal of the American Geriatrics Society, 64.

Lecovich, E. 2014. "Aging in Place: From theory to Practice." *Anthropological Notebooks,* 20(1).

Lister, R. 2002. "The dilemmas of pendulum politics: balancing paid work, care and citizenship."
Economy and Society, 31(4).

Morris, J. 1997. "Care or empowerment? a disability rights perspective." *Social Policy &
Administration,* 31(1).

OECD. 2020. "Spending on long-term care: Brief."

_____. 2021. "Social Expenditure Database (SOCX)." https://www.oecd.org/social/ex-
penditure.htm(검색일: 2021/09/20).

Parker, G. and H. Clarke. 2002. "Making the ends meet: do, carers and disabled people have a
common agenda?" *Policy and Politics,* 30(3).

The Health Foundation. 2014. *Person-centred care made simple: What everyone should know about per-
son-centred care.* London: the Health Foundation.

Williams, F. 2002. "The presence of feminism in the future of welfare." *Economy and Society,* 31(4).

You, J. 2016. "Demystifying the Park Chung-Hee Myth: The Critical Role of Land Reform in
the Evolution of Korea's Developmental State." Available at SSRN: https://ssrn.com/ab-
stract=2505810

3장

강길원. 2011. "비급여 현황과 관리방안." 국민건강보험공단 세미나 발표자료.
건강보험공단.

강영호·김혜련. 2006. "우리나라의 사회경제적 사망률불평등: 1998년도
국민건강영양조사 자료의 사망추적 결과." 『대한예방의학회지』 39(2).

고수정. 2010. "지역별 건강불평등 영향요인." 『한국지방자치연구』 12(3).

국민건강보험공단. 2019a. 건강보험 주요통계. 국민건강보험공단.

_____. 2019b. "보도자료: 2018년 건강보험환자 진료비 실태조사 결과."
국민건강보험공단.

김남희. 2018. "지역사회 중심 일차의료 강화를 위한 만성질환관리사업 소개 및 향후
발전 방안." 『HIRA 정책동향』 12(5).

김동진·채수미·최지희·이정아·김창엽·박유경 외. 2017. 『국민의 건강수준 제고를 위한
건강형평성 모니터링 및 사업 개발』. 한국보건사회연구원.

김명희. 2019. "포용복지와 건강정책의 방향." 『보건복지포럼』 278.

김명희·김철웅·박형근·윤태호·임준. 2010. 『의료사유화의 불편한 진실』. 후마니타스.

김명희·전경자·서상희. 2007. "아동기의 건강불평등: 사회적 결정요인을 중심으로." 『보건복지포럼』 176.

김수진. 2008. 『한국 민주주의와 정당 정치』. 백산서당.

김영범·이종선·임준·정동철·황정미. 2019. 『포용사회의 중장기 비전과 전략연구(1): 복지, 의료, 고용·노동, 성평등』. 한림대학교 산학협력단.

김영삼. 2018. "보험수가 결정과 건강보험 보장성 강화 대책." 『대한내과학회지』 93(2).

김유선. 2019. 『한국 노동시장의 구조와 쟁점』. 한국노동사회연구소.

김윤·김희선·조비룡·최용준·안아름·이지혜 외. 2017. 『일차의료 중심의 만성질환관리 수가모형 개발』. 한국보건의료연구원.

김윤·김보영·김승연·김진우·박정연·석재은 외. 2019. 『목표중심의 커뮤니티케어사업 모형과 전략개발 연구』. 서울대학교 산학협력단.

김종명. 2012. 『의료보험 절대로 들지 마라』. 이아소.

김창엽. 2018. 『건강보장의 이론』. 한울.

_____. 2019. 『건강의 공공성과 공공보건의료』. 한울.

김희선·유빛나·이은환. 2018. "우리나라 만성질환관리사업의 발전과정과 향후 과제." 『대한공공의학회지』 2(1).

보건복지부. 2016. 『제1차 공공보건의료기본계획』. 보건복지부.

_____. 2018. 『공공보건의료 발전종합대책』. 보건복지부.

신영수·김용익·강길원·강민아·강영호·권영대 외. 2017. 『의료관리』. 서울대학교 출판문화원.

신현웅. 2018. 『보장성 강화 정책의 방향 및 실손 의료보험에 미치는 영향 전망』. 한국보건사회연구원.

양봉민·김진현·이태진·배은영. 2015. 『보건경제학』. 나남.

여유진·김미곤·김수정·박종현·백승호·이상호 외. 2017. 『한국형 복지모형 구축: 복지환경의 변화와 대안적 복지제도 연구』. 한국보건사회연구원.

윤수재·이민호·채종헌. 2008. 『새로운 시대의 공공성 연구』. 법문사.

이미숙. 2007. "노년기 건강불평등의 구조 분석." 『한국사회학회 사회학대회 논문집』 12.

이선미. 2019. 『건강보험 지속가능성 제고를 위한 건강한 고령화의 진단과 향후 과제』. 국민건강보험 건강보험정책연구원.

이윤경. 2018. "노인의 건강과 돌봄." 『보건복지포럼』 264.

일차의료만성질환관리추진단. 2019. 『일차의료 만성질환관리 시범사업 소개』. 한국건강증진개발원.

임준. 2017. "공공보건의료 개념의 재구성과 과제." 『대한공공의학회지』 1(1).

임준·김종명. 2015. 『민간의료보험의 문제점과 관리 방안』. 국회보건복지위원회.

임준·김철웅·고영·이지현·이현숙. 2018. 『건강생활지원센터 확충모형 개발 및 운영

효율화 방안 연구』. 가천대학교 산학협력단.

임준·이흥훈·서지우·곽미영·김태호·이기환 외. 2019. 『책임의료기관 지정 및 육성전략 연구』. 국립중앙의료원 공공보건의료센터.

임준·한진옥. 2017. 『보건의료인력 정책 및 인력 확보 방안』. 전국보건의료산업노동조합.

장숙랑. 2015. "한국 노인의 만성질환과 활동제한." 『보건복지포럼』 255.

정경희. 2017. 『2017년도 노인실태조사』. 한국보건사회연구원.

정태경·강성홍. 2013. "한국과 미국 의료기관의 중증도 보정 사망률 비교." 『한국디지털정책학회』 11(5).

정혜주·M, Carles. 2011. "고용관계와 건강불평등 경로와 메커니즘에 관한 탐색." 『한국사회정책』 18.

조희숙·김윤·김창훈·김태현·나백주·박기수 외. 2018. 『지역별 의료 및 공공보건의료 거버넌스 구축 방안 연구』. 강원대학교 산학협력단.

좌혜경·임준·정원. 2013. "산업재해보상보험의 청구 절차 미비로 인한 건강보험의 재정 손실 규모와 개선 방안." 『비판사회정책』 39.

통계청. 2020. <국가통계포털>. 통계청.

한국건강형평성학회. 2018. 『전국 광역시도 시군구 건강격차 프로파일』. 한국건강형평성학회.

Adler, N. E. and J. M. Ostrove. 1999. "Socioeconomic status and health in industrial nations: social, psychological, and biological pathways." *Annals of the New York Academy of Sciences*, 896.

Cohen, D. A., T. A. Farley and K. Mason. 2003. "Why is poverty unhealthy? Social and physical mediators." *Social Science & Medicine*, 57(9).

Kang, Y. H. 2006. "Relationship between childhood socio-economic position and mortality risk in adult males of the Korea Labour and Income Panel Study (KLIPS)." *Journal of the Royal of Public Health*, 120.

Kawachi, I., B. P., Kennedy, K. Lochner and D. Prothrow-Stith. 1997. "Social capital, income inequality, and mortality." *American Journal of Public Health*, 87(9).

Kennedy, B. P., I. Kawachi, and D. Prothrow-Stith. 1996. "Income Distribution and Mortality: Cross-sectional ecological study of the Robin Hood Index in the United States." *British Medical Journal*, 312.

OECD. 2020. *OECD health statistics 2020*. Paris: OECD.

Robert, S. A. 1999. "Socioeconomic position and health: The independent contribution of community socioeconomic Context." *Annual Review of Sociology*, 25.

Song, Y. M. and J. J. Byeon. 2000. "Excess mortality from avoidable and non-avoidable causes in men of low socioeconomic status: a prospective study in Korea." *Journal of Epidemiology & Community Health*, 54.

WHO. 1978. *Declaration of Alma-Ata, 1978*. Genova: WHO.

Wilkinson, R. G. 1992. "Income distribution and life expectancy." *British Medical Journal*, 304.

4장

강원택. 2003. 『한국의 선거정치. 이념, 지역, 세대와 미디어』. 푸른길.

_____. 2013. "한국 선거에서 '계급 배반 투표'와 사회 계층." 『한국정당학회보』 12(3).

_____. 2017. "2017년 대통령선거에서의 보수 정치: 몰락 혹은 분화?" 『한국정당학회보』 16(2).

강원택·성예진. 2018. "2017년 대통령 선거에서 이념과 세대: 보수 성향 유권자를 중심으로." 『한국정치연구』 27(1).

고원. 2013. "정치 균열의 전환과 2012년 대통령선거: 세대와 계층 변수를 중심으로." 『동향과 전망』 88.

금종예·금현섭. 2017. "증세와 복지확대에 대한 태도: 세금부담 인식을 중심으로." 『한국행정학보』 51(1).

김도균·최종호. 2018. "주택소유와 자산기반 투표: 17대~19대 대통령 선거 분석." 『한국정치학회보』 52(5).

김만흠. 1995. "정치균열, 정당정치 그리고 지역주의." 『한국정치학회보』 28(2).

김영순·여유진. 2011. "한국인의 복지태도: 비계급성과 비일관성 문제를 중심으로." 『경제와 사회』 91.

김용철·조영호·신정섭. 2018. "신자유주의 시대의 한국인의 계급의식: 사회경제적 요인과 주관적 계층의식이 계급의식에 미치는 영향." 『OUGHTOPIA』 33(1).

김욱. 2007. "16대 대선에서 세대, 이념, 그리고 가치의 영향력." 『한국의 선거 (V)』. 오름.

김항기·권혁용. 2017. "부동산과 복지국가: 자산, 부채, 그리고 복지태도." 『한국정치학회보』 51(1).

남윤민. 2018. "한국의 복지확대와 증세에 대한 동일한 태도와 상반된 태도 결정요인." 『담론201』 21(2).

박선경. 2017. "한국인의 복지비용선호의 양가성." 『현대정치연구』 10(1).

박원호. 2013. "세대론의 전환: 제18대 대통령 선거와 세대." 『한국 유권자의 선택 2: 18대 대선』. 아산정책연구원.

백승호. 2014. "서비스경제와 한국사회의 계급, 그리고 불안정 노동 분석." 『한국사회정책』 21(2).

성경륭. 2015. "이중균열구조의 등장과 투표기제의 변화: 18대 대통령선거를 중심으로." 『한국사회학』 49(2).

신광영. 2008. "서비스 사회의 계급과 계층구조."『서비스사회의 구조변동』. 한울.

신진욱. 2017. "왜 불평등의 심화는 계급균열로 이어지지 않는가? 후발 민주화 사회에서 균열형성 지체의 역사적 조건."『민주사회와 정책연구』32.

_____. 2019. "1987년 이후 30년, 한국 민주주의의 궤적과 시민정치의 변화."『한국 민주주의, 100년의 혁명, 1919-2019』. 한울.

안상훈·박종연·김수완. 2013. "주거 관련 물질적 이해관계가 복지태도에 미치는 영향: 주거지위와 연관된 주요 변수를 중심으로."『사회복지정책』40(4).

어수영. 2007. "세대와 투표양태."『한국의 선거 (V)』. 오름.

여유진·김영순. 2015. "한국의 중간층은 어떤 복지국가를 원하는가? 중간층의 복지태도와 복지국가 전망에의 함의."『한국정치학회보』49(4).

윤상철. 2009. "세대정치와 정치균열: 1997년 이후 출현과 소멸의 동학."『경제와 사회』81.

이갑윤·이지호·김세걸. 2013. "재산이 계급의식과 투표에 미치는 영향."『한국정치연구』22(2).

이선정·김정석. 2017. "복지증세태도에 대한 소득수준별 조세불공정인식의 차등적 효과: 30-55세 임금근로자를 중심으로."『한국사회학』51(3).

전병유·신진욱. 2014. "저소득층일수록 보수정당을 지지하는가? 한국에서 계층별 정당 지지와 정책 태도, 2003-2012."『동향과 전망』91.

조돈문. 1994. "한국사회 계급구조의 변화, 1960-1990: 계급구조의 양극화의 고찰."『한국사회학』28.

_____. 2005. "해방 60년 한국사회 계급구조 변화와 노동계급 계급구성 변화."『한국사론』43.

조성대. 2008. "균열구조와 정당체계: 지역주의, 이념, 그리고 2007년 한국 대통령 선거."『현대정치연구』1(1).

조은·강정구·신광영. 1992. "한국사회의 계급구조."『한국사회학』25(겨울호).

최준영·조진만. 2005. "지역균열의 변화 가능성에 대한 경험적 고찰."『한국정치학회보』39(3).

5장

김상준. 2011.『미지의 민주주의』. 아카넷.

박호성 외. 2000.『한국의 권력구조 논쟁 II』. 풀빛.

안성호. 2018.『왜 분권국가인가』. 박영사.

오태양. 2020. "한국 선거제도 개혁 성공조건으로서 시민의회 도입 방안 연구."

한림국제대학원대학교 정치외교학과 석사 학위논문.

이종찬. 2000. "권력구조 운영, 위임 대통령제, 한국 사례." 『한국의 권력구조 논쟁 II』. 국제평화전략연구원 편. 풀빛.

이지문·박현지. 2017. 『추첨시민의회』. 삶이보이는창.

장영수. 2012. "개헌을 통한 권력구조 개편의 기본방향: 분권형 대통령제의 가능성을 중심으로." 『고려법학』 67.

최태욱. 2014. 『한국형 합의제 민주주의를 말하다』. 책세상.

_____. 2016. "한국 민주주의, 왜 위기인가? 선거제도 개혁 없는 권력구조 개헌의 위험성." 『아시아문화』 2016년 5월호.

하승수. 2020. 『개방명부 비례대표제를 제안한다』. 한티재.

홍재우·김형철·조성대. 2012. "대통령제와 연립정부: 제도적 한계의 제도적 해결." 『한국정치학회보』 46(1).

황태연. 2005. "유럽 분권형 대통령제에 관한 고찰." 『한국정치학회보』 39(2).

Anthonsen, M. and J. Lindvall. 2009. "Party Competition and the Resilience of Corporatism." *Government and Opposition*, 44(2).

Cheibub, Jose Antonio, Adam Przeworski and Sebastian M. Saiegh. 2004. "Government Coalitions and Legislative Success Under Presidentialism and Parliamentarism." *British Journal of Political Science*, 34(4).

Duverger, Maurice. 1980. "A New Political System Model: Semi-Presidential Government." *European Journal of Political Research*, 8(2).

Lijphart, Arend. 2002. "The Wave of Power-sharing Democracy." in Reynolds, A. ed. *The Architecture of Democracy: Constitutional Design, Conflict Management, and Democracy*. Oxford: Oxford University Press.

_____. 2012. *Patterns of Democracy: Government Forms and Performance in Thirty-Six Countries*. New Haven: Yale University Press.

Smith, Graham. 2009. *Democratic Innovations: Designing Institutions for Citizen Participation*. Cambridge: Cambridge University Press.

6장

박명준. 2019. 『새로운 사회적 대화의 쟁점과 과제』. 한국노동연구원.

박명준·장지연·정민주. 2017. 『고용노동정책 패러다임의 전환 모색』. 한국노동연구원.

Baccaro, Lucio and Jorge Galindo. 2018. *Are Social Pacts Still Viablein Today's World of Work?*. ILO.

Emmenegger, Patrick, Silja Hausermann, Bruno Palier and Martin Seeleib-Kaiser eds. *The Age of Dualization: The Changing Face of Inequality in Deindustrializing Societies*. Oxford University Press.